被抑圧者の教育学

50周年記念版

著 パウロ・フレイレ
訳 三砂ちづる

亜紀書房

被抑圧者の教育学　50周年記念版

この世界で、引き裂かれている者たち、抑圧されている者たちに、この本を捧げる。そして、引き裂かれている者たちを見出し、彼らと共に自らをも見出し、共に悩み、共に闘う、そういう人たちにこの本を捧げる。

Pedagogia do Oprimido
by PAULO FREIRE

50周年記念版に寄せて

三砂ちづる

『被抑圧者の教育学』は、ブラジルの教育思想家、パウロ・フレイレ（1921―1997）の1968年に発表された代表作である。世界中の多くの言語に翻訳され、教育の分野を超え、とりわけ「開発」の分野に携わる人に大切にされてきた。

日本では、英語版からの翻訳が1979年に出版され、13版を重ねていた。その後、2005年にブラジルのPaz e Terra社（「平和と大地」社）から刊行された、『Pedagogia do Oprimido』（被抑圧者の教育学）第46版を、ポルトガル語から翻訳し、『新訳　被抑圧者の教育学』として2010年に出版したのが、本書の初版であった。新訳後も版を重ね、読み継がれていることはフレイレの思想が、今もこの国と世界の現実を考えるとき、変わらぬ示唆を与えうることを示している。

このたび、出版50周年記念版が、アメリカBloomsbury社から出版された。この記念版には、ドナルド・マセドによる「50周年記念版へのまえがき」と、アイラ・ショアによる「闘いはつづく」

というあとがきと、「同時代の学者たちへのインタビュー」が、新しく付け加えられている。この度改訂された本書は、2010年のポルトガル語からの本文の翻訳に、英語によるこの50周年記念版の「まえがき」「あとがき」「インタビュー」を加えたものである。

「まえがき」は訳者が、「あとがき」と「同時代の学者たちへのインタビュー」の翻訳は、津田塾大学国際関係学科助教、松崎良美さんが担当した。編集担当の木村隆司さんの質の高い仕事、亜紀書房の皆様のご尽力に支えられ、本書ができ上がっている。

2018年3月

目次——被抑圧者の教育学 50周年記念版

50周年記念版へのまえがき

ドナルド・マセド（マサチューセッツボストン大学）

ニューヨーク市が千ドルのベーグル、とやらを発表した次の日には、ある地方のレストランオーナーは2万5千ドルのチョコレートサンデーを発表……「世界で最も高価なデザート」のギネス記録を更新した。

ロイタービジネスニュース　2007年11月7日[1]

1　Vivianne Rodrigues ヴィヴィアン・ロドリゲス「ニューヨークの2、5000ドルのデザートがギネスレコード達成」ロイター "New York's $25,000 Dessert Sets Guinness Record," *Reuters* (November 7, 2007). http://www.reuters.com/article/us-dessert-idUSN0753679220071107.

パウロ・フレイレの『被抑圧者の教育学』のイントロダクションを書くなんて、なんと光栄なことだろう。この本は、古典と呼ばれることになんの疑問もいだかせない名著であるが、この半世紀を考えると、この本は一層その重要性を増したのではないかと思う。21世紀の始まりがまさに暗くて新しい時代の到来を告げてしまっているからである。ノーム・チョムスキー、ジグモント・バウマン、ヘンリー・ジロー、アルナティ・ロイ、エイミー・グッドマン、トマス・ピケティそしてその他の世界の最もよき知的グループは、その叡智と忍耐をもって、この世界をなんとか変えようと警告を発してきた人たちである。環境問題の否定から、許されざるべき経済の不平等や、原子力をめぐるカタストロフの可能性など、極右パワーの台頭によりもたらされたひどい状況のこの世界を。こういうことがチェックもされないまま放置されていくと、私たちがよく知っているように、これは人間性というものの終わり、にだって、つながりうるこの世界を。だからこそ、政治的にオールタナティブなやり方が必要とされているだけでは十分ではない。最も重要なことは、人々がどんなふうにしてこの世界に存在し、また、どんなふうにこの世界と共にあるのか、ということに関する批判的な気づきなのである。それはすなわち、フレイレが『被抑圧者の教育学』の中で繰り返し述べている光り輝く、思索に満ちた彼の理想、そのものである。つまり『被抑圧者の教育学』の重要なゴールは、何かイノベイティブな方法論（そのような言い方自体が、フレイレが批判の対象とする陳腐な教育モデルのようなものである）の提示ではなく、解放につながる教育学的なプロセスの開発に踏み出すことである。それらのプロセスは批判的に読み書きすることを通じて生徒たちを迎え入れ、生徒たちを試すことになる。自分自身を見つけることができるような形で、そして思慮深く省察的なやり方で、この世界と交渉することを学び、結果として、現在ある抑圧者と被抑圧者の関係にずっと存在している緊張や矛盾に自らをさらし、主体的に関わっていくことを学ぶために。だから、フレイレの『被抑圧者の教育学』の中心となるゴールとは、被抑圧者に知識や創造性を目覚めさせることである。自分たちが被抑圧者としてマージナライズされているという状況を暴き、神秘的なものでもなんでもない、ということを示し、よく理解する。そういう常に批判的な省察の能力を覚醒させることである。この気づきを通じて解放のプロジェクトを始めることができる。変わることなく、一貫し、永続的な批判的省察と行動の実践に基づくプロジェクトを。近年、フレイレをとても大切に思う教育者は実に多くなっている一方で、リベラルで進歩的な人たちを含む教育者の多くは、抑圧されている状況を告発しながらも、第一義的にその抑圧的な構造を作っている支配的な構造への安住と、抑圧への非難との間の一貫性のなさによって批判的な議論ができなくなっているのである。このことについては後ほどまた、述べてみようと思うが。

1997年5月2日、早すぎるフレイレの死の、あれはだいたいひと月くらい前のことだったと思う。彼と私はニューヨークの五番街を歩きながら、あまりにも明らかな矛盾について議論していた。その矛盾とは、何千人ものホームレスの人たち、その中には車や橋の下や狭いシェルターで眠りにつかねばならない子どものいる家族たちがいるというのに、贅沢なレストランでチョコレートサンデーに2万5千ドル払う、というような富の見せびらかし方をすることを可能にするニューヨークという街の贅沢さ、についてである。こういった矛盾の数々を詳細に分析していくことこそ、フレイレと私が1997年の秋にハーヴァード教育学大学院に雇われ共に教えることになったコースの主なゴールだったといえる。私たちはさまざまな知識についての批判的な対話に学生たちを招き入れよう、ということで合意していた。普段アカデミアで愛でられるような倫理学とか、4年ごとのお祭り騒ぎに終わる選挙サイクル（つい最近ドナルド・トランプがこの選挙キャンペーンに成功したところである）を超えるような民主主義の本質とは何か、を考えることなのだが、真面目なイデオロギーの勉強とか、言葉を読み解いたり世界を読み解いたりするためのそのイデオロギーの役割とか、そういうことではない。五番街を歩きながらフレイレは何度も私に、ちょっと立ち止まってくれと頼み、自分の言いたいことをもっと強調したいとか、先進国と途上国の双方で広がりつつあるネオリベラリズムの破壊的で抑圧的な力についての憂慮をシェアしたい、とか言い続けていた。私たちは、しばしば、そそり立つビルの壁に寄りかかり、目もくらまんばかりにすごい勢いでほかの歩行者より先に歩こうと急いでいる人たちを避けてひと休みした。ほかの歩行者たちは、ファッションや最新のＩＣガジェットなどが延々と魅力的に並ぶショーウィンドーに消費者的な興味を満足させるために、時々ちょっとゆっくり歩くことがある。もっともそういったショーウィンドーに並んでいるものこそが、この強迫的な消費社会の特徴ともいえる。つまりは、こういうことである。「金だけがすべてであり、利益だけが目的。抑圧する人たちにとって価値あることは、いつも、もっと、もっとたくさんのものを、被抑圧者がものを持っていようがいまいが、彼らのコストで手に入れること。彼らにとって、存在するとは何かを手に入れるということなのだ……」。この時のことを振り返ってみて、今になると、フレイレは持病の心臓の具合が悪くて、疲れたから、ちょっと止まってみようと言っていたのだということがわかる。彼は持病についてずっと黙っていたし、つらいと言うこともなかったのである。

フレイレはいつだって彼自身の可能性としての歴史観に忠実だったたし、もっと差別が少なく、非人間化されることも少なく、そしてもっと人間的な、そんな世界というものが可能である、という、とてもきっぱりとした希望をもち続けていた。彼はいつも「被抑圧者に自由への信頼というものを『注ぎ入れる』こととも違うし、対話することもなしに、信頼を勝ち取ることができると思うことも間違っている」[2]と批判的だった。結果としてフレイレは「解放のために自分たちが闘わねばならないのだ、という被抑圧者たちの確信は、変革の指導者によって与えられるものではなく、自らの意識化によってもたらされるものだということをしっかりとわかっておく必要がある」[3]ということに信を置いていたのである。この長くて魅力的な五番街の散歩の間、フレイレは半分冗談のように「支配階級は私たちをコパカバーナの休暇に行ってらっしゃい、と送り出したりしないよ。コパカバーナに行きたいのなら、行けるように闘わないといけないんだ」と、言ったものだ。フレイレとのこの最後の長い散歩と対話において彼は、しばしば、ある種の変節した進歩主義者がネオリベラル神話とでもいうべきものに適応していくことに「真っ当な怒り」に近い欲求不満を表していた。その矛先は、何千人ものブラジル人を殺し、拷問したネオナチ並みのブラジル軍事政権によっ

2　Paulo Freire パウロ・フレイレ『被抑圧者の教育学』*Pedagogy of the Oppressed* (New York: Continuum, 1970), p. 67.

3　前掲書

て、フレイレと同じようにチリに亡命を余儀なくされていた、ブラジルの前大統領でフレイレの友人でもあるフェルナンド・エンリケにさえも向かっていた。実際にフェルナンド・エンリケ政権の下で行なわれたブラジルのネオリベラリズム実験は、ブラジルのひどい状況を一層悪化させていたし、何百万というブラジル人を、飢えや惨めな状態、そして絶望に追いやり、結果として経済と教育の不平等のギャップをさらに広げて、組織だった政府の腐敗を駆り立てることにも貢献していったのである。悲しむべきことに、ポルトガル、スペイン、ギリシャといった西洋社会の社会主義政府は、社会正義、公平、平等といったコミットメントをネオリベラリズム的市場中心イデオロギーに方向転換することによって捨て去り、よりよい世界を作ろうと切望していた人々の希望を台無しにし、おぞましい腐敗によって政府を機能不全にした。それがポルトガル、スペイン、ギリシャで起こったことである。ギリシャでは、パパンドレウ首相に率いられた社会党が、大流行とでもいえるほどの腐敗を許した。たとえばＰＡＳＯＫ（全ギリシャ社会主義運動）は、社会主義者に投票すると約束したアメリカに住むギリシャ市民に無料の航空チケットを提供するような票集めまでやったのである。その行為は、西洋世界が第三世界はいい加減だと噂を流し、表では不正選挙だとして批判するがごとき戦術の匂いがする。ある程度において、幾つもの大陸で社会主義政権が目を覆うばかりの汚職スキャンダルで政権を失い、右派や極右の政府（ギリシャでは急進左派連合スィリザ党が選挙に勝ったので例外であるが）を誕生させることになった。不満をもち組織化されていない有権者、別の言い方をすれば、ネオリベラル政策の緊縮措置の犠牲となった有権者たちが、そのような政権に投票したのである。

フレイレはまた、文筆上ではネオリベラリズムのマーケット至上神話を攻撃しておきながら、実際には節操のない消費主義に耽溺していることを隠し、アカデミアに避難場所を得ている、上っ面だけのリベラルや、自称批判的教育者たちの一見批判的に見える態度を責め、「真っ当な怒り」を表すことをためらっていなかった。フレイレによると、こういった上っ面だけのリベラルや自称批判的教育者たちのこの世界に存在するありよう、この世界と共にあるありようこそが、彼らが文筆上の議論では批判しているまさにネオリベラルマーケット的解決、というものと一体なのである。日常の行動において、こういった上っ面リベラルとか自称批判的教育者たちは、ある政治的な目的をもったプロジェクトをなんだかわからないものとしていわば化石化してしまい、しばしば実践に求められる行動を、いつも行動するには「時機を逸した」として、捨て去ってしまう。そういう捨てられた行動こそが、マーケット至上主義のネオリベラリズムの現行の有害さを、公平で公正で本質的な民主的実践につながる新しい民主的構造へと変革させるようにデザインされた行動であった、といえるが。言葉を換えれば、上っ面リベラルと自称批判的教育者たちはマルクス主義を公然と主張して（しばしば、論文を書くためだけに、あるいはアカデミアでの地位保全のためだけに）、自分たちが左翼であるという証明を得て誇らしげに振る舞う。時には、たとえば、彼らのラディカリズムはマルクスの提案をある意味超えており、彼らによる本質的に政治的方向性としてよりラディカルである毛沢東主義者であるなどと、さらに誇らしげになる必要を感じていたりするのである。結果として、アカデミアにおける左翼ブランドはそれなりに適切で、ややエキゾチックな政治的文化的レッテルとなり、象牙の塔在住マルクス主義者にステイタスを与えるのではあるが、それは要するに単なる上品なブランドみたいなものに過ぎない。実態は何もないのに名前とラベルだけが象徴的に存在するという、現実には消費主義の縮図と同じものなのである。本質的に、一部の批判的教育者によるアカデミアの〝マルクス主義者〟というブランディングは、倫理的で政治的な行動をちょっとした見せ場にすることができるし、左翼的な視点を実際の売り物にすることだってできる。売り物といったがこのような自己帰属、というか自己満足の〝ラディカル〟なポジションとラベリングは、そもそもの思想的態度に基づいた行動を分離させてしまうほどに、自らの進歩的なコンテンツをなきものにしてしまうのである。どういう分離かというと、つまりは、批判的思考に基づく集団の社会的アンガージュマンともいうべきものは求められず、熾烈で情け容赦ない競争こそ愛でられるようなネオリベラリズムの市場神話の再生産こそがその基礎にある、と思い込まされるような分離の仕方である。この、知らない間にじわじわと広がっていく批判的議論と行動のパターンは〝散歩しながら話をする〟みたいなことをよしとしない。たとえば、アンチレイシズムに白人至上主義イデオロギーを批判する教育学的なきっかけを与えもしない、魂を失ったかのような常套句にしてしまいながら、アンチレイシストを宣言する、などという機会を、〝安住するマルクス主義者〟に与えるだけだったりする。こういうプロセスのうちには、彼らのいわゆる進歩主義的スタンスはしばしば、書かれた批判的な議論のレベルだけでレイシズムを指摘し、終始組織的に強固になっているレイシズムから特権だけを得ながら、故意に本来の解体のための行動を認めて、そこにコミットメントをもつことは拒否するよう使われたりする。

だから、こういった〝安住するマルクス主義者〟たちは、２０１６年の大統領キャンペーンの最中にたっぷりと見せてくれたように、レイシズムの政治的組織的インパクトを無視したりもできるのであり、ドナルド・トランプの計算され尽くした誘導発言にも、ぎょっとしたのである。彼が、白人労働者クラスが皮肉にも奉ずるネオリベラル政策に起因する条件のために、白人たちの怒りを政府に対してではなく一般の人々に向かって煽るなど慣れたものである。トランプを大統領にしたこの選挙は、本質的に、最初の黒人大統領となったバラク・オバマの選挙の際のスローガン、「レイシズムは終わった」ことに代表されるような、ポストレイシズムスローガンの陰に隠れていた〝ウソ〟の実態を見せてくれた、ともいえるのである。さらに、スラム街が広がり、黒人とラテン系ばかりが学校から牢獄に大量に送られ、人間的悲惨を拡大していることこそがレイシズムの所産であり、レイシズムによる荒廃だ、と指摘できないことが、人種差別主義者に行動を続けさせる。こういう自称マルクス主義者と〝安住するマオイスト〟たちは、レイシズムとは抽象的な概念である、と勝手に〝改宗〟することのみならず、文章化された批判的議論のレベルにある抽象的な概念をなんとか解釈して、人種的に民主化するための行動につなげようとする、知識階級および一般の人たちからの圧力に抵抗しようとさえする。それこそがレイシズムでなくてなんだろう。たとえば、大学においてどの学部でも、有色の名ばかりの教授たちと少数の非白人の学生を除けばみな白人、というような状況で、一体、人種的にデモクラティックであるとは、どういうことなのか？　こういう場合はどうだろう。古典関連の学部では教員にも学生にもほとんどアフリカ系アメリカ人はいない、という場合、あるいは、アフリカ系アメリカ人は古典の研究に遺伝的に素質がないため、結果として古典の研究を嫌っているのだ、という場合は？　自称左翼主義者（安住しているタイプの）

が自身の発言や振る舞いにレイシズムが染み込んでいることを見ようともしないで、社会構築に従事するなど、有害でさえある。たとえば、ダイバーシティ（多様性）を売り物にしている都市型の大学で働いているリベラルな白人教授が行なった次のような発言はどうだろうか。「私たちはこれらの黒人の子どもたちにどうやって学ぶのかを学んでほしいのだ」。このような発言は、フレイレの『被抑圧者の教育学』で丁寧に説明された、まごうことなき自民族中心主義の振る舞いであるというだけではなく、こういう発言をするような人たちは、いかに白人が優れているかというイデオロギーにがんじがらめになっていることを示している。そのイデオロギーとは、ある種の人種や文化をもつ子どもたちは、教育者によって秘訣を与えられるまで、生得的には学習能力がないという神話と信念を植えつけられる、ということだ。教育者たちはレザーのグッチハンドバッグとかブリーフケースの中にレッスンプランを入れている。そして、たとえばアフリカ系アメリカ人に、「今まで知識を得る能力さえなかったのだから、知りえるわけがない」などと教えるのである。非白人の子どもたちが生活を強いられる厳しい環境でのサバイバルは、ジョナサン・コゾルがいくつかの著書で感動的に記述しているように、いかに彼らが「不平等という無法地帯」の環境で生きるための術を非常によく学んでいるか、ということを示している。「安住しているマルクス主義教育者」の娘たちや息子たちは、難しいテストの点こそいいかもしれないが、揺らぐことなき社会的不平等の荒れ地において、さて、無傷で生き残れるのか？　おそらく、無理であろう。最もひどい形でのレイシズム、隔離、ジェンダーや階級差別などから生き延びる、ということは、だから、強制的に隔離されている子どもたちの実に高いレベルでの本来の知性を示すのみならず、ハワード・ガーナーのいう西洋中心社会の括弧付きの知性を超えた複合的な知性を示しているともいえるのである。

フレイレの最後の本『自由の教育学』でも、世界中で行なわれた対話や講義でも、うかがわれたように、フレイレとの最後の対話で彼が表現していた〝真っ当な怒り〟は、〝絹の下着〟に安住するような自称批判的教育者を非難するときなどの、彼の晩年の創造的な力となっていたと思う。フレイレは、知的に辻褄の合わないことになる社会正義の政治的プロジェクトを主催するような偽物の批判的教育者や、フレイレがネオリベラリズム下のマーケットの〝倫理〟などと呼ぶものによって煽られた無神経な出世第一主義などに、的確に反発してきた。言葉を換えれば、多くの批判的教育者の知的な辻褄の合わなさや一貫性のなさこそが、最終的には彼らの政治プロジェクトなるものを単なるネオリベ的で無神経な出世第一主義にしてしまったともいえるのだ。しかしながら、フレイレが無神経な出世第一主義ぎらいだからといって、フレイレがキャリアを追求することに反対している、というわけではない、と、指摘しておくことは重要だと思う。自らを単なる道具にしてしまうことなく、フレイレがよく言及していたように、よりひろやかで、不正がより少なく、より民主的であるような世界を作るための政治的プロジェクトに従事するようなキャリアの追求と、自分自身の成長だけのために、こじつけたいやらしい貪欲さに特徴づけられつつ、いつだって構成や平等や本質的な意味での民主主義など犠牲にしてしまうような政治プロジェクトに従事する立身出世主義者のキャリア追求は、異なるものなのである。つまりは、そういう出世第一主義者の政治的プロジェクトは、究極的にはいつもその個人のキャリアとなり、あるいは、その人のキャリアを助けるようなものとなり、その無神経な出世第一主義者はいつだって、対話や省察やコミュニケーションを台無しにする。「このような信頼が欠けていると、対話や省察や言葉を分かち合う本当の意味でのコミュニケーションという理想をあきらめざるをえず、つまらないスローガンや一方的な伝達や、知識の注入や、指図ばかりを行なうことになってしまう。人間の自由、解放に中途半端なかかわりをもつことの危険はこのあたりにあるといえよう」[4]。たとえば、安全で守られたアカデミアで飢えについて書くことと実際の飢えの経験には乖離があること、あるいは「私はマオイストですよ」と宣言していることと、贅沢品は買わないにしてもネオリベラルなプロジェクトに包含されるブルジョア的価値に束縛されながら、あれこれの支出やら経験の蓄積を取り扱うことが人間性の拡大より重要だという自分の在り方を許すこと、の間には乖離があること。そういうことが危険なわけである。フレイレが『被抑圧者の教育学』で洞察深く議論しているように、「被抑圧者の解放は人間の解放なのであって、『モノ』の解放ではないことを決して忘れないようにすることだ。だからこそ、放っておいたら自由になったということはないし――自分だけで自由になることはない――だれかがほかの人のためにやってあげる、ということもない。『半分だけ』人間にしておこう、などということはできないことなのである。そんなことをすれば、ひどく人間を歪めてしまう。でも、考えてみれば、被抑圧者は今まで十分に歪められてきたのだから、これから自由に向かおうとするプロセスで、歪められたのと同じプロセスをとるわけにはいかないのだ」[5]。関心がモノにしかなくて人々にはない「半分だけ人間」は、自由と解放につながるような力を喜んで提供するなどということは決してできないのである。むしろ逆である。ほかの人たちを「他者化する」プロセスを進めようとする「半分だけ人間」が人間の価値を貶めたり、その役割を当てはめたりするようなことは、すでにほかの人の人間性を見ていないという程度に人間性を失っているということである。

フレイレにとって識字をはじめとする能力の獲得とは、尊厳を欠く労働現場に学生を送ったり、「キャリア」を積んだりする準備をするためのものではなく、セルフマネージできる、すなわち、それぞれが自らの意思で人生を送っていけるようになるための準備なのである。そのような意味でのセルフマネージメントというのは、それぞれが次の三つの教育の目的を達成して初めて可能となる。まず、自己省察。それはすなわち有名な「汝自身を知れ」ということであり、自分自身の住む世界を経済的、政治的、そしてそれと同じくらいの重要さで心理的な次元でも理解することである。とりわけ、〝批判的な〟教育学は、学ぶ者がこれまで自分の生活を支配してきた、自分自身の意識を作ってきた力について理解することを助けるものである。三つ目のゴールは新しい人生を作り上げていく条件を整えることを準備できることである。それは、現在の状況と自分自身を変革することによって社会的な世界を作っていくような人たちに、少なくとも、傾向としては権力が移譲されるような新しいアレンジメントのことでもある。[6]

4 前掲書 p. 66.
5 前掲書

フレイレは『被抑圧者の教育学』において人種的関係のことについてあまり批判的に書いていないことをしばしば批判されていたので、1997年に私たちがハーヴァード大学教育学大学院で共に教えることになっていたコースの主な目標は、「対話：文化、言語、そして人種」というタイトルで、すでに『ハーヴァード・エデュケーショナル・レヴュー』[7]に寄稿している私たちの対話の試みをさらに広げることであった。この対話において、フレイレは自己批判として、なぜ『被抑圧者の教育学』を書いたときに、人種関係よりも階級による抑圧のほうが彼の心を占めていたのか、ということについて、ブラジルで抑圧状況が生起してきた歴史的文脈を取り上げながら説明している。すなわちそれは、フレイレが中産階級としてのステイタスを失い、都市部から、貧しく下層階級が住んでいるモロ・デ・サウージという地区に移らなければならなかったときに経験した抑圧状況を説明することともいえる。フレイレの抑圧についての告発は、私たちがしばしば目にする多くの軽薄リベラルとか偽批判的教育者がやるような、単なる知的エクササイズから組み立てられているものではない。フレイレが抑圧の構造を告発することにかけた知的輝きと勇気は、彼が子ども時代や思春期に暮らしたモロ・デ・サウージでの実に現実的で手触りのはっきりした経験に根ざしているのである。いったんは中産階級でありながらその経済的基盤を失った家族の子どもとしての飢えの経験は、フレイレをして、一方で、「街の中の貧しい地区に住んでいる子どもへの連帯感」[8]をもつようになったといえるし、もう一方では、こうも思い出す。「飢えは連帯をくれたにもかかわらず、学校の遊び時間は、まるで偶然……生き延びるための道を探る上で絆は結ばれたにもかかわらず、学校の遊び時間は、まるで偶然に彼らの世界へ別の世界から降りてきてしまった人間のごとく私たちをランク付けしたように思えた」[9]。このような階層社会の現実が、フレイレの変わることない階層社会へのラディカルな拒否と告発につながっているのである。

ポストモダニズムのある種の人たちは『被抑圧者の教育学』におけるフレイレの詳細な階級分析を取り上げないのだが、われわれが今階級のない世界に住んでいるふりをすることは、学術的に不誠実ではないとしても、ひどい間違いであるといえる。フレイレは「抑圧されたグループを支配のロジックに紐付ける物質的な抑圧と感情的投資は階級闘争という特異なロジックのみでは把握できない複雑さを備えている[10]」ことをよくわかっていたにもかかわらず、彼は、抑圧を徹底的に理解す

---

6 Stanley Aronowitz スタンレー・アロノヴィッツ『不確実な時代の批判的教育学：希望と可能性』まえがき "Forward," *Critical Pedagogy in Uncertain Times: Hope and Possibilities*, ed. Sheila L. Macrine (New York: Palgrave MacMillan, 2009), p. ix.

7 Paulo Freire and Donaldo Macedo パウロ・フレイレ、ドナルド・マセド「対話、言語、人種」ハーヴァード・エデュケーショナル・レヴュー "A Dialogue, Language, and Race," *Harvard Educational Review*, vol. 65, no. 3 (Fall 1995), pp. 377–402.

8 Paulo Freire パウロ・フレイレ『クリスチーナへの手紙：私の人生と仕事に関する省察』*Letters to Cristina: Reflections on My Life and Work* (New York: Routledge, 1966), p. 21.

9 前掲書

10 Henry A. Giroux ヘンリー・A・ジロー「ラディカル教育学と教育された希望：パウロ・フレイレを偲んで」タイプ書きの草稿 "Radical Pedagogy and Educated Hope: Remembering Paulo Freire." Typewritten manuscript.

るにはある種の階級分析を通じた迂回をしなければならないということを議論していた。同時に、アイデンティティ政治を大げさに褒めるポストモダンの姿勢は本質主義に通じるのみならず抑圧の種子をも包含しうる。たとえば、進歩的なマサチューセッツの上院議員であるエリザベス・ウォレンがアメリカン・インディアンの祖先から何世代も離れて、白人として育てられており、居留地の抑圧的な暮らしからは完全に離れているにもかかわらず、自らをアメリカン・インディアンと主張した例などを取り上げてみることができる。ウォレン上院議員の、自分自身をよりハーヴァード・ロー・スクールの教授ポジションの候補者として魅力的に見せるご都合主義な〝人種カード〟の使い方や、ハーヴァード大学が彼女の雇用を大学のダイヴァーシティへのコミットメントの証拠として用いることは、いかに力のある組織が、名目上の代表以外の非白人グループの存在を歓迎しない排他主義を助長する名目主義に依存しているかを示しているのである。現実には、人種やジェンダーの〝カード〟のご都合主義的な使用は、公民権法の本質的な精神を骨抜きにする。またそれは人種差別主義者や家父長制や白人優越主義を保持している者たちに、人種やジェンダーに基づく排除をなくす反差別的な法律を追放したり批判したりするきっかけを与えることになってしまう。

フレイレは死ぬまで、歴史の終わりとか階級の終わりとかいう誤った概念を喧伝するネオリベラルな姿勢を勇気をもって告発し続けていた。現代の社会はその進化のエンドポイントに達しているので歴史的意味を問うても無意味であるという考え方に対し、フレイレはいつもよりよき人類の在り方のために現在起こっていることを、歴史的意識をもって観察していた。すなわち、「歴史をどうやったって変えられないもの、と見るのではなく、可能性ある時間の連なりと認識する、つまり未来は問題はいろいろあるが、すでに運命論的に決まっているものではないと認識[11]」すれば、よき未来の可能性に開かれることができる、というのだ。このようなやり方で、フレイレは階級闘争の終焉という言い方は偽りである、と拒否し続けていた。初期に行なっていた階級分析を常に新しいものにしていこうとしながら、抑圧状況のよりよい理解を続けるために階級という重要な理論的カテゴリーを放置したり価値のないものと見なしたりすることは決してなかった。フレイレの最後のニューヨーク訪問の折に私たちが行なった長い対話において——現実にはわれわれの最後の協働の機会だったわけだが——彼は、何事も階級の問題と片付けることはできないが、階級はさまざまな形の抑圧を理解する重要なファクターであり続けるという考え方を繰り返し述べていた。ポスト構造主義者たちが階級分析の終焉を宣言しようとも、彼らは、フレイレが詳細に記述しているように、北東ブラジルの家族が埋立地で食料をあさらなければならず、あたかも「切り取られた人間の胸で日曜のランチを作らなければならない[12]」ような厳しい環境にあることを考慮しないわけにいかない。

初期には彼の本を英語に訳すことを通じて、のちには彼自身とほかの本に関するプロジェクトで協働することで、私は16年もの間、途切れることなくパウロと共に働くという、本当に素晴らしい幸運に恵まれる経験をしてきたし、『被抑圧者の教育学』を本当に何回も読み直してきたのだが、

---

11 前掲書

12 Paulo Freire and Donaldo Macedo パウロ・フレイレ、ドナルド・マセド タイプ書きの草稿 Typewritten manuscript.

この本を読み返すたびに、今私の生きているこの世界、作り出された戦争や、人間の悲惨や、醜い貪欲さに満ちたこの世界を理解するにあたっての新しい洞察を得るのである。自慢しているわけではないが、私は『被抑圧者の教育学』を特徴づけるフレイレの先進的なアイデアや、その巧妙な書きぶりや、ニュアンスといったものをよく理解しているのだ、といつも感じていた。ところが、私は、北東ブラジルのレシフェの街はずれにある貧しいコミュニティ、モロ・デ・サウージを訪問するまではフレイレの哲学の何層もの複雑さを完全にはとらえきれていなかったことがわかった。

先述したように、フレイレとその家族は、彼らの〝中産階級としての絨毯を無造作に引っぺがす〟ことになる1930年代の経済的クラッシュの後、この地区に移ってきた。経済状況の悪化に伴いレシフェ市内の家をキープすることができず、フレイレの家族は、パウロとその兄弟と両親そしてその他、近しい家族が避難できるような、モロ・デ・サウージのつつましい家に引っ越したのだ。私は即座に『被抑圧者の教育学』のレーゾンデートル、つまりは存在意義について新しい次元で向き合うことになった。そのつつましい家には暗くて小さい部屋がある。室内にバスルームはない。天井張りもない。私は、生活という名のついた、新しい学びの形に直面しなければならなくなり、フレイレが呆然としたであろうトラウマについて理解しつつあった。その生活とは、つまりは、半市民として、従属的人間として何百万人にも及ぶブラジル人を追いやっていたシステムにより作られ維持されていたような生活である。私はフレイレやその友人が、近所のおばさんたちが毎日毎日洗濯をしていた横で、水浴びをしていたであろう小さな川のあたりを散策したりした。水浴びの後、体を乾かすためのフレイレの唯一のタオルは日光だった、そんな川のあたりを。

フレイレは、すぐに、心理的な階級の壁が、新しい友人や隣人たちと知り合い始めている彼の現実を覆っていることに気づく。彼らの人間的なありようにより、フレイレは、叔母のナタシアが貧しさを〝隠して〟おかねばならないと心配したりしていることに感情移入できるようになったし、「なぜ家族がルーデスのドイツ製ピアノや父親のネクタイを手放すことができないのか」[13]（父親は作業場で仕事をしているというのに）を理解することができるようになったのである。しかしフレイレはすぐに彼の家族がこだわり続けている中産階級のしるしのようなものに気づき、また、そういうものが彼らの痛みを癒すことはほとんどないのだ、ということにも気づいていった。「そういう痛みはいつも無礼な言葉で表されていた……［支払いができないので、いつも雑貨屋でツケで払うことは拒否されていた］から、フレイレの母はいつも別の店をまた探さねばならないし、そこでまた、それでなくてもしんどいのに、さらに酷い言葉をかけられなければならないのだ」[14]。来る日も来る日も続くこういうことで尊厳を傷つけられる母親を守ろうとする努力として、フレイレはしばしば隣人の裏庭に忍び込んで、ニワトリを盗んだりしていた。家族は町じゅうのすべての雑貨屋でツケで買うことができないのだから、それがその日の家族の唯一の食べ物になるのだ。家族の中産階級的感受性を守るために、フレイレは裏庭泥棒を「隣人の庭襲撃」とか言っていたようだが。フレイレの母はカトリックなのでもちろんこのような「襲撃」が彼女の道徳的原則を破ることになる

13　Freire フレイレ『クリスチーナへの手紙』*Letters to Cristina*, p. 23.
14　前掲書 p. 41.

ことは間違いないのだが、彼女は「パウロに、しめたばかりでまだ温かいニワトリを隣の家に返してきなさいと厳しく言うか、このニワトリを素敵な晩御飯に準備するか、のどちらかしかなかった。彼女の常識が勝つ。黙って、ニワトリを取り上げ、中庭を横切り、キッチンに入り、ずいぶん長いことやっていなかったニワトリの調理という作業に没頭した」[15]。フレイレの母は隣人のニワトリを盗むことは道徳的によろしくないことで、犯罪だとわかっていたけれど、彼女はまた、社会によって先験的に犯される罪というもののあることを知っていた。飢えの生産、である。

フレイレが以下のように詳しく述べている。

社会的不平等によって引き起こされる飢えの問題は、現実的かつ強固な飢えの問題なのであって、どこからその問題が始まるなどという日にちなど特定できない。このような飢えの問題とは異なり、私たちが経験していた飢えとは予告も構造的理由もなく突然起こり、いつまでも居座り続いていくものなのであった。そういったわれわれの経験していたやむこともない飢えは、私たちの体を乗っ取り始める。体が痩せこけていくのだ。足、腕、指、それぞれが細くなっていく。眼球がほとんど失われてしまうかのように、眼窩が深くなる。私のクラスメートの多くはこういった飢えを経験していたのであり、それは今日も何百万というブラジル人がその飢えによる暴力で毎年亡くなるという形で影響を与え続けている。[16]

このような形での暴力に対抗するために、フレイレは怒りと深い思いをもって『被抑圧者の教育学』を書いたのだ。実際、私は、このフレイレのいわば階級転落と飢えの経験なしには『被抑圧者の教育学』を書くことはなかったと信じるに至る。モロ・デ・サウージのつつましい家を訪問してのち、フレイレの洞察を読み、また読み返ししていると、彼の非人間的状況の告発や「変革は難しい、しかし可能だ」という声明は、彼の死というたとえようもない喪失感を改めて感じさせ、とても複雑な感情が溢れてくることを抑えきれない。「怒りとためらいと期待と悲しみ[17]」の入り混じったなんともいえない喪失感に。同時に、フレイレの出版されてこなかった仕事に関する新しい出版物や、女性と男性の解放に関する理論に関する出版物において「フレイレが戻ってくるという喜びに包まれることができる[18]」し、そこで彼は繰り返し繰り返し、少しでもひどくない、少しでもより公正な、より民主的な世界を思い描くように私たちを力づけ、また、立ち向かわせようとしているのである。しかし、フレイレが彼の本で実に熱心にいい続けているように、より公正で人間的な世界を作るためには、まず、差別や人間の悲惨や非人間化を作り出し、提供し、形作っている支配的

15 前掲書 p. 24.
16 前掲書 p. 15.
17 Ana Maria Araújo Freire アナ・マリア・アラウジョ・フレイレ『義憤の教育学』のまえがき "Prologue" in *Pedagogy of Indignation* (Boulder, CO: Paradigm Publishers, 2004), p. xxvii.
18 前掲書 p. xxvii.

な力の告発から始められるべきなのである。したがって、抑圧的な社会的権力の告発は、単に心を麻痺させ飼い慣らすようなマニュアルのある方法論とか、フレイレが定義づけたような「銀行型」教育による情報伝達によっては、けっしてなされることがない。いまだにフレイレのこの方法論批判は、適切には受け取られず、間違って理解され続けている。フレイレの「方法」は機能するのか、フレイレ学派のやり方は「効果がある」のかとかを問う、たとえば、ハワード・ガードナーがアスクウィズ・フォーラムの一環としてハーヴァードでノーム・チョムスキーやブルーノ・デラ・チエサ（Bruno de la Chiesa）を招いて行なったパネルディスカッションのようなアカデミアの尽力には、深い皮肉というかアイロニーが包含されており、結果としてフレイレの知的な世界への貢献と彼の主な理論は非常に俗っぽく扱われてしまうのである。フレイレの理論的哲学的発想の価値を単なる方法論の一つとして貶めるようなやり方は、とりわけ、イデオロギーにかたどられコントロールされた形でフレイレの理論を「不適切」である、と退けてしまったときに、いくらガードナーが「複合知」理論の価値を見せようと頑張っても、それは単なる視野の狭さをはっきりと示してしまうだけだ。ガードナーのノーム・チョムスキーとブルーノ・デラ・チエサへの要請とか、聴衆がフレイレの方法は機能すると例を示すことなどが、事態を明確にさせるよりむしろ隠してしまうのだ。[19]『被抑圧者の教育学』におけるフレイレの発想や理論に対する真の問いかけは、ノーム・チョムスキーがフォーラムでガードナーに答えたように、フレイレの識字教育のプロポーザルが単なる機械的な方法論として正しいかどうか、ということである。チョムスキーは、フレイレは識字教育を「意識を高める手段として[20]」使っている、と述べた。そのように簡潔に述べることで、チョムスキーは、教育者一般に、とりわけ、批判的教育者に対して、リリア・I・バルトロメ（Lillia I. Bartolome）が彼女のよく知られた『ハーヴァード・エデュケーショナル・レヴュー』寄稿の論文「フェティッシュ（〝モノ化〟する）・メソッドを超える：人間的な教育学に向けて[21]」で洞察的に分析した北アメリカの教育者に蔓延している、思考や革新や想像を麻痺させる方法の〝モノ化〟の現象を超えて行かねばならないと主張したのだ。

結果としてフレイレは彼の識字教育法を超え、彼の重要な概念「意識化」の観点から見られるべきなのである。「意識化」のコンセプトは、自らをフレイレ主義者と称する批判的教育者にさえもしばしば誤って理解されるし、フレイレの主な理論的ゴールと対話の方法を切り離して考えることでフレイレを単なる機械的な方法論者とみなしたい教育者たちによって便宜的に否定されたりしてきた。多くの教育者による「フェティッシュ・メソッド（〝モノ化〟された機械的な方法）」に加え、フレイレのオリジナルな発想「意識化」がうまく定義されていかない理由の一つは、この言葉のポルトガル語由来の単語の発音の難しさにあり（ポルトガル語スピーカー自身もこの言葉の発音に困難を感じる経験があるという）、また実際に、フレイレの心に浮かんでいたこの洞察に溢れる概

19　https://www.youtube.com/watch?v=2Ll6M0cXV54.
20　前掲（YouTube）.
21　Lilia I. Bartolomé　リリア・I・バルトロメ　ハーヴァード・エデュケーショナル・レヴュー *Harvard Educational Review*, vol. 64, no. 2（Summer 1994）, pp. 173-94.

念を本当にきちんと定義するということ自体も難しい。フレイレはいつもこの「意識化」を定義しようとする試みに先立ち、私たちはこの概念の本質に立ち戻り、常に自らに「定義とは何か、何に反対するのか、だれのために、そしてだれに反対するために？」ということを問う必要がある、と主張していた。この質問に答えようとすれば、すぐに、多くのフレイレの思想のフォロワーさえも、「意識化」はその発音だけでなく、本当に表現するのに難しい概念である、ということに気づく。フレイレはこの言葉を当初は「ごめんだね。なんで訳語を受け入れないといけないのか？『ストレス』という言葉を受け入れたくないが受け入れないといけない。そういうふうに受け入れられているのに、なぜ『意識化：conscientização』が受け入れられない？」[22]と言って、英語に訳されることを拒否していたくらいである。フレイレは結局、英語の単語として似ているconscentizationという翻訳を受け入れるのであるが。

フレイレにとって「意識化」という言葉の不可解さの理解には被抑圧者の自らの言葉を取り戻し声を発するというプロセスがどうしても含まれていなければならず、それこそが「第三世界の本質的なテーマ、困難ではあっても不可能ではないテーマであり、声を上げる権利、その言葉を発音する権利の達成[23]」なのであった。それは、被抑圧者が自らの言葉を話すために取り戻すべき権利であり、「自分自身になるための権利、自分の運命を自分で決める権利[24]」なのである。それは、被抑圧者の言葉を隔離しながら、息がつまるほどの広さに支配権力が達する権利でもある。それらの言葉は、抑圧のメカニズムを暴くものだが、ヘンリー・ジローがいうように、「ひとしきりの歴史的社会的記憶喪失に陥っているとき、政治やコミュニティの言葉は奪われた兵器のようになり、民主主義、自由、正義、あるいは意味のある社会状況などの言葉が空っぽになってしまう」[25]社会では、それらの言葉は歪められ抑圧されたりする。支配階層である抑圧者の権力、および自らはマジョリティーを代表しているのに「マイノリティーをエンパワーする」とか「彼らに声を与える」とか言いたがるリベラルな教育者らによる言葉の隔離は、アカデミアの議論や主流のメディアの婉曲な言い回しの使いすぎや乱用を見れば明らかである。

婉曲な言い回しというのは現実をよくわからなくして歪めてしまうのみではない。それはまた支配的な権力（メディアや政治的〝賢人〟や、教育ある階層の人々など）が、富裕層と貧困層の収入ギャップが許しがたく広がっていること、中産階級がさまざまな弊害が出るほどに縮小していること、財産を失った人たちに広がる疎外、などの社会を蝕む現実問題から、注意をそらすためによく用いる手法である。言葉の抑圧や歪曲は、いわば作戦なのであり、アルンダティ・ロイによると、

22 Paulo Freire パウロ・フレイレ『教育の政治学：文化、権力、解放』*The Politics of Education: Culture, Power, and Liberation*（New York: Bergin & Garvey, 1985）, p. 185.

23 Paulo Freire パウロ・フレイレ『自由のための文化行動』*Cultural Action for Freedom*（Cambridge, MA: Harvard Educational Review, 1970）, p. 4.

24 前掲書 p. 4.

25 Henry Giroux ヘンリー・ジロー「新しい原理主義と耐乏の時代の気晴らしとしての政治」"The New Extremism and Politics of Distraction in the Age of Austerity," *Truthout*, January 22, 2013, http://truth-out.org/opinion/item/13998- the-new-extremism-and-politics-of-distraction-in-the-age-of-austerity.

言葉を不正に奪い、あたかも武器のように配置する……言葉の意図を隠蔽し、その言葉が伝統的に意味していたはずのこととちょうど反対を意味するように言葉を使うことは、新しいやり方を行なおうとする〝皇帝〟の最も輝ける勝利の戦略の一つであった。それは敵対者を排斥し、批判の言葉を奪うことを、彼らに許すのである。[26]

言葉を追放するこの手法がうまくいかなかったとき、支配権力はさらに厳しい手法をとる。アリゾナにあるツーソン公立学校の役員は、『被抑圧者の教育学』を教室で使うことを禁止した。なぜならアリゾナ教育省の最高責任者によると「われわれは子どもたちに彼らが抑圧されているなどと教えてはならない」[27]からである。言葉を換えれば、「意識化」は必要とされる批判的思考を得るプロセスであり、生徒たちは彼らの抑圧を内面化する代わりに、いかにして権力のある組織が彼らの平等な扱いや、アクセスや公正といったものを否定するかを理解してゆくプロセスである。それは、同校の目的ではないのだ。そこでは、人種関係や倫理やイデオロギーといった課題に取り組むようなコースは禁止されており、教師たちは生徒たち（この場合、下層階級のメキシコ系アメリカ人の生徒たち）がより簡単に飼い慣らされるような嘘で固めた教育学を喧伝することを促進されるわけである。アメリカ合衆国において、本の検閲や、現実が抑圧であると名づける言葉の収奪があることに公的な怒りの声が上がることがほとんどないことは、「私たちが何もしないということの証明になっているかもしれない」[28]。私はアカデミアが、支配の言葉を破壊し、自分たちが名づけるために現実そのものは覆い隠したままにしてしまう言説に反対しながらも、婉曲な言い回しに勤しんでいることを目撃して驚いてしまう。フレイレ主義者だと自称する教育者たちが、「このようにして状況を意識によって掌握することで人間はそれを『自らのもの』とし、つまり状況を歴史的現実に変え、人間の手で変革しうるものにしていく」[29]ような「意識化」のプロセスを通じて、被抑圧者が理解を深めることは不可能であるととらえながら、一方このような〝リベラル〟な教育者がたとえば「被抑圧者」という言葉の意味を空っぽにしてしまい、なきことにしてしまうようなことをすることには、さらに一層驚いてしまう。このような〝リベラル〟たちは、実に熱心に「恵まれない」とか「解放されていない」とか「経済的にマージナル」とか「マイノリティ」とか「リスクにある」とかいった婉曲的な言葉使いを採用し、その他の人々の中に抑圧者を位置づけるが、被抑圧者とは、「『ここと今』のうちにある人間である。埋もれているような状況だったり、出現するような状況だったり、潜入されるような状況だったりするかもしれないが、とにかくそういうことが起

26 Arundhati Roy アルンダティ・ロイ「私たちは民主主義に何をしたのか」ハフィントン・ポスト "What Have We Done to Democracy?" *The Huffington Post*, September 27, 2009, http://www.hu ngtonpost.com/arundhati-roy/what-have- we-done-to-demo_b_301294.html.

27 Tom Horne, interview by Allison Keyes トム・ホーン（アリソン・キーズのインタビューによる）「もっと話してください」ナショナル・パブリック・ラジオ・ニュース *Tell Me More*, National Public Radio News, May 13, 2010, http://www.npr.org/templates/story/story. php?storyId=126797959.

28 Arundhati Roy アルンダティ・ロイ「私たちは民主主義に何をしたのか」"What Have We Done to Democracy?"

29 Freire, *Pedagogy of the Oppressed*, p. 85.

点である」[30]。彼らは、自らを支配しているものに立ち向かって「より全き人間を目ざす[31]」状況にいる。言葉の追放は人々に抑圧者と被抑圧者の間の弁証法的な関係を理解する可能性を否定してしまう。そこに抑圧されている人がいれば抑圧している人もいるのである。

したがって、言葉とは単なる議論の場の提供ではない。言葉はまた、批判的省察的な理解のプロセスのための欠くべからざるツールであり、それはフレイレが、単なる使用メソッドとしてその価値が貶められることを拒否した「意識化」のプロセスの核心に位置するものである。いわゆる第一世界の進歩的教育者たちは「メソッドとかテクニックとかをよくわからないものにしておいて、だからこそ、意識化を単なるラテンアメリカの成人識字教育のメソッドやテクニックに過ぎない[32]」ものとした。したがって、フレイレの重要なゴールは、先述したように、世界の抑圧された人々が世界中で使うことができるような識字教育メソッドの開発ではない。彼の主要なゴールは識字教育や、あるグループの成人学習者の特別なグループのために自身で作った方法などを人々の「意識化」につなげることである。別の言葉でいえば、私たちがどこからやってこようと、

われわれはみんな永久的な「意識化」のプロセスに巻き込まれている。そこでは思考は客観的現実との弁証法的関係の中で始められる。時と場所を得て変わるものは、内実、メソッド、そして「意識化」の客観性である。「人間性が目覚め」そして活動的な現実の意味を明らかにできるようになることが必要なのだ[33]。

「意識化」のもう一つの重要な誤解は、この概念を「ある種の熱帯風エキゾチズム、つまりは典型的な第三世界的存在ととらえることである。人々は意識化をこの『非常に複雑な社会』では達成不可能なゴールというふうに話すのだが、まるで第三世界の国々はその姿においてちっとも複雑ではないかのようだ[34]」。いわゆる第一世界と第三世界の偽の対立という言い方は、周辺に住む人々の文化的表現を退けながら、西洋中心主義の幻想の核心を再生産し続けるメカニズムの機能から目をそらせ、よくわからないものにしてしまう、別の形での言葉の追放を示している。近年のイスラム教とムスリムへの攻撃は西洋のメディアや賢そうな政治家やアカデミックたちが宗教的文化的原理主義者をまとめ、この原理主義をすべてのムスリムに一般化してしまい、全員を潜在的テロリストにしてしまったケースである。同時にわれわれは自らの偏見を隠しながら絶え間ない女性への攻撃を続けている、エヴァンジェリストであるパット・ロバートソンのような西側の原理主義者をご都合主義で無視している。たとえば、ロバートソンはこんなことを言っている。「フェミニストの言っているのは女性に平等な権利を、などというものではない。社会主義者になり、反家族政治運動に

30 前掲書
31 前掲書 35p Freire フレイレ『教育の社会学』*The Politics of Education*, p. 172.
32 前掲書 p. 172.
33 前掲書 p. 171.
34 前掲書 p. 172.

参画し女性に夫などを見捨て、子どもたちを殺し、魔術を実践し、資本主義を打倒し、レズビアンになることを促している」[35]。ロバートソンとタリバンの聖職者を置き換え、「社会主義者」を「資本主義」に置き換えれば、それは西洋の政治家やメディアやムスリムではない宗教指導者などが、何十億もの異なる文化、階級、エスニシティを包含するムスリム世界の多様性などまったく無視をして、イスラムの原始性やラディカリズムを日がな攻撃をするような内容になる。したがって西洋と、そして世界中のほとんどにおける組織的メカニズムはいわゆる原始的な第三世界の文化を含み維持するように機能しているのであり、それはしばしば支配層の文化の絶え間ない演説によって、沈黙させられており、少なくとも公的な議論やディベートの場ではこれらの「文化の沈黙の側面」が見えないようにしているのである。フレイレの「意識化」のプロセスに参加していくと、西側の、見えない文化を見えないままにするシステムを構築しようとする強固な方向性や、また、ムスリム原理主義者より暴力主義ではないとはとてもいえない、西側自身の原理主義を隠そうとしていることも明らかになってくる。アフガニスタンやイラク、ベトナムにおける「しばしば、考えうるかぎり最も酷い野蛮さ、不当な拷問、〝練習〟するための殺人、子どもや赤ん坊の虐殺（パット・ロバートソンと彼の同類のプロライフ主義者たちが倫理的、かつ政治的な言い方で言及するのを避ける虐殺）にまで至る」[36]アメリカ人の野蛮さをどう特徴づけたらいいだろうか？「意識化」のプロセスに参加することができないということ、あるいは、参加したくないということは、なぜ、われわれがパット・ロバートソンのフェミニズムに関わる露骨な嘘を簡単に受け入れてしまうのか、ということと関連がある。それは、われわれが第一世界と第三世界の文脈の区別の誤った二分法を受け入れるのと同じことである。当初は西側による第三世界の「野蛮さと原始性」という言い方を再生産するように機能したものが、のちに西側世界が我が身を救うために「道徳的責任」から「子どもと赤ちゃんを虐殺（アメリカ海兵隊の上官たちによって〝放っておけばヴェトコンになるクソ野郎[37]〟として正当化される虐殺）」するまでに、機能するようになる。アメリカ合衆国は女性の権利と自由を宣言する国として自らを表明している一方、あまりに多くのアメリカ人が、「ドローン」や「スマート爆弾」によってアフガニスタンやパキスタンで無差別に女性や子どもたちが殺されていることに関して沈黙を決め込んでいる。西側のメディア、政治的お偉いさん、そしてアカデミアの人々もまた「前政権の元国務長官マデレーン・オルブライトは、１９９６年、〝大量破壊兵器制裁〟の犠牲者として50万人のイラクの子どもたちが報告されたことに対して〝それくらいは仕方がない[38]〟」という姿勢で西洋原理主義について沈黙を決め込んでいる。

アメリカの外交政策について何も見ないふりをする社会的構造は、たとえばアメリカにいる数万人に及ぶハイチ人が闘い、公的な学校からドロップアウトし、大学を取り巻いているというのに、

35 "Timeless Whoppers—Pat Robertson,"「永遠のでたらめ―パット・ロバートソン」ネイション *The Nation*, January 10, 2013, http://www.thenation.com/timeless-whoppers-pat-robertson.

36 Jonathan Schell ジョナサン・シェル「ベトナムにおけるアメリカの戦争の真実」ネイション "The Real American War in Vietnam," *The Nation*, February 4, 2013, http://www.thenation.com/article/172264/real-american-war-vietnam.

37 前掲

その大学の教員や研究者たちは忙しく研究助成計画書を書き、ハイチの識字率向上を喧伝したりしていることと何の違いもない。2010年のハイチにおける衝撃的な地震とそれに引き続いて国連軍によってもたらされたコレラの流行によって、ハイチはある種のパターナリズムが慈善レイシズムに取って代わるような、西側諸国の監視の下に置かれることになる。これはアルベルト・メンミによると、「植民地主義の本質的部分[39]」にほかならない。何万人というハイチ人がハイチにおいてスラムに住み、どろでクッキーを作って飢えをごまかしてお腹いっぱいになったつもりになっているような状況の一方、大学教員と研究者がハイチに行ってデータを集め、苦しんでいるハイチ人を彼らの人類学的研究の対象として、アメリカのキャンパスに戻って学生やら同僚やらにエキゾチックな話をして、研究結果を出版して、テニュアを得るのだ。さらに、これらの人類学者はハイチで調べごとをし、データを集めるものの、自国アメリカで彼らの授業を取るハイチの学生をしばしば差別しているのである。私は、1980年代の連邦政府の研究資金を得たリサーチプロジェクトの一環としてしばしばハイチに出向いていたある白人のアメリカ人教授に、なぜ大学を取り囲む何千というハイチ人と共に何かするための時間を割かないのかと聞いたことがある。彼の答えは、パセティックじゃないとすれば、ただ、正直なものだった。「研究費助成機関にとってアメリカにいるハイチ人はそんなに魅力的じゃないから」。このリベラルな第一世界に住むアカデミックが、嘘のない厳密な「意識化」のプロセスに参加していたなら、何百万というハイチ人が非人間的で許しがたい不平等と人間的悲惨の下に置かれていることを見過ごして、自分のキャリアに安住するなんていうことは、できなかったに違いないのだが。彼のキャリアのゴールは、アメリカ外交政策によって支えられているハイチにおける抑圧の再生産と結びついているのだと知ったら、彼はおそらく、先ほどの非常に正直な答えがいかに病理的なものかを認識することができただろう。この研究者はハイチ人への深い理解を進め、彼らの最近の暮らしが大部分、ハイチ侵攻によるアメリカの内政干渉や占領、おおよそのハイチ人の利益とは大いに反するような働きをする右派の独裁者を一貫してサポートすることによって形作られたものと知りえただろう。まっとうな省察と自らを問い続けることをやっていたならば、その白人アメリカ研究者も彼の政治的プロジェクトが、まず、そして最も、彼のキャリア形成に役立ったことを理解するであろう。この第一世界のアカデミックがこういうつながりに気づいていたら、おそらく、ひどい地震の後のハイチに人道的援助をしたということで聖人のようなステイタスを与えられている元大統領クリントンやブッシュ（父）を批判したであろう。この白人アメリカ人教育者はこの両元大統領は、地震に先立って起こっていたハイチの人間的悲惨に、その外交政策を通じてかなりの責任があることを知ることになったであろう。地震がもたらしたのは、何万人というハイチ人が追いやられている非人間的なコンディションを悪化させたということ、そして、ハリケーン・カトリーナがニューオーリンズのアフリカ系アメリカ人がいか

38 Edward S. Herman エドワード・S・ヘルマン「〝図々しさ（権力への）〟を超えて」Zマガジン“Beyond Chutzpah,” *Z Magazine*, February 2013, p. 6.
39 Albert Memmi アルベルト・メンミ『植民者と植民地化されること』*The Colonizer and the Colonized* (Boston: Beacon, 1991).

に構造的レイシズムと非人間化にさらされているかを明らかにしたのと同じやり方で、それらの悲惨を明らかにしたことの二つである。ハイチの地震の被害で宿が取れないにもかかわらず、この第一世界のリベラル教育者はおそらく「世界銀行の国際金融公社からの7500万ドル、クリントンブッシュ・ハイチ・ファンドからの2万ドル」[40]で建てられた、スラムや掘建小屋やテントを見下ろす贅沢な五つ星ロイヤルホテルの一泊1320ドルの部屋が取れても断っていただろう。この見るに堪えない第一世界の贅沢の見せびらかし、まさにデカダンスなのだが、第一世界の寛大な人道性を印象づけはする。同時に地震により百万人のハイチ人が移動によるホームレスになっており、引き続き非人間的なコンディションが続き、上下水道も電気も家族を養う十分食料もない掘建小屋やテントに住んでいる、という現実がある。先述した第一世界の教育者が意識化のプロセスに参加していたら、おそらくブッシュとクリントンがポルトープランスで何千人というハイチ人に迎えられていたときに表していた偽の敬虔ぶった態度を指摘できたはずである。ブッシュ元大統領が、群衆の中のハイチ人男性と握手した後、その手をクリントンのシャツで拭く、といった相手をバカにしたような軽蔑の態度を示していたことは、You Tube配信を通じて世界中で明らかになってしまった。

意識化のプロセスは、ハイチにおいて白人[41]が享受していた特権のベールを上げることになったかもしれない。白人や外から来た人や外国人がハイチのエキゾチックな語りに魅了され、彼らの植民地的欲望と彼らのニーズを満足させていた。そのエキゾチックな語りには、いかなる意味においてもハイチの人たちが日々生き延びるために経験している現実は反映されていない。いろいろなやり方でこのような第一世界の〝白人たち〟は、その政治的傾向にかかわらず、彼らのいかなる介入活動もフレイレのものとは似ても似つかない、ということを理解することができない。

被抑圧者の教育学は、間主観性、というものの回復を目ざす、それはすなわち人間そのものの教育学なのである。こういった教育学のみが、つまり本当の意味での寛容というものに心をふるわせたりできる。「人道的」ではなくてまさに人間的な教育学のみが、目標を達成できる。逆に、抑圧する者のエゴイスティックな思いに発する教育や、エゴイズムによって偽りの寛容さを見せたり、抑圧される者をかわいそうだといって人道的援助の対象にしていく教育は、抑圧そのものを維持し、体現している。つまり非人間化の道具というわけだ。[42]

人道主義が非人間化の具現であるといういい例が、赤十字である。赤十字は地震で移動を余儀なくされたりホームレスになったりした何万というハイチ人の苦しみを和らげるため4億ドル以上を

40 Amy Wilentz エイミイ・ウィレンツ「ハイチからの手紙」ネイション "Letter from Haiti," *The Nation*, January 28, 2013, p. 22.

41 前掲誌

42 Freire フレイレ *Pedagogy of the Oppressed*, p. 54.

集め、百万人を超えるハイチ人がホームレスのままなのに、何百万ドル[43]もする贅沢なホテルのあるビルをもつような慈善団体である。贅沢なホテルがNGOとか他の人道的援助の〝戦士〟たちのストレスを和らげる環境を提供してくれるし、彼らは第一世界並みの結構な給料を取っている自分たちの〝白人の〟友人や同僚たちと〝ハッピーアワー〟を楽しむ一方、何万人のハイチ人たちはなんとか家の屋根を作り、食べられるものをあさり、「今の自分よりも、よりよき自分でありたいという人間の歴史的使命[44]」を取り戻そうとする。ハイチで働く外国人ワーカーたちが五つ星ホテルのレストランや心理療法を含むヘルスケアサービスにアクセスできる物質的状況を維持する一方、2010年の地震で移動を余儀なくされたほとんどのハイチ人たちは全き人間になるとはどういう意味か知ることを希求するばかりである。エイミイ・ウィレンツ（Amy Wilentz）の書いた例を取り上げてみよう。

最近レイプされたハイチの女性が彼女を攻撃した男を見るたびに倒れてしまう、というのを見ていたことで、まるで風邪のウィルスに感染するようにPTSDを発症したマザー・ジョーンズの人権専門レポーター、マック・マクリーランドの様子を記しておく。このようにトラウマを受けたマクリーランドは自分の選んだ家庭療法について出版している——友人に彼女をレイプするように頼んだというのだ、関係性が最も迫真性を帯びるように[45]。

マクリーランドの暴力に身をさらすセラピーは強化されたナルシズムの匂いがする。それはさまざまなレベルで埋め込まれた「偽の寛容さとパターナリズムの内に覆い隠されたエゴイズム」と相似である。これらの慈善介入は、第一世界の自己中心的な善意を包む心からのギフトとして贈られる。そしてそれは、ほとんどの場合ひどい失敗（ハイチのケースのように）であるが、第一世界の人道主義者たちは、解放というものが抑圧者と被抑圧者の間の関係性の緊張と矛盾を解決するプロセスによってのみ訪れるものだ、ということを理解することに失敗している。だから、「人間らしくあることを禁じられてきた被抑圧者が『本当の意味での人間』になるということは、矛盾した対立関係を置き換えるなどということではない。つまり対立している立場を変える、などということではないのである」[46]。同様に抑圧者は、抑圧の暴力を直接経験するような逆のやり方で被抑圧者を解放することは期待できない。これは被抑圧者の苦しみを理解するために、抑圧者側の必要とするものを継続する、ということである。マクリーランドのケースが示しているように。マクリーランドのセラピーの選択は、多くのリベラル教育者の選択と同じくひどいものである。彼らはいつも利

43 Wilentz ウィレンツ「ハイチからの手紙」"Letter from Haiti," p. 22.
44 Freire, フレイレ *Pedagogy of the Oppressed*, p. 55.
45 Madison Smartt Bell マディソン・スマート・ベル「ハイチにて：9年を1日に」ネイション "Nine Years in One Day: On Haiti," *The Nation*, January 28, 2013, p. 22.
46 Freire フレイレ *Pedagogy of the Oppressed*, p. 56.

益を得ていた「支配的な官僚主義[47]」から出資を引き上げると声明を出す必要を感じたわけだが、胡息にも、子どもたちが学校に行くようになるまで一時的に家族みんなでゲットーに移り住むようなことをしたのである。フレイレによると解放は、暴力の民主化のことでもなく人間の悲惨についてでもなく、隠された貧しさのことでもない。抑圧者と被抑圧者の間の矛盾を解決する解放は「新しい人間が誕生すること[48]」のみによって可能である。

抑圧者と被抑圧者の間の矛盾を解決することができないのは、関係性を作ることができないことは、そして「明晰さの放浪者」になってしまうことは、フレイレが『被抑圧者の教育学』で指摘する、広く行なわれている「銀行型」教育の失敗に関連している。同書ではこう言っている。

> 生徒と気持ちを通じさせる、コミュニケーションをとる、というかわりに、生徒にものを入れつづけるわけで、生徒の側はそれを忍耐をもって受け入れ、覚え、繰り返す。これが「銀行型教育」の概念である。「銀行型教育」で生徒ができることというのは、知識を「預金」すること、知識を貯めこむこと、そして、その知識をきちんと整理しておくこと、であろう。[49]

「銀行型」の教育は、貧困者への機械的な識字プログラムや、学校へのコンピテンシーベースのスキル積み上げ型のスクーリングや、専門性を得るための高等教育（富裕層のための最も高度な機械的識字教育）にさえも見られる。しかしながら、一見して違いがわかるにもかかわらず、この二つのアプローチには一つ共通する特徴がある。どちらも人が批判的に世界を読み解き、ちょっとした事実と、明らかに見えながらも誤解されているものとの関係性を理解することを阻もうとする。「銀行型教育」を受けてきた貧しい人たちは、多くの場合、心ここにあらずの意味のないドリルやエクササイズを与えられ、「複数選択の試験とか、自分の周りにある決まりきった表現をまねて難解な役所言葉を書く準備[50]」をさせられる。この「銀行型」で機械的な教育のアプローチは、心に麻酔をかけるような状況にしてしまう。詩人ジョン・アシュベリーが「詩とは何か」で上手に述べている。

学校においては
すべての思考は櫛でとくように取り払われた。
残されたのは荒野のようなもの。[51]

47 前掲書 p. 57.
48 前掲書 p. 56.
49 前掲書 p. 72.
50 Patrick L. Courts パトリック・L・コーツ『識字とエンパワーメント：意味を作り上げる』*Literacies and Empowerment: e Meaning Makers*（South Hadley, Massachusetts: Bergin & Garvey, 1991）, p. 4.

批判もなく「銀行型」教育を受け入れている教師たちにとって、教育の「櫛」とは練習帳とかワークブックとか、ルーチンのペースを作るための心ないコンピュータードリルの演習などに包含されているものである。このような〝ドリルと実践ベルトコンベア〟は生徒たちの考える能力を麻痺させ、教師の指示を準備するフィールドを提供する。そのフィールドとは次のようなことである。

教師が一方的に話すと、生徒はただ教師が話す内容を機械的に覚えるというだけになる。生徒をただの「容れ物」にしてしまい、教師は「容れ物を一杯にする」ということが仕事になる。「容れ物」にたくさん容れられるほどよい教師、というわけだ。黙ってただ一杯に「容れられている」だけがよい生徒になってしまう。[52]

生徒たちは、しばしば軍隊的でコントロールされた教師の語りとその語りの「内容」を生徒たちが機械的に覚えているかどうかの反映であるハイステークステストによって測定される。したがって、この機械的な「銀行型」教育の支配的な効果は、必然的に、丸暗記が好まれるような教育構造を作ることになり、プラグマティックな資本の要求に合わせ「自己保全のために社会秩序を築く[53]」ために生徒の能力を麻痺させるように、教育のプライオリティーを必要に応じて下げるのである。スペクトルの反対側でも同じことが起こる。社会秩序を築くことは、高度な専門性をもつ富裕層にとっても、それほどレベルの高くないメカニックなアプローチで達成されるのである。別の言い方をすれば、ハイレベルなスキルを得ても、さまざまな知識間の関連性を知ることは、「純粋すぎる」ということで貶められ、専門的な科学の名において評価を下げられる。スペインの哲学者ホセ・オルテガ・ガセット（Jose Orgega y Gasset）によると、そういう科学者は、「世界のほんの片隅の自分の専門のことはよく知っていても、その他のことについては根本的に無知である」[54]ということになる。実際に異なる分野の知識を結びつけることができないことは、しばしばある種の傲慢さを引き起こす。たとえば、ある有名大学の数学の女性教授は「知らないでいる権利がある」と言ったくらいである。この言い方はイラク戦争のニュースについてなされたコメントだった。おそらく彼女の同僚が大っぴらに戦争反対を言うことに不快感を感じていたのだろう。彼女は突然「私にはニュースなど知らないでいる権利がある」と宣言したのである。おそらく彼女には知らないでいることを選ぶ「権利」はあるのだろうが、民主社会のアカデミアの一人として、市民の一人として、彼女にはリーダーたちが何をしているか知る「責任」もある。そしていつ人権が脅かされているか、ということも。たとえば、野蛮な政治によって、ドローンにガイドされた爆弾が罪のない市民や女性や子どもたちを間違いなく大虐殺する。そのことを政治家たちが「戦争の不運な一面」だとか単

51 John Ashbery ジョン・アシュベリー『詩とは何か』ハウスボートの日々：ジョン・アシュベリーの詩 "What Is Poetry," *Houseboat Days: Poems by John Ashbery*（New York: Penguin Books, 1977）, p. 47.
52 Freire フレイレ *Pedagogy of the Oppressed*, p. 72.
53 Freire フレイレ『教育の政治学』*The Politics of Education*, p. 116.
54 José Ortega y Gasset ホセ・オルテガ・イ・ガセット『大衆の反逆』*The Revolt of the Masses*（New York: W. W. Norton, 1964）, p. 111.

純に「付随的損害」などと言っていることを知っておいたほうがよいと。権威主義的な無神経と人間の命への完全な軽視は、さらに、こんなふうにも表現される。フィリピン大統領ロドリゴ・ドゥテルテが「海軍とコーストガードに指示した。『もし誘拐者がいて逃げようとしていたら全員を爆破せよ……彼らは〝人質〟と言う。いやいや、付随的損害だ』」[55]

　厳格に学問的境界を定義することによって整理された知識によってできた社会的組織は、さらに専門家階級を作ることに貢献していく。すなわちエンジニア、医師、教授などなど、それぞれの職業はさらに狭いフォーカスをもつ分野に分けられていく。この手の専門家は「知っているのは一つの科学だけで、しかも一人の科学者は自分が熱心に調べている分野のほんの片隅しか知らない。そのような専門家は自分のやっていることを正しいと言い、自分が研究してきたその狭いテリトリー外に関しては何の認識もなく、一般的な知識のスキームへの興味は〝道楽〟という名前をつけてしまう[56]」。この〝道楽〟は、その人の狭い専門性の中で真実を見極めようとする架空の目標のために捨て去られてしまう。そのプロセスで、狭い専門性は、専門的な知識の形態を飼いならしてしまい、視点と知識を包含する文化的多様性を重視する、社会的かつ文化的関係の哲学との決裂を生じさせるのみならず、学問の境界を厳密にすることによって、偽物の対立を生み出し維持するイデオロギーの陰に隠れてしまう。このイデオロギーはまた、「ハードな科学」「客観性」「科学的厳密性」などは「ソフトな科学」のごちゃごちゃしたデータなどから、そして、そういうカテゴリーを作り出す社会や実践の場からも、はっきり分けられるべきだ、という視点を作る。さらにこの「銀行型」教育のモデルは知識をバラバラにして必然的に生徒たちの批判的な気づきを減らし、与えられた現実を受け入れ、結果として「知識を詰め込めば詰め込むだけ、生徒は自分自身が主体となって世界にかかわり、変革していくという批判的な意識をもつことができなくなっていく。受動的な態度をより従順な形で求められれば求められるほど、世界は変革すべきものではなく、与えられている現実のかけらが世界であり、そこに適応するしかない、と感じるようになる」[57]。最も特権を享受する階級にある支配者たちは富や機会がいくらでもあるから、歴史の主体として世界を変革するのみならず変革を反映するというような役割を放棄する、というひどい結果になる。フレイレによると『銀行型教育』が生徒たちの創造的な力をだめにしたり、最小限にしたりしてしまい、従順さを促し、批判の力は促さない、ということは抑圧している者たちにとってはよいことである。本当に大切なことは、世界がどのようなものであるかを示すことではなく、それを変革することである」[58]

ほとんどの保守的教育者そして多くのリベラルな教育者は、「銀行型」教育モデルを、フレイレが「今の教育実践に非常に頻繁に見られる〝消化を促す〟知識の概念」[59]と呼ぶ、彼らの物質的で消費主義的な教育概念の、安全な避難場所として使っているのである。フレイレの言及する「今の教

---

55 "Duterte vows to hit militants, captives."「ドゥテルテの武装勢力、捕虜への命令」ボストングローブ The Boston Globe, January 16, 2017, p. A3.

56 José Ortega y Gasset ホセ・オルテガ・イ・ガセット『大衆の反逆』*The Revolt of the Masses* (New York: W. W. Norton, 1964), p. 111.

57 Freire フレイレ *Pedagogy of the Oppressed*, p. 73.

58 前掲書

育実践」とは、学生たちを「栄養不足」であるとみなし、結果として教師が学生たちに現実的ではない本のリストを強制し、クラスの中で議論したりすることはなく、生徒たちの「意識は〝がらんどう〟なのだから知るために〝満たされて〟いなければならない」[60]ということになるのである。私は、1セメスターのコースの間にはこれらの読み物をすべてきちんと議論することは不可能であることをよく知りながら、学生に80ページに及ぶリーディングリストを含むシラバスを渡したある教授のことを思い出す。教育学はまさに質より量、ということらしい。同じ教授は学生に40ページ（なぜ25、35、あるいは38ページではないのか?）のペーパーの提出を求めた。だいたいそんなに教授は読めるのかと思うし、広い範囲で洞察に富んだコメントをすることはもっとできそうにないのに。学生の54ページにわたるペーパーに、教授は2から5ワードの短いコメント、すなわち〝いい出来（excellent job）〟〝文化度対決（high vs. low culture）〟〝よろしい（great）〟あるいは〝教育的学力（pedagogical forces）〟とかしか書かないのである。この教育における「栄養補給型」アプローチは、ジャン・ポール・サルトルが「知ることとは食べること」[61]という概念を批判し、「おお食品哲学!」と叫んだこととつながる。つまり「言語が単なる〝ボキャブラリー（教師のボキャブラリー）の容れ物〟として作り変えられてしまい、学生たちが教師の知識をパンのように〝食べて〟〝消化する〟[62]」というプロセスである（教師の知識とは、たとえば、目的とする知識の理解もない定義のリストの数々、もともとどのようなイデオロギーを刻み込むか知らずに用いられているツールキットとしての方法論の数々、とりわけ新しい技術に応用されているもの、実践を伴わない理論の体裁をとった陳腐なテキスト、膨大な語彙集など）。絶え間なく、考えることのない容れ物として、情報を「食べさせられて」、のちに学生たちは必要とされる試験やテストの折に、それらを「吐き出す」ことが求められている。それは教師のすぐれた知識／銀行口座の確認であり、彼らの自己陶酔的なニーズに奉仕するようなものだ。しかも、ほとんどの教育の人道的（人間的ではない）アプローチに生得的に備わっている動機となるものである。最後に、教育への「栄養学的銀行型」アプローチにおいて、たとえそれらが進歩的な教育のふりをして行なわれていたとしても、そのゴールは教師の知識の〝預金〟を通じて学生の脳を太らせることであるから、この教育学モデルの下では学生たちは「学ぶ者としての自分たちの創造的な努力からは生まれない[63]」理解を吸収することになる。新しい知識を生み出すような知識を理解することよりも、事実の再生産を行なう、このような種類の教育は避けがたく次のような結果を生み出す。つまり、教師の押しつける「実際、学生たちの社会文化的現実とほとんど完全に隔離し、隔離され、何も関係がない[64]」知識が荷重であるために、学習者の認識的な好奇心や創造性が麻痺してしまうのである。

59　Paulo Freire パウロ・フレイレ『自由のための文化行動』*Cultural Action for Freedom*（Cambridge, MA: Harvard Educational Review, 1970）, p. 7.
60　前掲書
61　Cited in Freire フレイレ『自由のための文化行動』に引用 *Cultural Action for Freedom*, p. 8.
62　前掲書
63　前掲書
64　前掲書

本質的に『被抑圧者の教育学』でフレイレは、実践に基づく革新的な変革へのイデオロジカルなロードマップを提示している。「この実践には、省察の最初のステージとそれに引き続いてのステージなどという対立はない。行動と省察は同時に起こるのである」[65]。フレイレは、われわれ全員が、批判的省察のツールを開発するように求める。それによって、ひどい経済格差とか、酷い暴力とか、非人間化（告発されるべき非人間化）などによって引き起こされた危険な記憶を忘れたりしないように。このように人間の苦しみについて声を上げ続けることをしなければならないし、そのようにしてわれわれは、人類学的ツーリストとして飢えを学ぶことと飢えを経験することは違うということ、暴力を非難することと暴力から生き延びることとは違うということ、そして、「声を与える」などという偽物の偽善行為は、組織的に声をなくさせられていることとは違うということを、人々が学ぶために必要な、知的な一貫性を守ることができるのである。したがって、有色人種や女性に「声」を「与える」必要がある、と公言する偽の批判的教育者たちは、「声」とはギフトではないことを理解することができない。「声」は民主的な権利である。人間としての権利である。

フレイレはいつも解放のための闘争の存在意義は、これらの権利を取り戻すことである、と強調していた。それらは自律性なしには決して到達できないものである。翻って、自律とは解放の戦いに参加する人たちの真の交わりなしには到達できないものでもある。言葉を換えれば、社会の不正を告発するような批判的で力のある言語のうち、書かれた推論的な実践のみで、人々と共に起こす行動を欠いたものは、状況の交わりを現している。これはしばしばアカデミックが、人類学的ツーリストとしてとても短い時間、人々との交わりの中に入っていくときに起こる。たとえば、彼らのリサーチプロジェクトのためにデータを集めるが、データをとってしまったらすぐに闘っているコミュニティーをなすがままに放置してしまう、などのように。抑圧された人々との交わりとは、階級と人種が消滅することに自発的にコミットする気があるかどうかということである。それは「抑圧者と被抑圧者のボーダーを超えることは、単にあちらとこちらのボーダーを地理的に超えるということ以上のものである。階級の消滅は復活祭のようなもの。それは文化的イデオロギー的な文脈を通じた問題を抱えている。それは被抑圧者と意味のある、継続的な連帯感へのコミットメントをもつことである」[66]。フレイレは簡潔にいっている。

変革のプロセスにおいて、この相互主体を否定し、「よく組織する」という名の下に、革命権力のみを強化し、前線を守るという名目で、人々とのかかわりを避けることは、要するに自由を恐怖しているということである。人々を恐れ、人々を信頼しない。しかし、人々のところに降りていき、なお、人々を怖れているとしたら、何のための変革な

65 前掲書 p. 128.
66 Paulo Freire (ed.) with James Fraser, Donaldo Macedo, Tanya McKinnon, and William Stokes パウロ・フレイレ（編）ジェームズ・フレイザー、ドナルド・マセド、タニャ・マキノン、ウィリアム・ストークス『メンターをメンターする：パウロ・フレイレとの批判的対話』*Mentoring the Mentor: A Critical Dialogue with Paulo Freire* (New York: Peter Lang Publishing, 1997), p. 316.

のだろう。変革は、リーダーが人々のために行なうものでもなく、人々がリーダーのために行なうものでもなく、お互いのためにお互いの分かちがたい連帯をもって行なわれるものである。この連帯感は、指導者の、謙虚で愛に満ち、勇気ある態度によって生まれてくる。

このような勇気に満ちた出会いを求めず、自らを閉ざして出会いを拒めば、他者は単なるモノになってしまう。このようにして、私たちは命あるものへの愛から、ネクロフィリア（死せるものへの愛）への道をとってしまう。命を育むかわりに命を抹殺する。命の探求のかわりに、真の命から逃げ出すのである。

命を抹殺すること、命を押さえ込むこと、人間を単なるモノにしてしまうこと、人間を疎外してしまうこと、だますこと、暴力の餌食とすること。それらはみな、抑圧する側の手段である。[67]

67　Paulo Freire パウロ・フレイレ *Pedagogy of the Oppressed* (New York: Continuum International Publishing Group, 2000), p. 129.

序章 PRIMEIRAS PALAVRAS PEDAGOGIA DO OPRIMIDO PAULO FREIRE

この序文に続く『被抑圧者の教育学』各章は、私が5年間、亡命先で見聞きした経験をまとめたものである。もちろん、私の国ブラジルのさまざまな現場で行なってきた教育活動での経験も反映されている。

「自由への恐怖」について一章で詳しく述べるが、どこに行ってもこの「自由への恐怖」を感じることになったのは意外なことだ。「意識化」とはなにか、という専門家向けのショートコースをやっているときも、現場でいわゆる解放教育を行なっているときも、まったく同じなのである。

コースの参加者が「意識化することは危険だ」という言い方で、「自由への恐怖」を表すことが、本当にめずらしくなかった。「批判的意識というのは、なんというかな、それはアナーキーで危険なことのような気がする」とか、そういう言い方である。「批判的意識をもつことは無秩序につながるんじゃないか」と言う人もあった。「どうして、そう否定的なのかな。私も前は自由を怖れていたけど、もう怖れていない」と言う人もまた、いたけれども。

あるとき、コースに元肉体労働者だった男が参加していた。「意識化がいかに危険なことであるか」ということについての議論でみんなが盛り上がっていたときに、彼は言った。「ここにおられるみなさん方の中で、私はおそらく唯一の労働者階級出身の人間だと思います。ここで言われていることが全部わかっているとはとても言えないんですが、一つだけ、はっきり言えることがあります。このコースに私は何も知らずにやってきて、そしてここで〝何も知らなかった〟ということがわかった。そして、それがわかったからこそ〝批判的〟になりはじめました。だからといって、自分がやたら狂信的になったり、攻撃的になったりしているわけではないということです」。自分が今置かれている不当な状況を意識できたからといって、その人が「破壊的な狂信」や「自分たちのいるこの世界を破壊していいという感情」に押し流されるわけではない、と言ったのだ。

以下のような言い方で表される疑問は、いつもあからさまにはっきり表現されるわけではないが、常に自由への怖れを示唆している。「不正な状況があるとしても、その状況の下で苦しんでいる人たちがはっきりとその不正の状況を〝認識〟しないほうがよいのではないか」というような。

実際には、人々を「破壊的な狂信」にかりたてるのは、意識化ではない。意識化はむしろ逆に、人々が主体として歴史のプロセスに関わっていくことを可能にし、狂信主義を避けて、一人ひとりを自己肯定に向かわせる。

「意識化によって社会的な不満を表現する道がひらかれるということは、こういった不満が抑圧状況のうちにはっきりと現存する、ということを示している」[1]

自由への怖れをもっている人の多くは、その怖れを意識しておらず、そんなものは存在しない、として直視しない。心の底で自由を怖れている人は、危険な自由よりも日々の安寧に隠れようとする。ヘーゲルがいうように、[2] 危険な自由よりも、安寧を求めるのだ。

しかし、実際には、このような自由への恐怖がはっきり表されることはとてもまれなことだ。巧妙なやり方で、無意識のうちに、この自由の恐怖をカモフラージュしてしまう傾向のほうがむしろ強くなっている。自由を擁護するふりをして、自由を怖れないかのようにとりつくろい、作為的な言葉をひろげていく。

こういった人たちは疑問を呈し、やや疑心暗鬼ともいえるため、いかにも深いことを考えているような雰囲気を漂わせている。自由の守り手であるかのような、深くまじめな雰囲気である。こうなると、自由というものが、現状維持ということに見えてしまう。だから意識化というプロセスを通じて、現状維持に問題がある、ということが議論されるようになると、本来の自由はつぶされはじめる。

私がここで行なう試論は、知的な夢想の成果などというものではないし、多くの読書の結果、導いたものでもない。もちろん読書は私に多くのことを与えてくれているけれども。この本の始めから述べているが、私は常に具体的な現状に基づいて議論している。実際に行なってきた教育の仕事を通じて、直接にあるいは間接的に関わってきた農村や都会のプロレタリアートや、中産階級の人々のさまざまな反応が表されていると思う。私たちはこういった観察を今後の研究の中で修正したり、確証したりしながら続けていきたいし、この試論でも議論を続けたい。おそらくこの試論は、セクト主義的な反応を一部の読者に引き起こしてしまうことになるだろう。

そういう人は、おそらくこの本の最初の数ページで、すでにこの本を許せない、と思ってしまうだろう。私たちが話題にしている人間の解放に向けての姿勢を、「つまらない御託を並べている」とは言わないまでも、単なる理想論に過ぎない、と言う人もいるだろう。「つまらない御託」とは、すなわち存在論的使命とか、愛、対話、希望、慎み深さ、共感といった、私たちが大切にしている言葉のことだ。私たちは、「抑圧している者は、にせの寛大さをふりまいて、偽善行為を行なっている」などと口にして、抑圧状況を批判したり指摘したりしているのだけれど、そういうことを快く思わず、受け入れられない人もい

1 Fransisco Weffort フランシスコ・ウェフォール 私の *Educação como Prática de Liberdade*（『自由の実践としての教育』）への序文から Rio de Janeiro, Paz e Terra., 1967

2 「生の危険にさらされるというリスクによってのみ、自由は得られる……。命を賭けない、という人でも、ひとりの人として認められる、ということに疑いはないが、独立した自己意識の認識という真理に到達することはない」（Hegel ヘーゲル、『精神現象学』 *The Phenomenology of Mind*, Harper and Row, 1967, p.233）

ると思う。

この試論は手探りで書いたようなもので、いわれるとおりまだまだ欠点ばかりなのかもしれないが、ラディカルな人たち、つまり現状を根源的な意味で考えていきたいと思っている人たちのためにささげる仕事である。キリスト者やマルクス主義者には、私たちの姿勢の多くに、あるいは、ほとんどすべてに賛成してもらえないかもしれない。でも彼らはきっと最後までこの本を読んでくれると思う。

「まったく合理的じゃない」と思われるほどにセクト的な、閉じた姿勢をもつ人には、この本で述べていきたいと思う対話についての議論は、おそらく受け入れてもらえないだろう。

セクト主義は狂信性に基づいていて、結局いつも人間の思考を骨抜きにしてしまう。ラディカルであるということはセクト主義とは違う。ラディカルであることは、常に批判されることを怖れず、批判によってより成長していくものだから、創造的なプロセスである。セクト主義は神話的ともいえる内向きの理論で構成されるため、人間を疎外していく。ラディカルであることは批判的であることだから、人間を自由に解放する。自由とは人間が自ら選んでそこに根をもち、はっきりとした客観的な現実を変革するための努力をし、その状況により深くコミットしていくことではないだろうか。

セクト主義は内向きで、合理的ではないため、問題ある現状をさらに偽りの現状に変えてしまうため、結局現状変革をもたらすことはない。どの立場のセクト主義であれ、セクト主義は人間の解放を妨げるものだ。右翼のセクト主義がセクト主義であるゆえに、人間の解放を妨げるとすれば、そのおかげで対抗勢力であるはずの革命家をよりラディカルにしそうなものだが、そうはいかないことに痛恨の思いを感じる。

革命家が右翼のセクト主義と応答しているプロセスで、自分たち自身がセクト主義に陥り、反動的になっていくこともまれではなく、本当に残念なことだ。

前の著書[3]で明らかにしたけれども、ラディカルになることは抑圧する側の従順な支配の対象になることではもちろんない。ラディカルであるということは自由と解放へのプロセスなのであるから、抑圧者の暴力の前に受動的であることはできない。ラディカルであるということとは主観主義者ではありえないということである。主観的観点は、その観点の客観的な次元、つまり認識行為が行なわれる具体的な現実との、弁証法的な合一を通じてつくられる。主観性と客観性が弁証法的に合一し、認識は行為と、逆に行為は認識と連動す

3　私の前掲書。

る。このような弁証法的な合一性が、現状の変革という現実への行為と思考を生み出すのである。

セクト主義はそもそも盲目的な〝非合理性〟から出発しているので、どのようなことをするにせよ、現実のダイナミックさをとらえることはできず、つい見当はずれなとらえ方をしてしまうのである。弁証法的と思っていても、「飼いならされたようなひどく狭い意味での弁証法」でしかないのである。

前の著書で、右翼のセクト主義者のことを「生まれながらのセクト主義者」といってしまったのもそういうわけである。進んでいこうとするプロセスにブレーキをかけ、時間を、それはすなわち人間そのものを〝飼いならして〟、つまり狭い自分のコントロール下に置こうとする。逆に、セクト主義化した左翼は、目の前にある現実や歴史を「弁証法的に」解釈し、根本的な宿命論に陥り、こちらもまた現実を見ることができない。

違いといえば、前者が未来のために、今ここにある現在を「飼いならして」、それを繰り返そうとするのに対して、後者は未来を定まったものであるかのようにそちらに向かって変革を目ざし、かならずそうなるものだ、という運命にしてしまう。前者にとっては今、というものが過去にしばりつけられているものだし、後者にとっては、あるべき明日はすでに決まっているものであり、それもまた変わることがない。どちらも歴史のビジョン、つまり人間の今に関するビジョンが間違っているわけで、そういう意味で反動的である。やり方は違うにせよ、結局は自由と解放を否定する行動を起こしてしまう。

前者は現在を「お行儀のよい」できごととして固定化し、後者は未来を決まったものとして固定する。前者がいくら現在維持を図り、過去回帰を求めても、後者がいくら未来を「すでに知っていること」のようなものと見なしても、どちらにせよそのような傍観者のような姿勢では未来は立ち上がらない。

未来を立ち上げるどころか、両者ともに「安全なサークル」に閉じこもり、そこから外に踏み出すこともなく、自分なりの真理に安住してしまう。未来をつくり上げるために闘い、未来の構築のリスクを負う、といった真理とは違う。運命のように与えられた未来に安住せず、人間の創造する未来をよりよいものにするために共に闘い、お互いに学ぶ、という真理とも違う。

どちらにせよセクト主義というもの自体が反動的である。どちらもが、各々のやり方で時間をまるで自らの所有物のように見なして、人々を置きざりにしたままにし、人々と対立するものであるかのようにしてしまうからである。

右翼のセクト主義が「内向き」の真理に安住してしまうのは、もともとそうある以上でも以下でもないわけだが、左翼の人間がセクト主義化してしまっては終わりであり、自分を否定することにもなることがわかっているのだろうか。
　もともとそうであるか、自己否定かという違いはあれど、どちらも「内向き」の真理のまわりをぐるぐるしているようなもので、だれかが議論をもち出すと、自らの拠って立つところが揺らぐように思ってしまう。よって、自らの内向きの真理に反するものは何でもすべて間違っており、うそである、とみなす必要がある。「セクト主義であるかぎり、問いかけをすること、疑問をもつこと、を欠落させていく」[4]
　人間はより自由であるべきだ、ということに深いコミットメントをもつ真にラディカルな人は、「安全なサークル」に閉じこもることはなく、当然、現実をそのようなサークルに閉じこめてしまうようなことはしない。ラディカルであればあるほど、現実へのコミットメントを深め、より深く現実を知ろうとするし、その現実を変えようとする。
　世界と対峙することを怖れないこと、世界で起こっていることに耳を澄ますことを怖れないこと、世界で表面的に生起していることのばけの皮を剥ぐことを怖れないこと。人々と出会うことを怖れないこと。対話することを怖れないこと。対話によって双方がより成長することができること。[5] 自分が歴史を動かしていると考えたり、人間を支配できると考えたり、あるいは逆の意味で自分こそが抑圧されている人たちの解放者になれる、と考えたりしないこと。歴史のうちにあることを感じ、コミットメントをもち、人々と共に闘う。

そういうことだけだと思う。

セクト主義は反動主義そのものである、ということを説明してきたが、ラディカルであるということは革命的であるということそのものである。だから「被抑圧者の教育学」は大変ラディカルな仕事であることを自覚している。この本の以下の論述も、また、それを読むという行為も、セクト主義からは遠いものだ。

エルザに心からの感謝の気持ちを表したい。この本の最初の読み手のエルザ。あなたの深い理解は、われわれの仕事、そしてあなた自身の仕事に対しても、多くの刺激を与えることになった。草稿の段階からこの本を読み、批判を寄せてくださった方々にも心よりの感謝をささげる。しかし、ここに書かれたことのすべての責任は、私自身が負うものである。

パウロ・フレイレ

サンチアゴにて　1968年秋

---

4 Márcio Moreira Alves マルシオ・モレイラ・アルヴェスとの対話より。

5 「党内の〝学識経験者〟が理論的知識を特権的に独占しつづけているかぎり、それは危険な方向性だし、党が弱体化することになる」Rosa Luxenburgo ローザ・ルクセンブルグ、「改良か革命か」*Reforma o Revolución*（Wright Mills ライト・ミルズ、*Los Marxisitas*『マルクス主義者たち』所収、México: Ed.Era S>A., 1964, p.171）

第一章「被抑圧者の教育学」を書いた理由

I. JUSTIFICATIVA DA PEDAGOGIA DO OPRIMID PAULO FREIRE

この本では前著『自由の実践としての教育』で論じてきたいくつかの観点をより深く考えていきたいのだが、とにかく取り上げようとしているテーマがあまりに広すぎることは承知している。ここでは、最も重要でシンプルだと思うアプローチを取り上げるが、それは本当に単なる序説に過ぎない。

今を生きるというドラマ性を反映しつつ、問題として浮かび上がってくるのは、自分たち自身のことだ。自分たち人間が「宇宙の中でどういう位置をしめているのか」ということを私たちは何も知らないし、だからこそもっと深く知りたいと願う。この、人間は自分についてなにもわかっていないのだ、という自覚が、この本での探求の動機である。自分が何もわかっていないという〝悲劇的発見〟は次々に疑問を生み出していく。疑問をもち、問う。答える。その答えは、次の問いをみちびく。

この本の中心テーマであるヒューマニゼーション、すなわち人間化の問題は、価値論的な見方から、人間にとっていつも中心的な問題であったが、今はとりわけ避けるわけにはいかない問題として立ち現れてくる。[1]人間化を知ろうとすれば、どうしても非人間化ということを知り、視野に入れないわけにはいかない。言葉として存在する、ということではなく、非人間化は歴史的な現実として、目の前にあるからである。非人間化のきびしい状況から見れば、人間化ということに可能性はあるのか。人間化も非人間化も未完の根をもつながゆえに常に探究されているものだ。人間化も非人間化も、歴史の中、現実的ではっきりとした文脈の中では、それは自らの未完性を意識する、未完の存在としての人間の前に可能性としてひらかれている。

人間化と非人間化、どちらも未完なのだから、可能性はどちらにもあるといえないこともないが、〝人間の使命〟につながるのは、人間化だけである。この使命はたえず否定され、しかし否定によってまた、重要なことであると認識されてきたのである。不正や搾取、抑圧、抑圧者の暴力などによって、この使命は否定されてきたが、奪われてしまった人間性を回復するための、抑圧された者の自由と公正への希求とその闘いによって、肯定されていくのである。

1　世界中で現在起こっている、とりわけ若い人たちによる反逆の動きは、それぞれの特有の事情を反映しており異なるものだが、根本的にはこの人々のうちにある人間という存在への関心、また世界のうちにあり、そして世界と共にある人間への関心を表しているのだと思う。人間とはどのようにあるべきかという問いである。若い人たちが「消費文明」を問い、「官僚的なあり方」を告発するとき、大学の制度改革を求めるとき、（あるものは権威的な教師と学生の関係の消失を求め、他方において学生の現実参加を、現実そのものの変革を要求し、その闘いを通してのみ、大学は自らを更新しうると主張する）、古き秩序と既成の制度を拒否し、決定の主体としての人間を求め確認するとき、これらすべての運動は、われわれの時代の、人間中心的というよりも、より以上に人間学的な方向性を示しているといえる。

人間の使命とは、「より全き人間であろうとすること」ということだろう。非人間化は、人間性を奪われた者のみにみられるのではなく、形を変えて、人間性を奪っている側にも見られる。「より全き人間」であろうとする使命からの歪みとして、起こってくる。歴史のうちにこういう歪みはよくあるが、それは歴史的使命ではない。非人間化が人間の使命だと認めてしまうと、もうそこには絶望か冷笑しかない。そうなると、人間化、自由な労働、疎外からの解放、一人の人格ある人間としての認識、これらを目ざす闘いのすべては、意味をなくしてしまう。非人間化が歴史のうちに示された間違いのない現実ではあっても、それは変えることのできない宿命ではない。非人間化とは、抑圧者の暴力を生み出すことになる不正な「秩序」、人間をより価値の低い存在にみなすような「秩序」だということがわかっているから、これらの闘いには意味があるのである。

▼抑圧する者とされる者との間の矛盾――それを乗り越えるということ

抑圧者の暴力は、抑圧者自身をも非人間化していく。人間が人間をより価値の低い存在に見なすようなことは人間の使命とはなりえない。より人間らしく、より全き生き方をしようという使命からの歪みであるから、抑圧された人々は、遅かれ早かれ、自分たちを貶めている人たちに対して闘うことになる。被抑圧者が自らの人間性を取り戻すための闘いは、同時に新しいものを創造するということでもあるのだが、このプロセスにおいて被抑圧者が観念の上でも現実の場でも、自らが抑圧する側のまねをするのではなく、抑圧者、被抑圧者、双方の人間性を回復しようとするとき、その闘いは意味をもつ。これこそが被抑圧者の大きな役割であり、抑圧者の歴史の課題である。つまり、自らの解放のみでなく、抑圧する者も共に解放する、ということだ。被抑圧者の無力さから生まれる力が、抑圧する者とされる者の両方を共に解放する力をもちえるのであり、暴力に頼る抑圧者は、こういう力をもつことはできない。被抑圧者の無力さの前で、抑圧する側が寛容と見える態度を示すこともあるが、それは偽りの寛容であり、その枠を超えない。この偽りの「寛容」を示しつづけるためには、不公正のほうも、維持しつづけなければならない。不正な社会「秩序」は、泉のようなものであり、偽りの「寛容」が流れ出ているが、その根源には死、絶望、貧困がある。[2]

　泉が少しでも脅威にさらされると、そうした偽りの「寛容」はたちまち怒りに変わる。本当の寛容は、こうした偽りの愛の根拠を消滅させる闘いのなかにあるが、この偽りの「寛容」にしがみついていると、それが理解できない。偽りの慈悲あるところには、不安で怖れていて、打ちのめされていて、心許なげな「生に見放された」者の手がある。この世のぼろきれともいえるような「地に呪われたる者」の手である。本当の意味での寛容とは、この手が、人間の手、人々の手となるよう闘うことのうちにある。施しを求めて力ある者に差し出す哀願の手ではなく、人間的な手、労働し世界を変える人間の手になるように。教育と学習は、「地に呪われたる者」、すなわち被抑圧者、この世の打ちひしがれた人たち、そして連帯しようとする者たちのところから始まるのである。人間として、自らの人間性を取り戻すための闘いのうちにこそ、本来の意味での寛容が立ち上がる。

抑圧されている人たちよりも、抑圧的な社会の恐ろしさを理解できる者がいるだろうか？　抑圧される者から生まれる力だけが、両者を共に解放する強さをもちうるということを、抑圧された者以外によく知っている者が、他にいるだろうか？　自由の必要性を、彼らよりも切実に理解できる者が、どこにいるだろうか？　解放は偶然にもたらされるものではなく、解放を求める実践を通して、その闘いの必要性を認識し、再認識することによってはじめて解放に向かっていく。

この闘いは、被抑圧者が目的とすることによって、愛の行為となる。愛の不在と対立する愛の行為である。偽りの寛容を装う抑圧者の態度には愛の不在が隠れているのである。

この本において、「被抑圧者の教育学」と呼んできたことのさまざまな側面を紹介することが私たちの望んでいるところであるが、十分にわかるように紹介できるかを心配している。これは、被抑圧者のためではなく、被抑圧者と共につくり上げていくものであり、個人として、また人々と共に、人間性を取り戻すその不断の闘いのなかで形づくっていくものだ。この教育学においては、被抑圧者が抑圧と抑圧の原因について省察することが対象になり、その省察は結果として被抑圧者の解放の闘いへと向かい、そのなかでさらにこの教育学はつくり、つくり変えられていく。

自らのなかに抑圧者を「宿して」いることに慣れている被抑圧者が、その二重性と、生来のものではないものを体現しているという苦しみのなかで、いかにして解放のための教育学に寄与できるのか、ということは大きな問題ではある。しかし、抑圧者は「自らのうちにある」ということを発見したときに、被抑圧者は、解放の教育学の誕生に貢献するこ

2　「施しをする、としよう。しかし、その施しは、あなたの過酷な強奪の苦しみ、その涙とうめきから得られたものではないのか。貧しい人があなたが施すものが何であるかを知れば、まるで兄弟の肉を食い、隣人の血を啜るかのように思え、それを拒むのではないのか。そして勇気ある言葉、兄弟の涙で、喉の渇きをいやしたくない、と言うだろう。あなたが取り立てたものを、同胞に戻すことです。そうしてもらうほうが、どれほどか有り難い。百人の貧者にそんなことをした上で、ひとりの貧者を慰めてどうなるのか」São Grególio de Nissa ニッサの聖グレゴリウス（335）の〝高利貸しへの説教〟から。

とができる。なんとか抑圧者のようになろう、そうなりたい、そうなるんだ、という二重性のうちに生きている間は、自らを解放することはできない。被抑圧者の教育学は、抑圧している側からつくり上げられていくものではない。被抑圧者の側が、自らも抑圧者も、共に非人間的な状況にあることを批判的に発見していくことからつくり上げられる。

この発見にこそ、解放の教育と直接に結びつくような何かがある。ところが、いつものことで、めずらしくもないのだが、このような発見をすると、被抑圧者が、最初の段階として、解放のために闘おうとするのではなく、自分もまた抑圧する側そのものになろうとしたり、抑圧する側に与したりしようとすることが起こる。被抑圧者の思考構造は、自らを〝形作って〟いる具体的な現在の状況に深く影響されている。現在の状況のうちにある矛盾を生きることを条件付けられているのだ。被抑圧者が理想として追い求めているのは、まさに〝人間となる〟ことである。しかし、ずっと非人間的な状況に置かれ、どう抜け出せばよいのかわからない矛盾のうちにあっては、人間になることが抑圧者になることと思ってしまう。だからこそ、人間とはなにかということが示されているべきだ、と思う。

これは、被抑圧者が自分の実際の経験から、抑圧者に「癒着」するような姿勢を身に着けてしまうことから起こってくることだと思うので、後でもうすこしゆっくり分析してみることにしよう。長く抑圧されてきた状況では、被抑圧者は自分の状況を対象化して、自分を客観的に外から見る、というようなやり方で状況を「凝視」できないのだと思う。

　だからといって被抑圧者が、自分を抑圧された者であるとわかっていない、ということではない。しかし、抑圧されているという現実に「埋没」している状況のために、自らが抑圧されているという認識はひどく損なわれている。抑圧する者とくらべて自らを「認知する」というレベルでは、この矛盾に満ちた状況を乗り越えようとする闘いに向かうことはない。矛盾を解決する方向性が、自由と解放ではなく、自分を抑圧している者に同化しようというのだから、まるで倒錯といってもよいような状態である。

　こういう状況の下では、抑圧された人にとって、「新しい人間」とは、抑圧者に押しつけられた古い状況を改革し、現在ある矛盾を解決していくところから生まれてくるような「新しい人間」のことではなくなってしまう。むしろ、自分にとっての「新しい人間」とは、だれかを抑圧するような自分になることになってしまうのだ。つまり、新しい人間になる、ということについて、きわめて利己主義的な認識をもってしまうのである。抑圧する者にぴったり寄り添おうとするゆえに、自分が一人の人間である、という意識をもつこともできないし、抑圧されている者としての自分を意識することもできない。

　こういうやり方で、たとえば抑圧されている者が農地改革を目ざすと、それは自由と解放のため、というよりは、土地を自分のものにし、地主になるためのものであり、はっきりいえば、自分が使用人をもつ主人の立場になることを目ざすものになってしまう。「偉く」なった元農民が、昔の仲間たちに対して、元の地主よりずっと過酷な抑圧者になるケースがあまりに多く、そうならないケースがまれなくらいだ。明らかな抑圧状況は何も変わっていないという事実こそが、そうなる理由といえるだろう。「偉く」なったものは、せっかく得た地位を手放したくないから、今までの地主よりいっそうきびしくなっていかねばならない。抑圧されている者は抑圧している者の内に「人間」としてのロールモデルをみてしまう、と私が言ったのは、こういうことなのである。

はっきりした抑圧状況から新しい解放の状況に変化していく革命のうちにあっても、このような抑圧された者の意識について同じことが見受けられる。直接的にせよ、間接的にせよ、革命に参加する抑圧された者の多くは、以前の社会体制の神話とでもいうようなものにあまりに深く損なわれてしまっており、革命を自らの私的な革命にしてしまう。過去の抑圧者の影がいまだに生きつづける。抑圧者であることが「人間であること」の証明でありつづけるのだ。

「自由への恐怖」[3]も問題である。抑圧されている者が抑圧者気取りになったり、抑圧されている現在の状況を維持しようとしたりする他にも考察に値するようなことがあると思う。すべて抑圧する者とされる者の関係に介在する基礎的な要素の一つは、「規範」である。すべての規範は、ある人の意識の、他の人への強制である。よって、人を疎外せずにはおかず、私たちが述べてきた抑圧者の意識を「自らのものとして宿した」ような意識のありようをつくっていく。だからこそ、抑圧された者の振る舞いは、規範に従ったような振る舞いとなる。自らにとっては不自然な、抑圧者のつくった規範によって行動するようになるのである。

抑圧する者の「影」を内面化し、その決まりに従う抑圧された者は、自由を怖れるようになる。この影を取り除くということは、影を取り除くことで生じる「すきま」を別の「内容」――それは自律、ということなのだが――で「埋めて」いくようなことをしなければならないということだ。責任のないところに、本当の自由はないのである。自由とは、成し遂げて手に入れるものであり、与えられるものではなく、常に探求する姿勢によって得られるものだ。常に探求する姿勢は、責任ある行動を要求する。自由であるための自由、はだれにもない。自由がないから自由のために闘う必要がある。自由はまた、人間にとっ

3　自由への恐怖は、抑圧する者の内にももちろんあるわけだが、内容は明らかに異なる。抑圧されている者においては自由への恐怖とは、自由を引き受けることへの怖れなのだが、抑圧する者においては、抑圧する「自由」を失う怖れなのである。

て届くところにないような理想目標というわけではない。神話をつくり上げるようなものでもない。常に自由を探求していく姿勢というものが、常によりよき存在であろうとする人間にとって欠くべからざることである、というのである。

だからこそ、抑圧状況を越えていくことがどうしても必要だ。それは、批判的な再認識をすること、つまりそのような状況になっている「理由」を考えることであり、その状況を変革するような行動によって新しい状況をつくることであり、人間としてよりよき存在であろうとすることでもある。

旧来の状況から新しい状況を生み出していこうとする、本当の意味での闘いが始まっているとき、それはすでに人間としてよりよき存在であろうとする闘いを始めていることでもある。抑圧的な状況は、抑圧する者と抑圧される者を同様にとらえて、より非人間的な状況を生み出す。すでに述べたように、抑圧された者は自らの足りないところから始まってよりよき人間たる探求を生み出していくが、抑圧する者は他者を抑圧するために非人間化を招いている。

しかし、支配構造に組み込まれ、そこに「ひたりきって」しまっている被抑圧者たちは、自由を引き受けるという危険を侵すことなどできないと思い、自由を怖れる。自由を求めて闘うということは、自由を「わがもの」のようにして抑圧のために利用してきた人を脅かすことでもある。それを怖れるからでもあり、抑圧されている仲間がいっそう抑圧されるのではないか、ということを怖れるからでもある。

自らの中に自由への希望がある人は、他の人たちが同じような希望をもっていてはじめて、その希望が実現することを知る。

自由への怖れがあるかぎり、他の人と連帯はできないし、他の人の呼びかけも、自分への呼びかけも聞こえてこないし、本当の意味での共生、共に生きる、ということを目ざすこともできない。ただ群れて集まることを好むだけだ。自由を希求する過程でもたらされる豊かな創造的な人間同士の交わりよりも、自由でない状況に適応することを好むようになる。

自らのうちに「内面化された」二重性に苦しむ。自由でないことに気づく、本来の自分ではないことに気づく。自由になりたい、しかし、自由になることは恐ろしい。自分は自分であると同時に、抑圧者という意識が自らのうちにある。だから、その闘いは、引き裂かれた自分自身、つまり自らの二重性との闘いである。自らの「内なる」抑圧者を追い出すことができるかどうかの闘いである。疎外を克服するか、疎外された状態を続けるか、規範に従いつづけるか、他のオプションをとるか。観察するだけの人間になるか、行動する人間になるか。見物人を決め込むか、行為者となるか。自ら行動するか、抑圧者の行動から自分も行動したという幻想をもつか。言葉を発するか、何も言わないか。何も言わない、とは、創造と再創造を繰り返して世界を変えていく力を去勢されるということである。これが抑圧される者の悲劇的なジレンマであり、私たちのいう教育学が向き合わなければならないことである。

自由とはだから、出産のようなものだといえよう。痛みをともなう出産である。この出産によって新しい人間が産み出される。抑圧する者とされる者の間の矛盾を乗り越え、そのどちらの側にも自由をもたらして、生き生きと生きるような新しい人間。

矛盾を乗り越えることとは、もはや抑圧する者でも抑圧される者でもない、本来の意味で自由な新しい人間を世界に送り出す、という出産と同じ行為なのだ。

純粋な理想主義だけでは、これらの矛盾を乗り越えていくことはできない。抑圧された者が自らの自由のために闘うのに不可欠なことは、抑圧の現状を直視することである。現実は、「閉じた世界」でどうしようもない、と見なされてはならない(世界を閉じたものとすると、自由への恐怖が生まれる)。抑圧されている者はその状況による制約はあれど、状況を変革することができる。本質的に重要なのは、抑圧的な現実が課す制約を認識することであり、その認識を通して、自由への行動に向かう原動力も得ることができるということである。

はっきりした抑圧の状況を認識することが、すぐに自由を意味するわけではない、ということはいっておいたほうがよいだろう。偽りの主体、偽りの「自らであること」が抑圧者であるから。ヘーゲルがいうように、抑圧者の矛盾は自らの現実のうちに真理があるところにある。[4] 抑圧と対立する者にとっては、現実はもっぱら乗り越えるべきものとしてある。被抑圧者は現実を認識することによって、自由への闘いに参加する。

抑圧者と被抑圧者の弁証法的な関係—二者対立—を知るだけでは十分ではないわけで、たとえば「被抑圧者がいなければ抑圧者も存在しない」（ヘーゲル）という発見があったとしても、自由という事実が得られるわけではない。自由の実践こそが重要なのである。抑圧者との関係において、個人的に彼を一人の人間として考えたとしても同じことがいえるのではないだろうか。自分は抑圧する者である、ということを発見したとしても、そしてそのことによって苦しんだとしても、抑圧される者と連帯するわけにはいかないのである。本当に連帯するということは、依存している状態を維持しながら、ちょっと財政的に援助しよう、などということではない。連帯するということは、パターナリズムに陥っているために感じる引け目に、なんらかの「合理性」を見つけようとすることではない。

4　「独立した意識の真理は、（よって）従属者の意識である」ヘーゲル前掲書 P.237

連帯するということは、連帯する相手の状況を自ら「引き受ける」というラディカルな態度のことをいうのだ。

もし被抑圧者の意識を特徴づけるものが、主人の意識と関連して生じる「奴隷の意識」であり、本人を「もの」のように変え、ヘーゲルのいう「他への認識」にしてしまうものならば、被抑圧者との真の意味での連帯とは、彼らを自分自身ではなく「何か別の存在」にしてしまうような客観的な現実を変革するための闘いのことにほかならない。

抑圧している側は、偽善的で情緒的、かつ自分勝手な振る舞いをやめなければ、抑圧されている者と連帯できないのであり、愛の行為になったときに、初めて連帯できる。抑圧されているのは何か抽象的なものではなくて、不正な扱いを受け、収奪されてきた一人の人間である、ということが見えてきてはじめて連帯できる。言葉を奪われ、労働を買い取られ、人格さえも売り飛ばされてしまったかのような……。現実と実践のうちに、人を全的に愛するそういう行為のうちに本当の意味での連帯が立ち上がるのだと思う。人間というのはすべて人格をもった人間であり、自由な存在だ、といいながら、この自由という目的に向けて何もしないとすれば、それはただの茶番というべきだろう。

抑圧する者と抑圧される者という矛盾した対立の構造ができており、はっきりした現実としてあるのだから、その矛盾の克服もまた客観的にはっきりとした形で行なわれることによってのみ達成される。

このようにして、自らが抑圧する者であることを発見した抑圧者にとっても、また自己の矛盾に目覚め、抑圧された世界を自覚し、世界を抑圧したものにしてきた神話に気づいた被抑圧者にとっても、この抑圧の状況を変革していくためのラディカルさが必要とされることになる。

この本でのちにも述べることになるが、私たちにとっては、抑圧状況を変えていく、というこのラディカルさが必要である、ということはとても明確なことである。このラディカルさは、抑圧されているという意識をがまんしていれば、いつか抑圧は消えていくのだと期待してしまうことにつながる行動はともなわない。主観主義を批判しながら社会構造の改革を目的とする闘いにおける主観の役割は否定しない、ということである。

主観性なしに客観性を考えることはできない。一つがなければもう一つもない。この二つは切り離すことはできない。

5 主人の意識と奴隷の意識をあげながらヘーゲルはいう。「前者は独立しており本質的に自らのための存在である。後者は従属的で、本質的にその生も存在も他のためのものである。前者は主人やお殿様であり、後者は奴隷や農奴である」ヘーゲル前掲書。

客観性を主観から切り離し、現実を分析したり働きかける行動のうちにある主観性を否定することを客観主義という。同じように、独我論的な立場に立って主観性により行動を分析することで、客観性を否定することは、結果として行動を否定することになる。客観的現実は、自らの意識が生み出したものだ、ということになってしまうからである。客観主義でも主観主義でも心理主義でもなく、主観性は絶えざる弁証法的な相互作用のうちにある客観性ともいえるのである。

主観性を主観主義や心理主義と混同すると、世界と歴史の変革のプロセスにおいて主観性というものが果たす重要な役割が見えなくなり、方針のない単純思考に陥ってしまう。それは人間不在という不可能な世界を認めることになる。もう一つの主観主義の産む、世界なき人間という短絡思考も同じである。

一方なしには他方もなく、双方は常に統合されているものなのである。

批判的で現実的な思想家のうちにはこの二分化を見出すことができないように、マルクスのうちにもその二分化は見出されない。マルクスが批判し、そして科学的に看破してみせたのは主観性ではなく、主観主義や心理主義なのであった。

客観的な社会の現実は、たまたま起こったわけではなくて、人間の行動によって引き起こされたものであり、その変革もまたたまたま起こるものではない。人間がその状況がつくり出した産物であるとすれば、また状況が逆に「実践からの反映」という形で人間のありようを決めていくものであるとすれば、やはり抑圧的な現状を変革していくということは歴史的な使命であり、人間の使命である、ということになる。

抑圧的な状況になればなるほど、そこには抑圧する者とされる者が存在していくことになる。抑圧された人と本来の意味において連帯して自らの解放のために闘うことにした人は、まず抑圧に対する批判的意識を実践のうちに獲得することが必要になる。

これは解放に向けての最も難しい問題の一つであるといえると思う。抑圧的な現状は、そこにいるものをみな、状況に飲み込んでいくかのような仕組みになっていて、大変な力で人間の意識を埋没させていく。[6]

その意味において、抑圧的な現状は、そのものが従属的な機能をもっているといえよう。そこから自由になるためには、なんとか埋没させられたところから力で抜け出すようにし

6　「自由と解放のための行動には、必然的に意識的で意志的であることを示唆するようなときがかならずあり、そのようなときをできるだけ継続させ歴史の継続性のうちに存在させることが重要である。支配的な行動には、そのような必然性がない。その機能と構造の無意識性そのものが、支配的構造を維持するものであるから」Jose luiz Fiori ホセ・ルイス・フィオリの論文より引用させていただいたことの感謝を込めて。

て、状況を振り返る必要がある。そのためには本来の意味での実践、つまり活動と省察に基づいた実践だけが、これを可能とする。「べらべら」と口先だけのことを言っていてはだめだし、ただ動けばよい、というだけでもない。

「抑圧の状況に抑圧されているという意識を加えることにより、状況が抑圧的であることがよりはっきりする。恥ずべきことを公開することで、本当に恥ずべきものであることを認識するのだ[7]」

マルクスの言う「抑圧状況はそこに抑圧の意識が加わることにより、いっそう抑圧的になる」というのは、主観性と客観性の弁証法的関係のことである。主体が客体と共に弁証法的な合一をつくり上げないかぎり、本来の意味での実践も連帯もない。

だから実践とは世界を変えようとする人間の行動と省察のことをいうのである。この実践なしには、抑圧する者とされる者の矛盾を超えることはできないのである。

この矛盾を超えるためには、抑圧されている者がその抑圧の現実を批判することにより、状況を対象化し、同時に状況への働きかけを行なうことが必要となる。

だからこそ、そういった批判的な介入と行動とは同じことだといえる。ある現実を知ったとしても、このような批判的介入(つまり行動のこと)につながらないものは、客観的にそこにある現実の変革には至らない。つまり、その認識は本当の意味での認識でなかったということだ。

純粋に主観主義的な意味合いをもつ「認識」というのは、上にあげた〝本当の意味での認識でない〟という例だといえよう。客観的な現実から目を背け、主観主義的な堂々巡りとなってしまうため、「自分だけのため」の勝手な現実をでっち上げてしまう。仮想の現実のうちにあって、本来そこにある現実を変革していくことはできないのである。

客観的な現実を変えることが、認識していると考える本人たちの個人的あるいは階級的な利益を損なう、といった場合も、同じことが起こっているといえる。

先にあげた仮想現実のケースでは、現実自体が虚構にされているわけであるから、批判的介入が起こらない。次のケースでは、介入によって認識する人の個人的、階級的利益が損なわれるので、やはり批判的介入は起こらない。

結果としてどうなるかというと、「神経症的」な行動をとるということになりがちである。現実は事実として存在する。しかしその事実も、その事実から引き出されることも、どちらも望むところではない。そこで、本当に呆れてしまうような「つじつま合わせ＝合理的な理由づけ」が行なわれる。つまり、はっきりと事実を否定するのではなくて、異なった

7 Marx-Engels マルクス・エンゲルス、『聖家族』*La Sagrada Familia y Otros Excritos*, México, Grijalbo, 1962, p.6

見方で見てみよう、というような。そういった「つじつま合わせ」は、最終的には主観主義と同一のものになっていく。事実を否定するわけではないが、真実は歪められてしまう。「つじつま合わせ＝合理化」は客観性の根本を「骨抜き」にしてしまう。事実は事実としての明確さを失い、抑圧する側の階級的利益をデフェンドするための神話となり、要するにうそとなってしまう。しつこいけれども、もう一度繰り返そう。主観性と客観性の弁証法的なありようによって成立する「批判的な介入」は、このようなやり方ではできないのである。

これこそが、一般の人々が現実への批判的な「介入」をしないよう、それを困難にする障壁がつくられていくことの理由の一つなのだが、そのことについては、この本の最後の章で詳しく述べることにする。抑圧する者たちは、抑圧される者である一般の人たちの、抑圧の現実への「批判的介入」が、自分たちにとって興味あることではないことがよくわかっている。抑圧する側にとっては逆の状態のほうがよいのだ。つまり抑圧されている人たちが、その抑圧の状況を前にして無力であると感じることや、その抑圧の状況を「限られた変えようのない状況」と見て、打開不能と見なすことに「埋没」する状態がいつまでも続くほうがよいのである。

ルカーチが革命党に行なった警告は興味深いものである。[8]「マルクスによると、一般大衆に対して行動を説明しなければならない。それはこうした方法でプロレタリアートの革命的経験の持続性を確保するためだけではなく、この経験のいっそうの発展を意識的に積極的促進するためにも、必要なのである」

この必要性の議論にあたり、ルカーチはここで言及してきた「批判的介入」を問題にしていることは明らかである。

「一般大衆に対しての行動を説明する」ということは、一方では行動と行動の拠って立つところの問題との関係を明瞭に理解し、光を当てることだが、他方ではその行動の目的に敬意を払う、ということでもある。

一般の人々が客観的な状況に挑み、変革者としての行動をとるようになればなるほど、批判的「介入」は深まる。

こうして自らの経験を「より発展させるような意識」を喚起しているのである。

客観的な現実がなければ、つまり人間にとって「自分でない」ような世界があり、それに挑戦することがなければ、人間的な行動は存在しない。同じように、もしも人間が単なる「プロジェクト」のようなものであって、自らを超え現実を把握する存在であったり現

8 G.Lukács ルカーチ、『レーニン論』*Lenine*, Paris: Études et Documentacion Internationales, 1965, p62

実を変革するために現実を認識する存在であることをやめるなら、人間的な行動というものもない。

弁証法的に考えれば、行動とは世界のことであり、世界は行動のことであり、密接に連帯しているものである。しかし人間的な行動とは、ただ何かをやるというよりもう少し意思のともなうもので、省察と分離することのないときに、はじめて本来の人間的な行動となるといってもよい。この行動の必要性について「一般の人たちに適切な行動を説明する」というルカーチの要請には、その説明の目的として「経験を発展させるような意識の喚起」が掲げられている。

私たちにとっては、行動について適切に一般の人々に説明をする、ということが問題なのではなく、一般の人々とその行動について対話をしていくということが大切なのだと思っている。どちらにせよ、ルカーチが革命党の課題とした「一般の人たちに自分たちの行動について説明する」という意見は、どんな現状も放っておいては変化することはなく、人々が実践を通して、現状に批判的に介入することが必要だという私たちの意見と同じである。[9]

被抑圧者の教育学とは深い意味において、自らの解放のための闘いを目ざす人々のための教育学であり、そこに根がある。自らが抑圧されていると知っている、あるいは状態をはっきりと意識している人々、あるいはそれを批判的にとらえはじめた抑圧されている人たちが主体になっていく。

本当の意味で自由を目ざす教育学者は、抑圧されている人たちと距離を置いているわけにはいかない。つまり、かわいそうとか人道的「治療」の対象だとか、抑圧する側から出てきた例などを引きながら、自らの「出世」のモデルを探す、とか考えないことだ。抑圧されている者は、その状況から脱出する闘いにおいて、自分自身がモデルになっていかなければならない。

被抑圧者の教育学は、間主観性、というものの回復を目ざす、それはすなわち人間そのものの教育学なのである。こういった教育学のみが、つまり本当の意味での寛容ということに心をふるわせたりできる。「人道的」ではなくてまさに人間的な教育学のみが、目標を達成できる。逆に、抑圧する者のエゴイスティックな思いに発する教育や、エゴイズム

9 「唯物論は、人間が環境と教育の所産としてあり、変化した人間とは異なる環境と異なる教育の所産であると唱えるが、まさにその人間によって環境は変えられること、そして教育者にこそ教育が必要である、ということを忘れてはならない」Marx マルクス、『フォイエルバッハに関するテーゼ（第三テーゼ）』Tercera Tesis sobre Feuerbah,『マルクス＝エンゲルス選集』所収 In: Marx-Engels, *Obras Excongidas*, Moscou: Editorial Progresso, 1966, tomoII, p.404

によって偽りの寛容さを見せたり、抑圧される者をかわいそうだといって人道的援助の対象にしていく教育は、抑圧そのものを維持し、体現している。つまり非人間化の道具というわけだ。

これが、この教育学が抑圧する者によって作られたり実践されたりするものではない、という理由である。

抑圧する者が解放の教育を擁護するだけでなく実践するなどということは、それ自体、大変な矛盾なのである。

そう思うと、疑問が出てくる。ここでいうような教育実践には、政治的な力が必要であり、抑圧されている者はそういう政治力がないのだとすれば、革命的な政治的変革がいまだなされていないとき、被抑圧者の教育学はどのように実現されるのだろう？ 疑うことなく、これは大変に重要な問いであり、この本を最後まで読んでいただければ、すこしは明快な答えが見えてくるのではないかと考えている。

ここであまり詳しくいうことは避けるが、系統立てられた教育というものと教育的な働き方とは別だ、と考えることが重要だ、といっておいてもよいと思う。系統だった教育制度を変えるには政治的な力が必要となるが、教育的な働き方は、抑圧されている人たちが、自分たちの日々の働き方や組織化のうちに実現可能なことだからである。

被抑圧者の教育学は、人間的であり、自由を求める教育学であって、そこには二つの重要な局面がある。一つは、被抑圧者は、抑圧的な世界の化けの皮を剥ぎ、変革の実践にコミットしていく、ということ。もう一つは、ひとたび抑圧的な現実が変革されれば、この教育学は被抑圧者だけのものではなくなり、絶え間ない自由を求める人間存在そのものの教育学となっていく、ということだ。

どちらの局面においても、抑圧の文化とでもいうものに、文化的に対峙していく、という非常に深い意味での行動が必要とされる。[10] 一つめの局面においては、抑圧者の目からの世界の見方が、被抑圧者からの見方に変わっていくときに求められる。二つめの局面では、革命的変革ののちの新しい社会においてもまだ続く抑圧的な社会において、ふたたび生まれ発展したさまざまな神話を取り除くときに求められる。

この章では、この一つめの局面の分析を目ざしている。つまり、具体的な抑圧の状況の下にある、抑圧されている者の意識と抑圧する者の意識、という問題である。その行為、その世界を見る視点、その倫理観、といった問題。抑圧される者の抱える二重性という問題。矛盾し、引き裂かれている二重性に向き合う。抑圧状況の下で自らを「つくり上げ」、

10 これこそ「文化革命」の基本的な観点に見える。

同じ状況のなかで自らの存在を「確認して」きたことが、抑圧された人たちの二重性をつくり上げ、自分が自分であることが禁じられてきた。自分が自分であることを禁じられ、それが正当化されてしまうような状況とは、もうそれだけで暴力と呼ぶべきものではないか。先述したような偽りの寛容さによって甘やかなふうに見せかけられていても、これは本当の意味での暴力である。今の自分よりも、よりよき自分でありたいという人間の歴史的使命を踏みにじるものであるから。

抑圧の関係が確立されたときに、すでにそこには暴力が始まっている。しかし、今日までの歴史のなかで、その暴力の火が抑圧された側からつけられたことはないのである。

抑圧されている者が暴力の結果として存在しているのに、どうやって彼ら自身が暴力の発端になりうるのだろう？　客観的に見て、つくり上げられ配置されて、自分に押し付けられた状況の、自分がその推進者であるというようなことがありうるのか？

明らかに抑圧を目的とした暴力的な関係がなければ、暴力にさらされた者としての被抑圧者も存在しなかったはずである。抑圧する者たち、搾取する者たち、他者のありようというものをみとめない人たちが暴力の火をつけるのであり、抑圧された人たち、搾取された人たち、つまり抑圧する者たちによって〝他者〟とは認められないような人たちによって暴力の火がつけられるのではない。

愛のない世界を始めるのは、愛されなかった人たちではない。愛さなかった人たち、他を愛することのない人たちである。

テロを始めるのは、抑圧されている弱者ではない。その権力により明らかな抑圧を生み出し、生活できず、世界の引き裂かれた状況にあるような人を生み出している暴力的な者たちこそがテロの始まりなのである。

圧政を始めるのは圧政者の側であり、虐げられている人々ではない。

憎しみをもたらすのは、憎んだ人たちであり、憎まれている人たちではない。

人間を否定することを始めたのは、人間性を否定されてきた人々ではなく、他の人間性を否定し、同様に自らの人間性を否定してきた人々である。

力を行使しはじめたのは、結果として力によって弱者という立場にされてしまった人たちではなく、弱者を弱者たらしめてきた強者のほうである。

抑圧する側から見ると、被抑圧者はいつも被抑圧者なのである。しかし抑圧者は、偽善的な「寛容」さで、被抑圧者を被抑圧者とはっきり呼んだりはしない。内輪で呼ぶときと対外的に呼ぶときを適当に使い分けて、「あいつら」と呼んだり、「どうしようもない、聞く耳をもたずにやっかんでばかりいるやつら」とか、「原始人」とか「土人」とか、「反逆者」とか呼ぶ。悪いのはいつも抑圧されているほうなのである。抑圧するものの暴力に対して被抑圧者が反撃を始めると、被抑圧者は「暴徒」や「野蛮人」や「悪者」や「凶徒」ということになっていく。

実際のところ、一見逆説的な言い方のようだが、抑圧者の暴力に対する被抑圧者の反応にこそ、愛の行為を見ることもできると思う。被抑圧者の反逆行為は、抑圧の状況をつくった暴力と同様に、多少暴力的なものになるのではあるが、意識するにせよしないにせよ、愛の行為の始まりともなっているのである。

抑圧者の振るう暴力というのは、被抑圧者があたかも人間として存在することを禁じるかのようなものなのであり、この暴力に対抗するということは、人間として存在することの権利を求める深い渇望に根ざして行動するということである。

抑圧している者は、暴力的な形で他人が人間らしく存在することを禁じているわけだが、そうすることによって、抑圧者自身が人間として人間らしく存在できるわけではない。しかし、抑圧されている者は、自らが人間らしく存在するための闘いを通じて、抑圧者が抑圧し、蹂躙するために使ってきた権力を剥奪することにより、抑圧の状況をつくる過程で抑圧者が失ってきた人間性を取り戻すことを助けることになる。

抑圧されている者だけが、自らを自由に解放することによって、抑圧する側をもまた自由にすることができるのである。抑圧する側は、他人も、自分も解放し、自由にすることはできない。

だからこそ、抑圧されている者が、自らの内なる矛盾に気づき、その矛盾を超えていくことが大変重要なのである。ここを超えていくことにより、新しい人間が誕生する——抑圧する者でも、抑圧される者でもない、真の意味での自由な人間の誕生である。人間らしくあることを禁じられてきた被抑圧者が「本当の意味での人間」になるということは、矛盾した対立関係を置き換えるなどということではない。つまり対立している立場を変える、などということではないのである。

こういう考え方はナイーブだととられるかもしれない。しかし、実のところ、ちっともナイーブではないのである。

抑圧者と被抑圧者の対立を超えていくことができるのは、被抑圧者であり、被抑圧者によって達成されるが、これは抑圧する側の消滅、すなわち階級としての抑圧者が消滅することである。抑圧の状況を復活させることがないように、かつて抑圧される者だった側は、かつて抑圧していた者たちにブレーキをかけていく必要があるが、これは以前のような抑圧状況とは異なるものである。抑圧状況とは、人間が人間としてよりよく生きようとすることを禁じるところに生まれてくるものである。だからこそ、この種のブレーキは必要である。しかし、そのことが、かつての被抑圧者が今日の抑圧者に転じてしまった、ということではない。

自由な体制をつくり出そうとしているかつての被抑圧者が、かつての抑圧者の従来の抑圧への渇望を阻止しようとするのは、従来の抑圧体制に戻ってしまうことを阻止するためである。抑圧的な体制が再興することを禁じようとする行為を、抑圧的な体制を生み出し維持する行為や、ほんの少数者が多数の人々の人間であることの権利を否定するようなことと比べることはできない。

しかし、いったん新しい権力が硬直化し、支配的な「官僚主義[11]」と化していくとき、闘いの真に人間的な次元は失われ、もはや自由や解放とはいえなくなる。

つまり、ここでまた、先に述べたことを確認することになる。抑圧する者と抑圧される者の関係を本質的な意味で超えていくということは、ただ立場を変えるというだけではないし、一方がもう一方に移っていくというものでもない。今日抑圧されていた者たちが、解放の名を借りて明日は新しい抑圧者になっていく、ということでは、決してないのである。

▼明らかな抑圧状況と抑圧者について

本質的な意味でこの矛盾した関係が克服され、自由を得たかつての被抑圧者たちによって新しい現実が確実な状況として確立されても、かつての抑圧者はこれを自由を得た、とは認識しないものである。むしろ反対に、自分たちが抑圧されていると感じるようになる。抑圧者としての経験において自らを形成してきたために、かつて自分がもっていた抑圧する権利ではないものは、すべて自らへの抑圧だと感じる。なぜなら、かつての抑圧者たちは、この新しい状況で、以前のように食べたいものを食べたり、着飾ったり靴を履いたり、教育を受けたり、気晴らしに旅行したり、ベートーベンを聴いたり、ということが、すべての人々の権利を考えるという名目で、制限を受けてしまうこともあるという事実を、自らの人格への深奥な暴力だ、と受け取ってしまうからだ。以前には、何百万の人たちが食べることすらままならず、靴もなく、衣服も足りず、教育も受けられず、楽しみのための旅行などほとんど存在せず、ましてやベートーベンを聴く、ということなどできなかったのだが。以前のような抑圧状況での個人の権利とは、要するに、何百万という人々が飢餓

11 この新しい組織の硬直性と、かつての支配を再興することがないようにかつての抑圧者に課されてきた先述のような〝ブレーキ〟を混同してはならない。これらはまったく異なるものなのである。ここでいう硬直性とは、革命が停滞し、国家の官僚的な抑圧装置を使って人々を抑圧しているということであって、マルクスは何度も、こういったことは根こそぎにされなければならない、と主張していた。

や、痛みや、悲しみや絶望のうちに苦しみ、死んでいったということになんら関心を払うことをしない、ということだったのである。

抑圧者にとっては、人間というのは、自分たちのことだけだったのだ。他の者たちは、ただ単なる「あれ」にすぎなかったのだ。彼らにとって、権利とは唯一つしかない。自分たちだけが平穏に暮らす権利。それだけ。被抑圧者の生存の権利を認識することもなく、ただそういう存在があることだけを認めていた。それはとりもなおさず、抑圧者自身が「寛大な」人間であるために、被抑圧者という存在が必要だったというだけのことである。

抑圧者のこのような態度や世界と人間の理解の仕方（というものが必然的に新しい体制確立に反発させるわけだが）は、支配階級としての経験によって説明されることである。

実際のところ、いったん暴力と抑圧の体制が確立すると、そこに巻き込まれているすべての人々の行動様式や生活様式が決められてしまう。抑圧される側にとってもする側にとっても。この状況にすっかり浸りきってしまい、どちらも抑圧の状況を反映した生活をしていくことになるのである。

現存するはっきりした抑圧の状況を見れば、それが暴力の行為によって生まれ、権力をもつ者によって繰り返されてきたことであることが理解できる。このような暴力は、プロセスとして、抑圧者の世代から世代へと受け渡されていき、抑圧者は暴力の相続人となり、その風土のなかで自己形成される。この風土は抑圧者たちに非常に強い所有欲に満ちた意識を生み出すこととなる。世界と人間を所有するという欲望。所有欲という方向性のはっきりした物質的な世界観、人間観なしには、抑圧者は自分自身をもよく理解できなくなってしまう。自らの存在がなくなってしまうかのように。このようにして、エーリッヒ・フロムのいうネクロフィリア的意識ができ上がる。なにかを所有していないと、「世界との接触が失われる」という意識である。[12] だから自分の眼の届くところにあるものはすべて、何でもモノにしようとする。土地も、財産も、生産物も、人間の創造したものも、人間自体も、人間が生きる時間も、自分の思うとおりにできるようなモノにしてしまおうとするのである。

この所有への渇望は彼らのうちでどんどん大きくなっていき、すべてのものがカネで買えるという確信へと変わっていく。そのようにして抑圧者たちは非常に厳格な物質主義的存在観とでもいうものを身につけていくのである。カネこそがすべてを媒介する。利益をあげることこそが最も重要な目的となる。

12　Erich Fromm エーリッヒ・フロム、*El Corazón del Hombre*（『人間の心』）、Breviario, México: Fondo de Cultura Económica, 1967, p.41

だからこそ抑圧者にとって価値があるものは、もっと所有することであり、さらにもっと所有することであり、そうすることによって、たとえ抑圧されている者がもっと少なくあるいはまったく所有できなくなったとしても……。抑圧者にとっては、存在するとは所有する、ということである。持てる階級として。

所有するということが人間存在のための条件ならば、それはすべての人間にとって必要な条件であるはずだが、独占的な状態で抑圧社会に存在する抑圧者たちは、そのことに気づくことがない。持てる階級の一員として、エゴイスティックに所有に次ぐ所有を求めるうちに、窒息状態に陥り、人間として存在できなくなっていることに気づかない。だからこそ寛大さがいかに偽りのものであるかということを、すでに申し上げてきたのである。

このようにして、人間化ということ自体を、まるで世襲的な属性のように、排他的な権利を有する「もの」であるかのように貶《おとし》める。人間化というのは、抑圧者たちのものである。反対の立場にある他の人間が、こういった人間化を提案することは、破壊行為であると見なされる。そういった視点で見れば人間化が反逆行為であってより全き人間を目ざすことではない、と考えるのは自然なことである。

排他的により多くを所有することは、非人間的な特権というわけではないし、自分にやましいことはないし、不可侵の権利、ということになる。「努力をして、勇気をもって危険を侵した賜物」としての権利であり、他の人たち――「あのやっかみ屋たち」――が何も所有しないのは、彼らが能力がなく、怠け者で、こちらの「寛大な行為」に対して感謝さえもしないからである。「感謝もしないしやっかみ屋である」ということが被抑圧者の視点をもっているということであり、被抑圧者は常に潜在的な敵であるからいつも監視し、警戒しなければならない人間たちだ、ということになるのである。

このような現状を放っておくわけにはいかない。もしも被抑圧者を人間化するということが、反逆ということであるなら、自由と解放もまた反逆である。だから常に被抑圧者を管理する必要がある。被抑圧者を管理すればするほど、彼らは「もの」のように変えられていき、まるで命なき者であるかのように扱われるようになる。

すべてのものを命なきものにし、所有欲にゆだねる、という抑圧者の傾向は、明らかにサディストの傾向と同じである。「他の人たち（そして他の生き物たちを）を完全に支配しようとすることに喜びを感じるのは、サディズムの衝動とまったく同じである」とフロムはいっている。「同じことを別の言い方でいってみよう。サディズムの目的は〝人間をモノに〟、つまり生きたものを命がないものに変えていくことである。完全に管理することによって、生の本質ともいえる自由を失うのである」[13]

抑圧者の特徴の一つとして現れたサディズムは、ネクロフィリア的な世界のとらえ方と同じである。その愛は、倒錯的なものとなり、つまり死への愛となり、命あるものへの愛ではなくなる。

抑圧者は支配するために、生きることの特徴といえる探求の意欲、疑問をもつこと、創造する力をもつことなどを押さえ込もうとするが、それはまさに命を殺すことと同じである。

科学もまた、この目的のためにいっそううまく利用されていく。テクノロジー[14]は、抑圧者の「決まり」を議論の余地のないものとし、維持するために使われるようになる。

被抑圧者は単なる対象であり、ほとんど「モノ」にすぎないのだから、その行為に目的というものはない、という。抑圧者が被抑圧者に与えたものが、目的となる。

こういうことに直面しつつも、この論文で注意深く観察し考察しなければならない重要な課題が一つある。抑圧者のうちには、被抑圧者の側に加担し、立場を変える者もある、ということだ。自らの解放のために被抑圧者の解放に加わるのである。この闘いの歴史のなかで、常に役割があったように、彼らは重要な役割を今も果たすことになる。

しかしながら、搾取する者であること、無関心な傍観者であること、搾取の継承者であること――つまり搾取と共に生きてきたこと――を捨て、搾取された者の側に立とうとしても、自らのうちに自らの階級の出自を示す「沈黙の文化」[15]をいつも持ち込んでしまうものだ。先入観と偏見。さまざまな誤解や、人々に対する不信。つまり人々は、まともに思考することができない、という不信である。自ら欲したり、知ろうとしたりすることもできないのだ、と。

こんなふうにしていると、また違ったタイプの寛大さに落ち込む危険性がある。われわれが支配者の特徴として厳しく批判してきた寛容とは、また違うタイプではあるが。

この種の寛容は、不正な秩序を守り抜き正当化しなければならないような抑圧者の場合と同じではないし、不公正な秩序の残りに依拠して運用されるものではないし、その秩序を現実に変えようとしているのだが、過っているところは、変革を行なうのは被抑圧者た

13　エーリッヒ・フロム前掲書 p.30

14　〝社会管理の支配形態〟については、Herbert Marcuse ハーバート・マルクーゼ、『一次元的人間』および『エロスと文明』*L'Homme Unidimensionel e Eros et Civilisation*, Paris; Editions de Minuit, 1968-1961を見よ。すでにポルトガル語に翻訳されている。

15　「沈黙の文化」については、私の『自由のための文化行動』*Ação cultural para a libertação*, Cambridge, Massachusetts, Center for the Study of Development and Social Change, 1970.を参照。この作品は最初に *Harvard Educational Review* の１９７０年５～８月号に掲載された。ブラジルでは１９７６年にPaz e Terra社のAção *cultural para a liberdade*として他の論文と共に出版された。

ちではなくて、自分たちである、と思い込んでいるところである。

人々を信頼していないのに、人々に話しかける、というような行動に出る。人々を信頼することは、革命的変革においては最も重要なことなのであるが。人々を信頼する革命家は、信頼のない千の行動より多くを得ている。

真の意味において人々にコミットメントをもっている者は、絶え間なくこの信頼を示すことが求められる。人々と共にあることは、それだけでラディカルなことなのであり、中途半端な姿勢では許されないのである。

人々と共にありながら、革命的な知識の持ち主は自分であって、人々にそれを付与したり課したりしなければならないと考えているのであれば、その人は以前と変わっていないということである。

自由と解放にコミットしているといいながら、人々と「心を通わせる」ことができずに、人々のことを相変わらず無知な人間だと思っているならば、それは痛切なあやまりである。人々に近づきながら、一歩ごとに、疑問を感じ、びくびくしながら、自分のやり方で相手を従わせようとしているというのは、自らの出自を懐かしく思い、何らかの形で保てないものかと思っているようなものである。

だからこそ、この道のりは、非常に深いところからの人間の再生の意味をもつ。このような道を選ぶ人は、自らの新しいありようを引き受けていかねばならない。もはや以前と同じように行動することはできない。元のような自分のありようを続けるわけにはいかないのである。

明らかな抑圧状況と被抑圧者について

被抑圧者と共に生き、その現実を知ることによって――それはまったく異なった現実認識のレベルである――被抑圧者であるということ、被抑圧者として振る舞うということがどのようなことなのか、いかにいろいろな局面で支配的な構造が映し出されているのか、ということが理解できるようになる。

こうして理解できるようになることの一つに、すでに簡単に述べたことだけれども、被抑圧者の存在の二重性、がある。抑圧者を自らの内に「宿し」、抑圧者によって「注入された」抑圧者の「影」と共にある、というような二重性のことである。いつも抑圧者を抑圧者である、とはっきりと位置づけることができず、同様に自分自身も「自己認識」というものを明確にもてないことになり、そこにある抑圧的な現状を運命であるかのように受け入れてしまう、というものである。[16]

この運命論は、表面的な分析をされて、この国の（ブラジル）人たちがとてもやさしくて従順だという印象を与えているようだが、それは思い違いである。この運命論と従順さは、ある歴史的社会的状況の所産ともいうべきもので、ブラジルの人たちが本質的にもっているものとは関係がない。

この運命論的な考え方は、いつも宿命とか、運命とか、その類のことや――つまりは動かしがたいこと――歪曲された神の観念などとして使われてきた。被抑圧者の意識のうちにある魔術的であったり神秘主義的であったりする世界観によると、とくに自然に浸って生きている農民の場合は[17]顕著なのだが、搾取の産物である苦しみをまるで神が与えたかのようにとらえ、この「組織された無秩序」を神がつくったかのように思い込んでしまう。

被抑圧者はその状況に「浸りきって」いるために、自分たちの「生活」を取り巻く「秩序」は抑圧者の都合に合うようにつくられていることをはっきりと見極めることができない。よって「秩序」のうちに生まれる欲求不満を、しばしば〝水平な暴力〟として、自分の仲間たちに向けてしまったりする。[18]こういった行動にまた、被抑圧者の二重性を見ることができると思う。被抑圧者が自らに内なる抑圧者を「すまわせて」いるために、その抑圧者が間接的に自分の抑圧された仲間たちを威嚇しているともいえる。被抑圧者の内なる抑圧者が、まるで抑圧者そのもののように威嚇するのである。

一方、実際に日々の暮らしのうちに、被抑圧者は抑圧者の暮らしに抗いがたい魅力を感じてしまう。抑圧者たちの暮らしのスタイルやレベルに憧れるのだ。このようなレベルに参加するということは止みがたい憧れである。こういったものから疎外されているからこそ、何とか抑圧者のように生活してみたい、と思うのである。彼らのまねをして、彼らのやっているようなことをやりたい。被抑圧者の中でもとりわけ「中産階級」に属する人たちに顕著に見られる傾向である。「上流」階級と呼ばれる「洗練された人たち」と同じようになりたいとやむなき憧れをもつのである。

メンミは「植民地化された意識」について、非常に優れた分析を行なっている。植民地

16 「農民は、従属的なものであるが、ひとたび自らの従属に気がつくとその従属状況を乗り越えようとする。それまでは、主人にいつも言われているように〝何ができるんですかね? 私はただの農民ですからね〟というだけなのである」チリでの農民へのインタビューより。

17 Cândido A. Mendes カンディド・A・メンデス、*Memento dos Vivos – a esquerda católica no Brasil*（『生きるものの祈り — ブラジルカトリック左派』）、Tempo Brasileiro, Rio de Janeiro, 1966

18 Franz Fanon フランツ・ファノン、『地に呪われたる者』*Los Condennados de la Tierra*, México: Fondo de Cultura, 1965「…被抑圧者は夜の9時から明け方の6時まで、自由だ。その間、彼らの攻撃性は筋肉に蓄積され、自分の仲間に攻撃のはけ口を求める」

の住民の植民者に対する反発のうちにも、植民者に「恋焦がれる」ような魅力を感じているところがあるというのである。[19]

自らの評価が大変低いこともまた、被抑圧者の特徴の一つである。抑圧者が被抑圧者に対してもつ視点を被抑圧者が内面化するために、こうしたことが起こる。[20]

何度も何度も繰り返して、無能だ、無知だ、なにもできない、まともじゃない、役立たずだ、生産的じゃない、と絶え間なくいわれ続けていると、自分は本当に「無能」に違いないと思い込んでしまう。[21] 自分たちは何も知らないし、「ドクトル（学のある人）」は何でも知っているのだからちゃんと聞かなければならない、という。ここでいう知識のクライテリアは、因習的なものによって押し付けられたにすぎないことなのだが。

いつものことではあるが、ほとんどの被抑圧者は自分たちが多くを知っていることに気づいていない。理論上での知識はあまりないかもしれないが、世界とのかかわりの中で、他の人たちとのかかわりの中で、多くを知っているのである。

自らの内なる二重性をなすものが明らかになってくると、自分自身に自信がなくなる。[22]

私たちは民衆教育の活動の中で少なからぬ農民たちと知り合っているが、あるとき、ある問題について議論がとても生き生きとしている最中、突然議論をやめて教師に「すみません、自分たちは黙ってセニョールの言うことを聞かなければいけないのです。セニョールが物知りで、私たちは何にも知らないんですから」と言った人がいた。

彼らは何度も自分たちは動物と変わらない、と自嘲して言い、むしろ動物のほうがいい、「おれたちより自由だから」などと言う。

しかし、抑圧の状況がひとたび変わりはじめると、この自己卑下がどんどんと変わっていくのは驚くべきことであるといわねばならない。あるとき、チリの農地改革の活動の中、アセンタミエントと呼ばれる生産単位の集会において、農民のリーダーが次のようなこと

19　「植民者は自分のところで働いている者たちの面倒を見ながら、同時に時々群集に発砲するようなことができたのか？　被植民者は自分を否定されながらどうやってあのような過激な要求をできたのか？　なぜ彼は植民者を憎みながら、同時に情熱をもって植民者に憧れることができたのか？（私もまた、私自身が望んでいるのではないと思いながらも、彼らに憧れていた）」Albert Memmmi アルベール・メンミ、*The Colonizer and the Collonized*（『植民者と被植民者』）、Boston, Beacon Press, 1967, p.X, Prefácio. ポルトガル語版は *Retrato do colonizard precedido pelo retrato do colonizador*（『差別の構造』所収の『「植民地人の肖像」について』）、Rio de Janeiro, Paz e terra, 1977, 2ª edition

20　「農民は自分のことを主人より劣っていると思っていますよ。主人は何だって知っているから」（ある農民とのインタビューより）

21　メンミ前掲書。

22　「なぜセニョール（〝文化サークル〟の参加者である農民は何度か教師に対してこう呼んでいた）は最初から絵（コード表示のこと）を説明しないのですか。そうすれば、そんなに疲れないし頭を痛めなくてもいいのに」

を言っているのを聞いた。
「われわれは酒飲みで怠け者でなにも生産していない、といわれてきました。でもみんなうそばかりです。今はわれわれは人間として認められて、大酒のみでも怠け者でもないことを見せることができる。われわれはただ、搾取されていたんだ。そういうことなんだ」と熱心に語り終えたのである。

自らのもつ両義性が明らかにならないかぎり、被抑圧者が闘うことは難しいし、自らに自信をもつことも難しい。抑圧者に対していかに無力であるか、という魔法にも似た心情がいき渡っているからである。[23] 抑圧者の力は常に示されつづける。とりわけ田舎では、領主の力はまるで魔法のようにとらえられているのである。[24] 今までの考えを変えていくためには、抑圧者の弱いところを見ることができるような例から始めることが必要なのだろう。そうでないと被抑圧者は打ちのめされ、怖気づき、無力な存在でありつづける。[25]

被抑圧者が自分が抑圧されている原因について意識的にならないかぎりは、どんなに搾取されていてもそれを運命と「受容する」ことが続く。そればかりか、自由を求める闘いや世界のうちで自らの存在を確認するために必要なことに対しても、受動的で距離をとるようになる。このようにして抑圧者の「共犯」となってしまうわけである。

反乱の行動はすこしずつすこしずつ受け入れられていくものだ。自由と解放の仕事をしようと思えば、被抑圧者たちのこのようなものの見方を見失ってはならないし、いつか目覚めるときが来ることも忘れてはならない。

抑圧された世界において本質的ではないものの見方に慣れていると、自らが抑圧者の所有している「モノ」のように思われてくる。先述したように、抑圧者にとって存在することとは所有するということで、持たざる者の犠牲の上に成り立っているものであるとすれば、被抑圧者にとって存在するということは抑圧者のようになり、その下で自分も抑圧者のように振る舞うことである。被抑圧者は抑圧者に依存しているのだ。感情的にも抑圧者に依存している状況なのである。[26]

23　「農民は、本能的に主人を怖れています」（農民とのインタビューより）

24　近年、友人の社会学者がラテンアメリカのある国でのことを話してくれた。武装した農民グループが大農園を占拠した。戦略として地主を人質にするという案が出た。しかし、農民のだれも、彼を捕まえようとするものはいない。彼がそこにいるだけで、怖気づいてしまう。おそらくは、地主に対して闘いを挑むという行為自体に罪の意識を感じてしまっているのだろうと思う。地主は本当のところ、農民たちの「内なる」地主だったのだ。

25　この点について Régis Debret レギス・ドブレ、『革命の中の革命』*La Revolución en la Revolución* を参照のこと。

▼だれも他人を自由にしない、だれも一人では自由にはなれない

――人間は交わりのうちにしか自由になれない、ということについて

被抑圧者の全面的な感情的依存の結果として、フロムのいうネクロフィリアが現れる。生に対する破壊である。自らの命も、他の命も破壊する。もちろん他の被抑圧者も。被抑圧者が抑圧者は抑圧者なのだとはっきりと発見し、自らの解放のための闘いに従事しようとするときにのみ、抑圧的な体制との「共生関係」を克服することができ、自らへの信頼もつくられるようになる。この発見は純粋に知的なレベルでのみなされるのではなく、行動を通してなされるものであるとすれば、本当に重要なことは、単なる行動主義にとどまらず真剣な行為への省察をともなう実践となっていくことではないだろうか。

解放への闘いがどのような段階にあっても、批判的で自由な、そしてそれゆえに行動をともなうような対話は、被抑圧者によってなされるべきである。そのような対話は抑圧者の激しい怒りと、強力な弾圧を引き起こしてしまうけれども。

対話の内容は、歴史的な状況や、抑圧者が現実を認識するレベルによって変わる。対話を〝反－対話〟にしてしまったり、スローガンで押さえつけてしまったり、垂直的な意思

伝達にしてしまったり、一方的な申し渡しにしてしまったりすることは、あたかも抑圧者の解放を「馴化」しようとするかのようだ。解放の行為への深い省察なしに解放を語ることは、まるで被抑圧者を火災の被災者救済の対象にするかのようなものだ。被抑圧者はそのようにしてポピュリズムの餌食となり、操作しやすい大衆へと変えられてしまう、というわけである。

解放へのどのプロセスにおいても、被抑圧者が〝人間〟として認められること、そして人間の歴史的使命は〝よりよき人間になる、より全き人間になる〟ということを知ることが必要である。〝省察〟と〝行為〟は人間の歴史的な使命を分断するような間違いを犯さないかぎり、常に共にあるものだといえよう。

被抑圧者の状況について常に省察を繰り返すことが必要だといっても、純粋に知的なお遊び、といったレベルの省察のことを話しているのではない。むしろそれとは反対のこと

26　「農民はそりゃあ依存している。言いたいことなんて言えない。依存しているということがわからないから、苦しむ。〝いやなこと〟は家の中のものにぶちまける、子どもたちを怒鳴りつける、殴って、絶望的にしてしまう。ひどいものだね。〝いやなこと〟を自分の主人にぶつけることなんて考えられない。だって、〝目上〟の人なんだからね。だから農民は大体〝いやなこと〟の憂さ晴らしは、酒でやってしまうんだね」（インタビューより）

をいっている。本当の意味での省察とは、実践と直接結びつくものである。

逆に実践のほうから考えてみると、すでにいま実践されているのならば、その実践が批判的省察の対象となるときに、それが本当の意味での実践となる。その意味で実践は被抑圧者の意識において新しい意味づけを構築するといえるし、真の変革はこのような意味づけを歴史的に始めていくことだ、ともいえる。つまり被抑圧者の意識のうちから発するのでなければ、本当の変革とはいえないのである。

そうでないとすれば、その実践は実践ではなく、単なる行動主義とでもいうものだろう。インテリ風ジグゾーパズルをやっているかのような言葉遊びが本来の意味での省察とはいえないように、行動のための行動というのもまた意味のないことなのだ。そして、行為と省察は一体のものであって、二分化されてはならない。

だからこそ、私たちは被抑圧者に心からの信頼を置くことが大切なのだ。被抑圧者がいかにまっとうに思考することができるか、ということを私たちは学んできた。

このような信頼が欠けていると、対話や省察や言葉を分かち合う本当の意味でのコミュニケーションという理想をあきらめざるをえず、つまらないスローガンや一方的な伝達や、知識の注入や、指図ばかりを行なうことになってしまう。人間の自由、解放に中途半端なかかわりをもつことの危険はこのあたりにあるといえよう。

被抑圧者と共に行なう政治行動は、深いところにおいて、自由への「文化行動」であってほしい。だからこそ共に行動することが何より大切なのである。明らかな支配状況にあって、その状況下で考えたり、ものを見たり、本質的でない世界の見方をしたりしてきたために培われた被抑圧者の支配者への感情的依存は、支配者に対峙するために役に立ったりするものであるはずがない。そういった状態が続き、さらに依存が深まることになる。

自由のための行動は、ここで述べたような被抑圧者の感情依存の状態を弱点として認識し、省察と行為によって、感情的な依存を独立した意識に変えられるようにするものだ。それは、上に立つ者からの贈与という形でもたらされるものであってはならない。それがたとえ、よき意思によってなされたことであったとしても、いやよき意思によってなされたことならそれは余計によくない。被抑圧者の解放は人間の解放なのであって、「モノ」の解放ではないことを決して忘れないようにすることだ。だからこそ、放っておいたら自由になったということはないし——自分だけで自由になることはない——だれかが他の人のためにやってあげる、ということもない。

「半分だけ」人間にしておこう、などということはできないことなのである。[27] そんなことをすれば、ひどく人間を歪めてしまう。でも、考えてみれば、被抑圧者は今まで十分に歪められてきたのだから、これから自由に向かおうとするプロセスで、歪められたのと同じプロセスをとるわけにはいかないのだ。

だから、変革の指導者が追及する変革の仕事への道筋において、「解放のプロパガンダ」を出すようなことは間違っている。被抑圧者に自由への信頼というものを「注ぎ入れる」こととも違うし、対話することもなしに、信頼を勝ち取ることができると思うことも間違っている。

解放のために自分たちが闘わねばならないのだ、という被抑圧者たちの確信は、変革の指導者によって与えられるものではなく、自らの意識化によってもたらされるものだということをしっかりとわかっておく必要があると思う。

変革を指導する者は、このことをしっかりと心に据えておくべきだろう。闘いが必要なのだという確信は、大変重要な次元にある変革の知を構成しているのだが、それが本ものであるほど、だれかによってもたらされることはない。この変革の知というものは、何か固定した知というわけではなく、他の人に注ぎ入れられるような内容に変わってしまうものでもない。省察と行動によって、そこに至ることができるようなものである。

それは、歴史的状況のなかにあって、目の前の現実に一筋の光が差し込んでくるような経験であり、現在の状況への批判と変革への意思をもたらすものであるといえよう。

被抑圧者にとっても、同様のことがいえる。信じるところのないままに、闘いにコミットすることはできないし、そうしなければ自らが対象ではなく主体として、自らの信じるところに至るようなことはできないのである。自らが存在し、また影響されている状況に批判的にかかわっていくことが必要である。そういうことはプロパガンダがあればできるようなことではない。変革の指導者にとって変革への確信がなければ闘うことができないのと同様、繰り返しになるけれども、被抑圧者にとっても同様の確信が必要なのだ。変革とは被抑圧者のために行なわれるのではなく、彼らと共に追求されるべきであり、そうした変革のみが真の変革といえるのだと思う[28]。

これらの考察は、変革というものがすぐれて教育的な特徴をもつことをいいたいからである。

すべての時代の変革の指導者たちは、抑圧された人たちが自由を求めて闘うことに強い確信をもつことが必要であることを認めてきたし——当然のことであるが——闘いにおける教育学的な考え方を認識してきたといえる。しかし、多くの場合、自然な先入観がある

27　ここでは被抑圧者を自由のための行動の単なる対象として過小評価してしまうことについていっているのである。彼らと〝共に〟あるべきなのに、〝上から〟〝彼らの〟ためになどと言ってしまうのである。

28　この点について、第4章でより詳細に再論する。

ので、実際の行動においてかつて抑圧者によって使われてきた「教育」の方法を取り入れることも多かった。抑圧者たちは解放のプロセスとしての教育を否定し、プロパガンダを使って被抑圧者たちに変革を信じさせようとした。

人間化のための闘い、すなわち抑圧者と被抑圧者の間の矛盾を超えていくための闘いを引き受けたそのときから、すべてに責任をもつことが要求される。この闘いは、ただ〝食べるため〟の自由を獲得するだけでは正当化されない。「想像し、構築し、憧れをもち、未踏の地へ踏み出すような自由」を求めているのである。このような自由は個人個人が闊達で責任ある態度をとることを求める。奴隷でもなければ、よく手入れされた機械の部品でもない。人間は奴隷でなければよいというものではない。社会状況が人間をまるで機械のような存在にしてしまえば、生きる者への愛は生まれず、ネクロフィリア的な愛しか生まれない[29]。抑圧の風土を特徴づけるネクロフィリア的な愛のうちに「育てられてきた」被抑圧者は、ただ単に食べられるようになるだけでよしとせず、その闘いのうちに生きる者を愛する道を見つけなければならない、もちろん食べることができること自体、生きることの一部であり、不可分なことなのではあるが。

被抑圧者は人間として闘うのであって、「モノ」として闘うのではないことはいうまでもない。それというのも、抑圧者との関係のうちで、被抑圧者はほとんど「モノ」の状態に貶められ、自らを破壊してきたからだ。自らを再構築するためには、このほとんど「モノ」扱いされてきた状態を超えていかねばならない。ほとんど「モノ」のような状態で闘いに現れ、そして、そののち人間になる、などということはない。これはとてもラディカルな要請である。破壊されたような状態を脱してから、人間として再構築していくのであって、人間として再構築されてから破壊を脱するのではないのである。再構築のための闘いは、破壊されてしまった人間であることを自ら認識するところから始まるのである。

プロパガンダや、統制や、大衆操作などの支配の武器は、この際の構築のための道具にはなりえない[30]。

人間的な教育の実践以外に道はないのであり、変革の指導者は、被抑圧者をまるで「モノ」のように扱うことを超えて、長く続く対話の関係を築いていかなければならない。先述したことで明らかになっていると思うのだが、この教育学の実践において、方法とは教育者が（ここでは変革の指導者が）被教育者を（ここでは被抑圧者を）うまく繰るための手段のことではない。方法とは意識そのもののことだからである。

29　エーリッヒ・フロム前掲書 p54-5
30　4章でこのテーマをもう一度取り上げる。

アルヴァロ・ヴィエラ・ピント教授は、「方法とは、本当のところ、行為において具体的に外に見えるようにしたものであるといえる。それは意識の基本的属性であり、意識の方向性のことである。意識の特性は世界と共にあり、そのプロセスは変わることもなく、拒みきれないものでもある。ゆえに意識は、本質的に、自分ではないもの、自分の外にあるもの、自分を取り巻き、自らの構想の力がとらえるようななにかに向いているのである。定義からすれば、意識とは方法である。最も広い意味での方法である。それは方法の根元ともいえるし、意識の本質でもある。意識の本質は方法的な抽象化の能力として存在しうる」[31]。

このようにして、変革の指導者によって実践される教育は、共同の指向性に基づいたものでなければならない。

教育者と被教育者(ここでは指導者と一般の人々)は、現実に対して共に意識を向けるなかで、一つの課題を共有する。現実の薄皮を剥ぎ、批判的に認識するだけでなく、知そのものを再生する、という課題である。この課題の下で、教育者も被教育者も行為の主体となる。

ふだんの省察と行為を通じて、この現実知ともいうべきものに到達するとき、彼らはたえず知を創造する主体として発見し合うことになる。

このやり方で、自由を追求する主体として被抑圧者が現れるとき、それは偽の参加ではなく、真の参画、アンガージュマンとでもいうべきものが現れているのである。

31 Àlvaro vieira Pinto アルヴァロ・ヴィエロ・ピント、*Ciência e Existência*（『科学と存在』）、Rio de Janerio, Paz e Terra, 1986, 2ª edicao
ブラジルの偉大な師であるピント教授が出版以前であるにもかかわらず、ここに引用させてくださったことに感謝する。次の章で論じる問題提起型教育の理解にとって、この一節が重要であると考えた。

第二章 抑圧のツールとしての〝銀行型〟教育

A CONCEPÇÃO
"BANCÁRIA"
DA EDUCAÇÃO
COMO INSTRUMENTO
DA OPRESSÃO.
PEDAGOGIA
DO
OPRIMIDO
PAULO FREIRE

教育する者とされる者……いろいろなレベルの教育におけるこの関係性について考えるほど、そこにはとても重要な特徴があることがわかる。基本的に、教育する者はひたすら一方的に話すということである。

話すというとなんとなくよいイメージもあるかもしれないが、そういうことではない。本当の意味での価値や、命といったものを根こそぎ無視してしまうような一方的な語りのことである。ただ、一方的に話すだけの教師と、ただ忍耐をもってひたすら聞く者である生徒という構図が、その特徴である。

もはや、〝話す症候群〟とでもいおうか、病気の域ではないかと思う。教育にとって最も重要なキーワードが一方的に話すということになっているわけだ。

そこでは、現実というものが何かぴたりと止まってしまっていて、ばらばらで、お行儀よく静かに鎮座しているようなもののようにとらえられる。いい換えれば、生徒たちの生きる現実というものとまったくなんの関係もないことを、ただべらべらと話しているだけともいえる。不安をもたらすものでなくて、何であろうか。そこで立ち現れる教師は、議論の余地なく、ただ生徒たちを「一杯いっぱいの状態」にさせる。重要な意味をもつ、全的な状態から切り離された現実、というもので……。そこでは言葉というものは、あるべきはっきりとしたことを伝えるものではなくて、現実から切り離されたうわべだけのものに変容させられてしまう。そういう意味になってしまうのなら、いわないほうがましというものだ。

このような一方的に話すだけの教育は、「ただ言葉を響かせること」だけになってしまい、もともと言葉のもっているはずの変革の力を期待することはできない。4かける4は16、パラ州の州都はベレン。定まったものとして教えられ、覚えさせられ、繰り返され、実際に4かける4が実際にはどういう意味があるのか、習う者に感じさせることができない。州都というのがいったいどういう意味があるのかを知ることができない。パラ州、州都ベレン。パラにとってのベレン、ブラジルにとってのパラ。パラパラパラ。ベラベラベラ……。言葉の遊びにしかならない。[1]

教師が一方的に話すと、生徒はただ教師が話す内容を機械的に覚えるというだけになる。生徒をただの「容れ物」にしてしまい、教師は「容れ物を一杯にする」ということが仕事になる。「容れ物」にたくさん容れられるほどよい教師、というわけだ。黙ってただ一杯に「容れられている」だけがよい生徒になってしまう。

1　こういうケースはすでにブラジルの学校では行なわれていないといえるだろうか。こういうことが行われないようにしなければ、ここで批判している一方的に話すだけの教育の広がりは続いていってしまう。

こうなると教育というものは、ただのものを容れたり貯めておいたりする活動に終始してしまい、生徒はただものを容れる容れ物、教師はものを容れる人になる。

生徒と気持ちを通じさせる、コミュニケーションをとる、というかわりに、生徒にものを容れつづけるわけで、生徒の側はそれを忍耐をもって受け入れ、覚え、繰り返す。これが「銀行型教育」の概念である。「銀行型教育」で生徒ができることというのは、知識を「預金」すること、知識を貯めこむこと、そして、その知識をきちんと整理しておくこと、であろう。いわば、知識のコレクターというか、ファイル上手というか、そういうタイプの人になる、ということだ。しかし最終的には「銀行型教育」によってファイルされてしまう、カテゴライズされてしまうのが人間だ、ということになってしまう。本来の探求という意味や、本来の修練という意味は失われ、一人ひとりが本来の人間になる機会を奪われてしまう。先生と生徒がカテゴライズされ、ファイルされてしまうような歪んだ教育のありようには、何の創造性もなく、変革への意思もなく、また知への欲求も生まれない。本来の知というものは、発見の喜びに次ぐ更なる発見、探求の姿勢、知ることへの切望、それを継続すること、そういったことから立ち現れるものだ。人間はそのようにして世界をつくってきたし、世界と共に生きたし、またお互いにそうしてきた。本来の希望というものもそういうものであったはずだ。

「銀行型教育」という概念では、「知識」とはもっている者からもっていない者へと与えられるものである。知識が与えられるもの、施されるもの、である、ということ自体が、抑圧のイデオロギーを広く知らしめるための基盤である。無知であることの決定づけ、それは無知の疎外とも呼べるものであり、常に他人のうちに無知を見出すことにつながる。

無知を疎外する教師は揺らぐことなき地位を維持しつづける。教師はいつも知っていて、生徒は常に何も知らない。知る者と知らない者の地位の固定は、教育とは探求するプロセスそのものである、という姿勢を否定する。

教師は生徒の反対の位置に自分を置き、それを生徒が必要としている、と考える。まったくもって自分は無知である、と生徒に感じさせることが、教師の存在の理由というわけだ。ヘーゲルの弁証法に出てくる奴隷のような形で疎外されている生徒は、自分が無知であるということに、教師の存在理由があることを知るけれども、弁証法に出てくるように教師の教師は実は生徒である、ということに考えが至ることはない。

私たちがここで批判している「銀行型教育」では、教育は知識の価値を貯めたり、送金したり、移し替えたりするようなものである。対立は克服されないし、また、されたこともない。現実には対立が克服されるどころか、教育が抑圧された社会をそのまま反映することになり、「沈黙の文化」を生み出し、「銀行型教育」はこの対立を維持するばかりか助長したりもする。

結果として以下のようになる。

a）教育する者はする者、される者はされる者。

b）教師は知っている、生徒は知らない。

c）教師は考える、生徒は（教師によって）考えられる。

d）教師は言葉を言う、生徒は言葉をおだやかに聞く。

e）教師は鍛錬する、生徒は鍛錬される。

f）教師が何をやるかを決め、実行し、生徒はそれに従う。

g）教師は行動する、生徒は教師の行動を見て自分も行動したような幻想をもつ。

h）教師が教育の内容を選ぶ。生徒はその選択に参加することはなく、ただ選ばれたものを受け入れる。

i）教師に与えられている権威は職業上の機能的なものであるにもかかわらず、あたかも知そのものの権威を与えられていると混同することで、生徒の自由と対立する。生徒は教師の決定に従わなければならない。

j）教師が学びそのものの主体であり、生徒は教師にとっての単なる対象である。

教師が知っている者で、生徒が何も知らない者だとすれば、知識は、知っている者から知らない者へ与えられ、運ばれ、伝えられるもの、となる。すべての経験がただ語られ、伝えられるだけのものとなり、自らの経験ではなくなっていく。

だから、こういった「銀行型教育」の発想では、人間は適応しやすく御しやすいものである、と認識されてしまうことはまったく驚くにあたらない。知識を詰め込めば詰め込むだけ、生徒は自分自身が主体となって世界にかかわり、変革していくという批判的な意識をもつことができなくなっていく。

受動的な態度をより従順な形で求められれば求められるほど、世界は変革すべきものではなく、与えられている現実のかけらが世界であり、そこに適応するしかない、と感じるようになる。

「銀行型教育」が生徒たちの創造的な力をだめにしたり、最小限にしたりしてしまい、従順さを促し、批判の力は促さない、ということは抑圧している者たちにとってはよいことである。本当に大切なことは、世界がどのようなものであるかを示すことではなく、それを変革することである。抑圧する側が使う「ヒューマニタリズム」つまり人道主義は、ヒューマニズムとは違う。人道主義とはすでに特権を得ている人がその偽りの寛大さを維持するような状況の存続に手を貸してしまうことだ。それについては、前の章ですでに述べた。だからこそ、抑圧する側の人々は、本質的な思考を促すようないかなる教育にも、そして現実が断片的にしか見えないことに満足しないで、ある点から別の点へ、ある問題から別の問題へといつもつながりを探しているような人にも、本能的に敵対するのである。
実際のところ、抑圧する側の人たちがやろうとしているのは「抑圧されている人の心情を変えることであって、抑圧されている人たちの状況を変えようとしているわけではない」のである。[2] なぜなら、状況によりよく適応する人たちの上に立つことはいとも簡単だからである。

そのためにこそ、「銀行型教育」の発想と実践が必要となる。そして「銀行型教育」と温情主義的な社会行動とが一緒になって、抑圧されている人たちは「援助されるべき人」という同情を引くようなレッテルを貼られる。そういう人たちは、一般的な社会の様子からはかけ離れた、単に個人的に「みじめな、見放された人」にすぎない、と思われている。「つまり、そういうことだし、それはよく整理された考え方だし、理由もあることだ。抑圧された人というのは要するに個人的に問題を抱えている人たちだから、いわば社会にとって病理的な側面ともいえる。こういう頭の悪い、怠け者を適切な方向に調整していくことが必要なわけだ」というふうに。

マージナルな状態にされ、見放された人たちは、いつも「蚊帳の外」に置かれたり、「さらにマージナルに」されたりしている。それではこういう人たちは、どうしていけばよいのかというと、健康な社会と「統合し」、「一体化していく」、という解決があるはずである。もともとは自分たちがそこにいて、幸せに暮らしていたはずの健康な社会の一員となることが解決となる。

つまり、解決とは「蚊帳の外」にいるような状況を出て、自らが社会の一員となって責任を負うようになる、ということである。

ところが、実際のところ、マージナライズされ、見放されている人たち、つまり抑圧されている人たちそのものは、実際にはこの社会の「蚊帳の外」にいられるはずもない。実際には、いつだって「内側」にいたのである。だからこそ、本当の解決とは、その社会構造に「統合」されたり、「一体化」されたりしていくことなのではなく、抑圧を生み出すその構造そのものを変革し、「自らのための存在」というものをつくり出していくしかないのである。

抑圧する側は、当然のことだけれども、抑圧された側が変革を目ざし、自らのための存

2　Simone de Beauvoir シモーヌ・ドゥ・ボーヴォワール、*El Pensamento Político de l Derecha*（『右翼政治の思想』）、Buenos Aires, Ediciones Siglo Vientes/S.R.L., 1963, p.34

在になっていくことを望んではいない。だからこそ「銀行型教育」が役に立つ。「銀行型教育」を受けていれば、教えられる側、つまり抑圧される側は意識化に向かうことはないからである。

たとえば、成人教育の場で、こういった「銀行型教育」が、学ぶ側が自らの世界の成り立ちについてよく理解する、などということを喚起するはずもなく、むしろまったく逆の、意味のない質問を繰り返す。「アダ（訳注：ブラジル人の名前）はウルブ（ハゲタカ）を指差しましたか」と聞いたうえで、「いいえ、アダはアララ（オウム）を指差したのです」というような……。

ものごとの本質を問う姿勢をもつ、ということは抑圧する側にとって、危険なことである。「銀行型教育」の概念による奇妙なヒューマニズムは、より本質的に考え、全き存在でありたいとする人間の存在論的な使命感からは、まったく反対の方向である機械のような存在に人間をいざなう。

自分で「銀行型教育」を行なっている、ということに気づいているにせよ、いないにせよ、（というのも、多くの教師が悪気はないまま「銀行型教育」をせっせと行なっており、それが非人間化につながるような仕事だとは思っていないからである）、銀行型教育によって貯められる「預金」とでもいうべきものそのものに、外からは隠されているとはいえ、矛盾が内包されている。遅かれ早かれこの「預金」は現実と対立を起こし、受動的だった生徒たちを目覚めさせ、自らの「飼育されているような」環境に反対するようになるのである。

自らの「飼育されているような」環境も現実であり、その現実は、いま、静的で固定されたものであることがわかると、自分自身にも、現実そのものにも、対立があることに気づく。自分自身に関していえば、人間的に生きるという人間本来の使命から考えると、現実の経験がいかにそれから遠いものか、ということを発見する。現実に関していえば、自分自身が現実とどのようにかかわるか、ということで常に現実がつくられていくことがわかる。

問題提起型の概念と自由と解放のための教育

人間とはそもそも探求していく者であり、存在論的な使命として、より人間的であろうとするから、遅かれ早かれ「銀行型教育」が何を目ざし、何を維持しようとしているかに気づき、自らの自由と解放のための闘いに乗り出していくことになる。

ヒューマニストで革命的な教育者は、この可能性をただ待っているだけではない。[3] この教育者の目ざしている活動は、教育される側の目ざしているところと同じであり、教育する側とされる側双方の人間化――ヒューマニゼーション――を目ざすものである。それは、本質的に物事を考える、ということであり、ただ与えられたり、届けられたりするような知識の詰め込みとは違う。教育者の活動は、人間の創造的な力への深い信頼に根ざしているものでなければならない。

これらのことを成し遂げるためには、教育者は教育される側のよき同志であることが必要である。

「銀行型教育」では、教育者と教育される側はどうしても対立を生み出し、上にあげたような同志としてのつきあいはできなくなってしまう。それは考えてみれば当然のことだ。「銀行型」教育をしている教育者がその矛盾に気づき、そこを超えようとするのならば、その教育者はすでに「銀行型」教育の教育者ではないからである。そうなれば、知識を詰め込むような「預金」行為をもうしないし、「飼育」するようなこともやろうとはしないだろう。

勝手な「処方」をするようなこともない。教育する側も教育される側も共に知ることこそが教育する側の真の仕事となる。そうなれば、その仕事は、もはや非人間化を促進するものでもなく、抑圧を進めるものでもなく、人間の解放を求める仕事となっていく。

「銀行型教育」の概念、そして教える者と教えられる者との矛盾について

「銀行型教育」がどういうことを示しているか、についてすでに述べてきたが、その他に、人間に対する間違った視点を内包するようないくつかの要素がある。そのような教育の実践のうちに、明らかになるような要素もあれば、そうならないものもある。

この教育は、人間と世界の間に本来は存在していない二元論を仮定する。つまり、一人の人間は、ただ一人の人間としてこの世界に存在する。世界と共に存在しているわけでも、他者と共に存在しているわけでもない、という。人間は世界の観客のようであり、世界をつくり変える存在ではない。人間の一部に意識というものがある、というふうにとらえ、人間そのものを「意識をもった身体」というふうにはとらえない。意識はまるで人間

3　何の見込みもなしに無邪気な論を繰り広げているわけではない。教育は力の構造を反映しているのであって、そういうところで対話を大切にするような教師が一貫して働くことは難しい。教育の構造自体が対話を否定しているからである。とはいえ、そのような状況でも何らかの本質的なことをすることができないわけではない。たとえば、対話を否定しているその現実について対話を行なう、というような。

の「内部」で区分されているようなもので、機械的に分けられた状態で、受動的に世界に開かれ、機械的に区分された一つひとつを世界の現実というもので「埋めて」いくような、そういうイメージである。ばらばらに区分された意識は、この世界がすることを「預金」のごとくずっと受け取りつづける。だから、自らの内なるものは常に変えられてしまう。そこでは人間はまるで、世界にとじこめられているようなものだ。機械的に区分された自らのカケラをせっせと世界から与えられることで「埋めて」いくことを仕事とする。まるで永遠の狩人のように。

この過った人間観によると、こうやってものを書いている今、机や、本や、コーヒーカップやその他すべてのものが、部屋の中にある、というのと同じように、「世界」というものがきれぎれになって、私のうちに存在している、というのが人間のありようということになる。

この考え方では、目に見えるように意識することと、自らが内面化することを意識することとの区別をすることができない。つまり私が書いているこの机や、本や、コーヒーカップを私は意識することができるが、内面化している、とはいえない。

「銀行型教育」の概念において、世界との関連ということで意識を定義するなら、意識とは世界の内面となることを期待しながらも、世界に向けて受動的に開かれている〝一部〟

ということになる。そして教育者の役割は教育される者が世界の入り口に立つように訓練するということ以外にはない、という結論になってしまう。教育者の仕事とは、また世界を模倣することであるともいえる。自発的になされるはずのことに命令を下してやらせる、ということでもある、あるいは教育される側をこまごまとした内容で「一杯いっぱい」にさせる、ということでもある。あるいは「知識」（もちろん、偽ものの知識）を貯め込む場をつくり、これこそが本質的な知識である、と押しつけることでもある。それが教師の仕事となる。[4]

このように自分にもたらされた世界観を受け入れることで、すでに受動的になっている人間は、さらに受動的な教育に適応するようになり、世界そのものにも適応するようになる。「銀行型教育」に適応すればするほど、より「教育ある人」と見られるのは、そういう人のほうがこの世界によりよく適応するからに他ならない。

この考え方は、実際には抑圧する側の人間のみを利するものになる。人々がみな、今ある世界によく順応していれば、抑圧する側は平穏な日々を送ることができるからだ。人間

4　「銀行型教育」における知識の概念は、サルトルが「消化的」とか「滋養的」と呼んだものと基本的に通じ合うところがある。

が今いる世界に疑問を呈するようになればなるほど、抑圧している側は安穏とはしていられない。

少数の支配する側が示す方向に、マジョリティーである人々が順応すればするほど、また自らの目標を追及することが無意味なことにされればされるほど、少数の支配する側は好きなようにすることができるようになる。

私たちが批判してきた教育の概念や教育実践は、要するにこのような状況を維持する効果的な手段として登場していたのである。そのような教育の目的は、実際にその教育を担っている人たちには気づかれていないかもしれないけれども、教育される側がすべての本質にかかわることを考えにくくすることにある。べらべらと一方的にしゃべるだけの授業、「知識」の評価法、いわゆる「読むべき本の管理」、教師と生徒に距離をもたせること、進級判定、文献の指定などのすべては、常に「消化するだけ」の教育なのであって、本質的な思考を妨げるものである。

ある種子が子孫を残すために自らは死ぬ、つまり自らは消滅することにより、永続への道をとるのか、あるいは自らの存在を押しつけ、結果として消滅への道をとるのか。「銀行型」教育者は常に、後者のやり方を選ぶ。他者と共に存在の永遠に向けて模索すること、つまり共に生き、共感する、ということを理解することができない。教育される者に自分を刻印するようなことをしたりして、共感することはできない。自己肥大が永遠に続くことはないのである。

「銀行型」教育者は、以上のことすべてを理解できない。共に生きること、共感すること、それこそが本来の意味でコミュニケーション、ということなのだけれども、銀行型教育の概念は実践においてそういう考え方を受け入れることはできない。

人が生きる、ということにおいて、コミュニケーションが意味をもつことだ、ということが理解できないのである。教育される側の本質的な思考があってこそ教師もまた本質に近づくことができるし、教える者、教えられる者の双方が現実によって媒介され、両方からの意味の伝え合い、ということが成立する。思考は自らのみにとどまる思考ではなく、また他から押し付けられるものでもない。象牙の塔で孤立する思考であってはならないし、繰り返しになるけれども現実によって媒介され相互のコミュニケーションから生まれるものでなければならない。

思考はこのようにしてはじめて意味をもつものとなるのであり、互いのコミュニケー

5　教師が文献を指定するときに、この本の10―15ページを読むように、という指示を出すことなどを指し、そういうことは生徒を助けるためにやる、と理解されている。

ションのうちで媒介された意識によってこそ世界を変えうるような行動を呼び起こす思考の源が生まれるのだから、だれかのほうがだれかよりも上に立ち、片方に思考の刷り込みを行なう、というような立場はありえない。

この刷り込みのようなことこそ、私たちがここで批判してきた「教育」の基礎となるものであり、繰り返すけれども、だれかがだれかを支配しようとするときに役に立つ方法であることを忘れてはいけない。

この起点となっているのは、人間は単なる〝モノ〟である、という過った人間観であり、ここからはフロムのいう〝生きるものへの愛（バイオフィリア）〟が立ち上がってくる可能性はなく、まったく反対の〝死するものへの偏愛（ネクロフィリア）〟しか育っていかない。

フロムは言う。「命というものは構造的にも機能的にも成長するもの、という特徴をもっているが、ネクロフィリアは成長せず、機械的なものだけを愛する。ネクロフィリア的人格は有機的なものをすべて無機的なものにしようという動機をもち、命を機械的なものと見なし、人間をモノのように見る。命のプロセス、感情、思考をすべてモノに変換してしまう。経験ではなく、記録が、そして存在そのものではなく、所有することが重要だという。ネクロフィリア的な人は、それが花であれ、人であれ、とにかくその〝モノ〟を所有したときに自己実現ができたととらえるが、そのような考え方は結果としてモノの所有が脅かされたときには自らの存在そのものが脅かされる、つまりモノの所有が脅かされるときは、自らの世界というものが脅かされてしまう、ということに通じてしまう」。フロムはさらに言う。「そのようにして、統制を愛するようになり、統制は命を抹殺してしまう[6]」

力をもつ者によって行なわれる抑圧は、ネクロフィリアそのものである。死した者を愛するようになり、命への愛は育たない。

「銀行型」教育の概念はこのネクロフィリアの概念とまったく同じことである。機械的で、静的で、意識は空洞化されて、教育される者をただの容れ物にしてしまう。その考え方のネクロフィリア的特徴を隠すことはできない。共に世界をつくり変え、いっそう人間的な世界にしていくという行動を起こすための解放の思考とその魂は、そこにはないのである。

そこに魂があるとすれば、それはもうまったく反対のことを意味している。思考と行動を統制し、今ある世界に適応させようとする。創造と行動を抑止する。しかし、このようにして行動の主体であるはずの人間の行動を抑止すると、結局、抑圧された人の欲求不満が生じる。

6　エーリッヒ・フロム前掲書 p.28-9

理由が何であれ、人間は行動を禁止されたり、自らの力を存分に使うことができないということがわかると、とても苦しむ。

この苦しみはフロムのいう〝人間としてのバランスを揺るがすようなこと〟である。行動することができず、このような苦しみを味わうことは、拒絶と不能の感情を味わう、ということと同じなのだ。だからこそ、「行動する能力を取り戻そうとする」[7]のである。「ではどのように、力を取り戻そうとするのか？」とフロムは問う。「力をもつ個人やグループに身を寄せ、自らをその個人やグループに同一化させることによって。他の人の人生に象徴的に参加することで、自らも行動しているかのような幻想を抱くことができる。自らがその一部となることができるので、行動する側に抑圧されることもない[8]」

抑圧された側のこのような反応を、ポピュリズムの政治活動に見出すことができる。カリスマ的なリーダーと自分を一体化させ、彼の行動によって自らも行動していると錯覚しながら、自らの力を使って現状況への反抗を行なっていると思い込む。歴史を振り返れば、自らの力を示そうとするがゆえのこういった活動がポピュリズムの基になっていることがわかる。

支配層のエリートにとってこうした反抗は脅威であり、支配の強化をもって対することになる。つまり、自由という名をかぶせた抑圧の強化、秩序と社会平和の確立を目ざす、というわけだが、ここでいう社会平和とは、実際には支配者に都合のよい平和のことである。

こうした視点からすれば「労働者のストライキなどという暴力行為は呆れるべき出来事であり、即座に国家権力をもって暴力を行使しストライキをつぶす」[9]ことは論理にかなったこととなる。

ここで批判の対象としている支配の実践としての教育とは、教育される側の素直な無知さを温存しながら、教育する側のイデオロギー（実際には、やっているほうはこのイデオロギーの枠組みに無自覚であることが多い）の下に、この抑圧された世界の現実に合わせて生きられるように教え込むことなのだ。

こういったことを告発するにあたって、私たちは支配階層のエリートたちが自分でこうしたやり方をやめることを期待してはいない。そういうことを期待することはあまりにもナイーブである。

7　エーリッヒ・フロム前掲書 p.28-9

8　エーリッヒ・フロム前掲書 p.28-9

9　Reinhold Niebuhr ラインホルト・ニーバー、『道徳的人間と非道徳的社会』*Moral man and Immmoral society*, Nova York: Charles Scribner's Sons, 1960, p.130

私たちの目ざしているのは、真のヒューマニストたる人たちに、自由と解放を目ざすのであれば、「銀行型」教育は役に立たないばかりか、むしろ目ざしているものの逆の効果しかない、ということをわかってもらうことだ。こういった考え方は自由と解放には結びつかないということと同様に、現在ある抑圧的社会が革命的な社会に変化していく、ということもまたないのである。

たとえば「銀行型」教育の実践を行ない続けている革命社会というものがあるとすれば、間違って続いているか、人々の不信のうちに続いているか、ということであろうし、どちらにしても、恐れるに足るような反応にさらされることになる。

残念ながら解放に向けて努力をしている人たちにも、この考え方が見られる。「銀行型」教育の考え方に飲み込まれ、影響を受けつづけているために、「銀行型」教育が意味することや、「銀行型」教育がいかに大きな力をもって人間を非人間化していくか、ということに気づくことができないからである。解放を目ざす努力をしているというのに、そこに人間を疎外するような方法が用いられている、という逆説的な話になる。挙句の果てにはこういった人間を疎外するような方法を用いている人たちは、違う方法を行なっている人たちを反動的とはいわないまでも、無知でなにもわかっていないとか、夢想家だとかいってしまったりするのである。

人間の解放とか自由を語るのならば、人間を疎外してしまったり、あるいは人間の疎外をそのままにしておくようなことではいけない、ということは明らかなことだ。本来の解放とは、人間化のプロセスのことであり、何かを人間という容れ物に容れる、といったものではない。ただの言葉でもなければ、怪しげな呪文でもない。解放とは実践であり、世界を変革しようとする人間の行動と省察のことである。

だからこそ、ここで批判している「銀行型」教育の前提の一つである、意識があたかも空の容器であってそこに何かを満たしていくといった機械論的な意識の概念を受け入れることができないのだし、解放に資する人たちが、抑圧する人たちと同じようなツールであるプロパガンダやスローガンや「預金された知識」を使うことを受け入れることができない。

本当の意味での解放を目ざす教育は、人間が世界によってもともと空である内容を「満たされて」いく、というような人間観に基づいているものではない。中身がうつろであったり、機械的に区分けされていたりするような意識ではなく、「からだそのものが意識である」というような人間、つまり世界を指向するような意識、そういったものを基礎とする教育であるべきだ。知識の容れ物としての人間ではなく、世界とのかかわりのうちに問題の解決を模索するようなものであるべきだ。

銀行型教育に対して問題提起型教育とは、意識の本質、すなわち意識の方向性に対応するもので、だれかが一方的に情報を伝達されるのではなく、双方向のコミュニケーションの存在を必要とするものだ。意識の特性を要約すると、意識は常に何ものかについての意識であるが、何かものを指向する意識であるのみならず、意識自らに向かうものである、ということだ。これはヤスパースのいう〝分裂〟であり[10]、意識は意識の意識であるという〝分裂〟のことである。

このような意味において、解放のための教育、問題提起型の教育は、「銀行型」教育のようにただおとなしく座っている生徒たちに「知識」を詰め込ませたり、ただべらべらと話すだけだったり、「知識」を移動させるかのように伝えるだけだったりするのではなく、認識するための営みなのである。教育は認識をつくり上げる場であるが、認識対象はひとりに認知されて終わるのではなく、複数の認識主体による認識行為を相互に媒介する。一方に教育する者、もう片方に教育される者がおり、認識は両者双方の行為を通じてつくられていく。問題提起型教育はだからこそ教育する者とされる者の間の矛盾を超えていくことが求められているのである。対話があってこそいくつかの認識の主体が同じ認識対象をめぐって認識を広げていくことが可能なのであり、そのためには教育する者とされる者の間の矛盾を超えていくことが強調される必要がある。

支配する者に資する「銀行型」教育の概念と、真の解放に資する問題提起型教育の概念の相克はこのようにして形をとって現れる。つまり、銀行型教育は教育する者とされる者の間の矛盾や対立を維持し、問題提起型教育は、その矛盾を超えてゆく。

こうした対立関係を維持するために、「銀行型」教育の概念は対話を否定し、いわば反・対話とでもいえるようなことを続けていく。このような矛盾・対立関係を超えていこうとする問題提起型教育は認識形成の場として対話の重要性を確認し、対話を続けていくのである。

人間は世界の媒介者となることによって初めてみずからを教育する

実際、銀行型教育のトップダウンな垂直型のやり方を打ち破るような問題提起型教育は、

10　「意識のそれ自体での省察はその志向性と同様に自明で驚くべきことである。私は私を志向する。私は一人であると同時に二重の存在でもある。私はモノが存在するようには存在せず、内なる分裂において存在する。私自身の対象として、動きのあるものとして、内に落ち着かぬものをおきながら、存在するのである」Karl Jaspers カール・ヤスパース、『哲学』*Philosophy*, vol.I. The University of Chicago Press, 1969, p50

教育する者とされる者の間の矛盾を超えていかないことにはその実現を見ることができない。対話なくして問題提起型学習はない。

対話を通して矛盾を超えていくところには、結果として新しい関係性が生まれる。教育される側にとっての教育する側でもなく、教育する側にとっての教育される側でもない、教育する側とされる側は対等な関係として立ち現れてくる。

こういうやり方では、教育する側は単に教育するだけでなく、教育される者との対話を通じて自らが教育しながら教育される。それは双方にとってお互いが主体となるやり方であり、成長の経験となるようなもので、そこではもはや「権威を嵩に着たような議論」は何の価値もなくなる。権威というものが機能するためには、権威が自由に資するものであることが必要で、自由に反対するものであってはならない。

今や、だれがだれかを教育するのではないし、さらにはだれも自分だけで自分を教育するのでもない。人間は世界に媒介された交わりのなかでこそ教育されていく。媒介される認識対象は、銀行型教育では教育する側によって独占的に所有されており、教育される者は受動的にそれらを受け取る目録や容れ物のような役割を担わされていた。

このようなあちらとこちらに二分化するような実践は、教える側自身の行為を二段階にわけていくこととなる。最初の段階は、教える側が授業を準備するときに図書館や自分の研究室で認識対象に向けて行なう認識行為。二段階目は、先の段階で自分が認識した対象について、教えられる者に向けて述べ、伝える、ということである。

この場合、教師が述べ伝えたことを書いたページをただきれいにファイルするか、貯めこむことが教えられる側に与えられた役割になっていく。このようなやりとりを「文化と知識の保存」と呼んでいるわけであるが、それはちっとも本質的な知識でもなく、真の文化とも関係がない。

生徒は本当の意味で知るということは求められていないので、知ることはできず、ただ教師がしゃべる内容を覚えているだけである。認識行為のきっかけとして提示されるべき対象が、教師の所有物となっているのであるから、それを媒介にして教師と生徒がお互いに批判的に省察を行なうことは不可能である。

問題提起型学習はそれとは逆に、教師と生徒のやるべきことを二分することはない。まず教師が認識して、その認識内容を述べるというやり方ではない。

そこにあるのは常に認識する主体である。授業を準備する段階でも、生徒と対話する段階でも。認識対象は預金型教育においては教育する側の私有財産とでもいうべきものであったが、こんどは教育される側の省察を求めるきっかけとなっていく。

問題提起型教育を目ざす教師は、生徒の認識活動に応じて、常に自らの認識活動をやり直していく。生徒は単なる従順な知識の容れ物ではなく、教師との対話を通じて、批判的な視座をもつ探求者となる。そしてその教師もまた同様に批判的な視座をもつ探求者となっていく。

どんな内容であっても教師が生徒に提示する内容を、教師自らが「熟考し誇りに思える」対象としてとらえているなら、生徒が「熟考」することによって、以前に「熟考」したものを「さらに熟考」することになる。

このような教育実践は、認識が深まっていくので、問題提起型教育を行なう教師の役割は生徒と共に、ドクサのレベルの知識を超え真の知識へ、すなわちロゴスのレベルに進む状況をつくり出すことが可能となる。

先述したように、銀行型教育はあたかも麻酔注射のように教えられる側の創造の力を麻痺させてしまうものだが、問題提起型教育は本質的な省察を行なうものであるから、常に現実の本当の姿を明らかにしていく。銀行型教育は人を沈めてしまうような状況にとどめおこうとするが、問題提起型教育は逆に人の意識の表出を探求し、結果としてそれは現実に切り込むようなするどい批判を展開することになる。

教師が世界の内にあり、世界と共にあるという問題の立て方をすればするほど、自らが世界から挑戦を受けていると感じることになる。挑まれれば挑まれるほどその挑戦の答えをいやおうなしに迫られていく。挑戦された者は、その挑戦を受け止めるという行動のうちに、挑戦の本質を理解する。しかし、一つの問題を単なる理論的なものではなく全体的な文脈で他とのかかわりのうちにある問題と受け止めるがゆえに、その理解は段階を追って批判的となり、徐々にいっそうのつながりをもったものになっていくのである。

このような応対のうちから、新しい挑戦によって新しい理解が触発される。そしてそれが繰り返されれば繰り返されるほど、コミットメントをもった人間となっていく。このようにして、世界としっかりとかかわる自分が認識されてくるのである。

自由の実践としての教育は、支配のための実践である教育とは異なり、抽象的で孤立し、世界とつながりをもたない宙ぶらりんな人間を否定するし、また人間不在の世界のありようをも否定する。

本質的であるためには、提案される省察は抽象的な人間に関するものではなく、人間不在の世界でもなく、世界とのかかわりの中に省察を求めるものでなければならない。意識と世界が同時に与えられるような関係。世界があって、そこに意識があるのでもなく、意識があって世界があるのでもない。そのような世界と意識が同時に与えられるような場で人間について考えるのである。

サルトルは「意識と世界は同時に与えられる。世界は本質的に意識に外在するが、意識とかかわり合ってもいる」という。[11]

あるとき、チリで行なわれた労働者たちの〝文化サークル〟で、ある農民が発言した。銀行型教育の定義では「絶対無知」のカテゴリーに入れられてしまうような人である。文化の人間学概念による「コード化」について議論していたとき、彼は言う。「今わかった！人間なしには世界はないんだ」。教師が言う。「ありえないことだけれども、仮に世界中のすべての人間が死んでしまったとする。でも、人間が死んでしまっても、地球や木々や鳥や動物や川や海や星は残ります。これは世界ではないのですか？」

「違います」、農民ははっきりと答える。「それは世界ではないんですよ。だって、それが世界だ、と言う人がいないんですから」。農民が言いたかったのは、〝世界の意識がなければ、それは必然的に意識の世界がない〟ということとまったく同義である。

実際のところ、「非自己」がないところに「自己」はない。自己を構成する非自己は自己構成とあいまって、その中で構成される被構成物である。このようにして意識の世界を構成する世界は、意識の世界となり、その知覚される対象となり、意識が自ら指向するような対象となる。先にあげた、サルトルのいう「意識と世界は同時に与えられる」ということである。

人間は自分と世界を同時に省察できるようになると、自らの認識は広がっていき、フッサールのいう「根底のビジョン」[12]、つまり、「それ自身として見えていない」ものに「意識的」な「まなざし」を向けられるようになる。

このようにして「根底のビジョン」から認識が立ち上がり、それらに関する省察が戻ってくる。

以前にすでに客観的なものとして存在していたけれども、深い意味で認識されていたわけではなく、ときには認識されていたかどうかもわからないものが、問題化され挑戦されるものとして「立ち上がって」くる。

そこから、「立ち上がってきた認識」はすでに人間の「はるかな憧れ」の対象となり、行為と認識の対象となる。

何度も繰り返しになっていて恐縮だが、「銀行型」教育の概念では教育する者は教育される者を偽の知識で「一杯いっぱいにする」だけだが、問題提起型教育では、教育される側は自らの前に現れる世界を、自らとのかかわりにおいてとらえ、理解する能力を開発さ

11　Jean-Paul Sartre ジャン・ポール・サルトル、『人と物』*El Hombre y las Cosas*, Buenos Aires, Losada S.A., 1965, p25-6

12　Edmund Husserl エトムント・フッサール、『イデーンI：純粋現象学への全般的序論』*IDEAS- General Introduction to Pure Phenomenology*, 3rd edition, London, Collier Books, 1969, p.103-6

せていく。そこでは現実は静的なものではなく、現実は変革の過程にあるもの、ととらえられるのである。

それゆえに、教師と生徒、そして生徒たちと教師たちは本質的な思考と行動のパターンを確立しようとする。思考と行動が二分化されることなく、同時に自らと世界を考察していく。

問題提起型教育はこのようにして、世界と共にあるいは世界の内にある人間の存在の仕方を批判的に自分で発見していく不断の努力の現れとなる。

実際には自らの世界との弁証法的関係性をなしにして人間を理解していくことは不可能である。そのような関係を人々が認識しているかどうかとはかかわりなく、またどのように認識しているかとも関係がない。しかし、自分がどのように行動するかということは多くの場合、世界をどのように認識しているかということに応じて変わる。

私たちがここで分析している二つの概念と二つの実践は、ここでも相対するものとなる。「銀行型」は明らかな動機に基づいて世界のうちで生きる人間がいかにあるべきかということを説明する根拠を故意に主張するので、結果として現実のほうを神秘的でわけのわからないものとしてしまう。問題提起型ではいくらわけのわからないことがあったとしても、人間の解放という大きなコミットメントがあるので、現実をわけのわからない神秘的なものとしないように力を注いでいく。だからこそ「銀行型」は対話を拒むようになり、問題提起型は現実を明らかにしていく認識行為として、対話にこだわるようになる。

「銀行型」が行なうのはいわゆる「施し」で、問題提起型の行なうのは批判である。「銀行型」は〝支配〟に奉仕し、創造性を押さえ込み、自分が世界に縛りつけられているということを意識する指向性そのものを抹殺できないまでも、指向性自体を「飼いならす」ことによって、ヒューマニゼーション、つまり人間化という人間の存在論的で歴史的な役割を否定する。問題提起型は人間の解放に奉仕するものであり、創造性を育み、現実に対する真実の行動や省察を促し、探求と変革を育むことなしには、自らの本当の使命と思うことはない人間の特質に答えようとするものである。

未確定な存在としての人間、未確定な存在の意識、より人間らしくありたいという終わりのない探求への活動について

「銀行型」の概念と実践は固定しており、「現状維持肯定派」とでもいうべきものであるから、歴史的存在としての人間はそもそも目に入らない。問題提起型はまさにこの人間の歴史性、歴史的特性から始めるのである。だからこそ人間は、今ここにあるものとして認

識される。歴史的に見て未完成であるこの現実と共にある人間もまた未完成で未確定である存在と認識されるのである。実際のところ他の動物と人間が違うのは動物は歴史的存在ではないのでそれなりの形で完成されているのに比べ、人間は未完成であるということだ。自らが未確定であることの意識をもっているのだ。教育ということの根は、つまり人間に特有の現象の根は、ここにあるといえる。つまり人間が未確定であること、そしてそのことの意識があるということこそが根である。そう考えると教育というものは永続的なものであることがわかる。人間が未確定であり、現実が絶え間ない生成の過程であるからこそ。

このようにして教育も実践のなかで常に再形成されていくようなものだ。存在するために、現在、今ここに存在しなければならない。

「存続する時間」というものはベルグソンの言葉を使っていえば、永続と変化という異なったもののやりとりのうちに存在する。

「銀行型」は永続性に重点を置く一方、問題提起型は変化に重きを置く。

このように「銀行型」の実践は不動のもの、つまり状態が固定されていることを意味するので、結局は反動的になる。問題提起型ではいわゆる「お行儀よく」並べられたような静的状況を受け入れないし、先の見える未来も受け入れない。動的な今という瞬間に集中するので、革命的となる。

問題提起型教育は固定した反動主義ではなく、革命的な未来を目ざしている。ある意味それは予言的な意味合いも出てくるし、希望の追求ともなる。[13] だから歴史的存在としての人間の状況に呼応して自らの歴史性がある。今ある自分を超え、より高いものを目ざすものとして——いろいろな試みを通じて——前を向いて前に進むものとして、動かないものは死の始まりを意味し、後ろを振り返ることは懐古趣味や過去に戻るためではなく、何が起こったかを知ることにより、よい未来をつくるといった意味で……そういった人間を同定する。未確定な存在を自覚するような人間であり、そこに自らを刻み込むような永続的な運動、起点があり、主体があり対象があるような歴史の運動を現実のものとして同定する。

このような運動の起点は人間そのものである。

しかし、人間がなければ世界もないように、現実がなければ人間と世界のかかわりから

13　「自由のための文化行動」でわれわれは問題提起型教育（または文化活動）がいかに予言的で希望あるものか、ということをもっと広く論じている。予言や希望の論理は、行動のユートピア的な性格をもたらす。ここでいうユートピアとは、現状の否定と、肯定的な告知の徹底した統一を意味している。非人間的な現実を否定し、人間がもっとより人間らしくありたいという現実への肯定。この肯定と否定は、ただむなしく言葉だけでいっているのではない。これは歴史へのコミットメントなのである。

生まれてくるような運動もない。だからこそこの起点はいつも人間であり、ここと今のうちにある人間である。埋もれているような状況だったり、出現するような状況だったり、潜入されるような状況だったりするかもしれないが、とにかくそういうことが起点である。

この状況と認識を起点とすることによってしか動き出すことはできない。

本来的な意味で運動が立ち上がるためには、実際には、人間が置かれている状況を宿命的なものだとか、乗り越えられないものと見るのではなくて、乗り越えられるだけの単なる制限の下での挑戦的状況と見る必要がある。

すでに述べてきたように「銀行型」教育は、直接あるいは間接に、宿命論的な認識を強調して人間をその状況にとどめようとするが、問題提起型教育は反対に、置かれている状況を解決すべき問題としてとらえる。状況は認識行為の現れであり、すでにある魔術的あるいは従順な見方を克服する手がかりとして提示される。実際のところ従順で魔術的な現状のとらえ方とその結果として現れる宿命論的な考え方は、もう一つの見方に取って替わられる。それはすなわち自分の見える行為自体を知覚の対象に据えるような知覚である。

このようにして状況を意識によって掌握することで人間はそれを「自らのもの」とし、つまり状況を歴史的現実に変え、人間の手で変革しうるものにしていく。

宿命論はその場所を探求と変革への情熱に譲り、人間はその主体となる。

歴史的な存在であり、必然的に探求の活動を他者と共に行なう人間が、自らの運動の主体になることを妨げられること、それは一つの暴力といえる。

だからこそ、いずれの状況でも、ある者が他の者に対して探求の主体として存在することを禁じれば、それは暴力として始動する。この禁止においてどのような手段を使うかということは関係がない。人間を客体化し、自己決定を疎外し、その決定権を他の人や他の人々に移すということ、それが暴力として始動する、といっているのである。

この探求の運動はヒューマニゼーション（人間化）を求める、すなわち、より全き存在としての人間を求めるときに正当化することができる。一章で述べてきたことの繰り返しになるが、人間の歴史的使命は、非人間化というもともとの使命を否定するような現実に相対することであり、歴史のなかで確証される可能性を追うことである。その可能性は人間の前に挑戦として現れることはあるが、探求の行為の壁として現れるものではない。

〝より全き存在としての人間〟の探求は孤独な個人主義のうちに実現されるものではなく、豊かな人とのかかわりのうちに、連帯を通して達成されるものである。抑圧する者とされる者、という対立の形のうちに実現されるのではない。

他の人の存在を禁じながら、自分だけが本当の意味で存在することはできない。これは根源的に必要なことである。個人主義のうちに〝全き存在になること〟を探求すればそれは、より〝利己主義者〟になることであり、全き存在になることとはまったく逆のことになる。すなわち非人間化である。所有するということが必要ではない、といっているわけではない。だれかの所有が他の人の所有に対して障害になるということ、所有する者の力が強くなって所有しない人を踏みにじって無力化する、ということが許されない、といっているのである。

「銀行型」教育にとっては、現状をできるだけ今日そのままにしておくこと、そのために人々の意識を埋没させたままにしておくこと、が基本である。問題提起型学習は、人間的で解放を目ざす仕事をしていくのであるから、重要なことは支配された人間が自らの解放のために闘うことである。

そのためにこの教育、つまり教育する側とされる側がそのプロセスにおいて共に主体となり、人間を疎外する知性主義を超え、「銀行型」教育者の権威主義を超え、この世界に関する過った意識を超えていくような教育が必要なのである。

世界は今や偽の言葉で語られるものではなく、教育の主体を媒介し、人間の変革を起こす行動を誘発するものとなるだろう。そしてそれがヒューマニゼーション、人間化に至る道である。

これが問題提起型概念が抑圧者には向かない、という理由である。

抑圧者のいかなる「秩序」も、抑圧された者が「なぜだ?」と問うことを許さない。このような問題提起型教育は機能的に見れば、革命の起こった社会ではじめて実現されるものだ。しかし、だからといって革命リーダーは革命が起こってから、この教育をやったらよい、というものではない。革命のプロセスにおいて「銀行型」教育をやっておいて、革命後にそれを止めよう、というものではないのである。[14]

14　この点については4章で、行動の反対話的理論と対話的理論について論ずるときに説明する。

第三章　対話性について
——自由の実践としての教育の本質——

A DIALOGICIDADE
PEDAGOGIA
DO
OPRIMIDO
PAULO FREIRE

この章では、前章までで分析してきた、問題のある教育についての分析を続けるとともに、教育の対話性について考察していこうと思う。そのような章を始めるに当たり、対話の本質について熟考することから始めよう。『自由の実践としての教育』[1]という本でも同じテーマを論じたが、ここではもっと議論を深めていきたい。

人間の事象として対話を分析しようとすると、対話そのものの本質である〝言葉〟を見つけることになる。しかし対話の分析において、〝言葉〟は対話の一部の道具のようなものであるというよりも、実際にはもっと大きな意味があり、その構成要素であることを見つけていくことが重要だ。

このように理解を進めていくと、対話には、二つの次元があることがわかる。行動と省察という二つの次元である。この二つは常に連帯の関係、すなわち緊密な関係性の下にある。その関係性はあまりに根源的にかかわり合っているので、どちらかが損なわれると片方はすぐに影響を受けてしまう。本当の言葉のないところに実践はない。[2]だからこそ本当の言葉は世界を変えることもできる。[3]

ということは、本当の言葉でなければ、現実を変革する力をもちようもない。その構成要素、すなわち行動と省察を分断してしまうことになる。このようにして行動の次元から切り離されてしまった言葉は自動的に垂れ流し状態となり、省察とも切り離され、無意味な言葉の羅列となってしまう。人々は疎外され、また疎外するものとなる。空虚な言葉には世界を改革するようなコミットメントも行動も期待できず、世界を告発するような力をもつことはできない。

逆に、行動のみを強調しすぎて省察をおろそかにすると、言葉は単なる行動主義、すなわち行動を煽るだけのものとなってしまう。そうなると、行動は行動のための行動となり省察をともなわず、本当の意味での実践や対話を否定してしまう。

このような分極化は真実ではない存在によってつくり出され、さらに真実ではない思考を生み、その分極化を結果として強化してしまう。

1　私の前掲書。

2　言葉 $\frac{\text{（行動）}}{\text{（省察）}}$ ＝ 実践

損なわれること $\frac{\text{（行動）＝ 言葉だけ、Blabla...}}{\text{（省察）＝ 行動だけ}}$

[訳者注　これは数式に見えるが、数式として理解しようとするより、むしろ「言葉の（構造）」、「損なわれること（の構造）」についての説明である、というふうに理解していただくほうがよいのではないかと思う]

3　このあたりの省察はErnani Maria Fiori エルナニ・マリア・フィオリ教授との会話から生まれたものである。

人間の存在というものは、そもそも静かに黙しているものではない。真実ではない言葉は、その存在の糧にはならない。しかし、真実の言葉というものは、世界を変革する力がある。人間として存在するということは世界を言葉に出して主体的に肯定して引き受け、その上で世界を変えていくことである。引き受けられた世界は、引き受けた者に更なる問題を返し、さらに言葉による肯定を進めるべく迫ってくることになる。

人間は沈黙のうちに人間になることはなく、[4]言葉をつかって仕事をすることによって、その反応と省察のうちに、人間になるのである。

真実の言葉を話すこと、それは労働であり、実践であり、世界の変革なのであるが、それ自体は特権的なものではなく、すべての人の権利である。だからこそ、真実の言葉はひとりでつぶやくものではないし、他者の言葉を奪ってしまうものとしてご神託のようにいうことでもない。

対話とは世界を媒介とする人間同士の出会いであり、世界を〝引き受ける〟ためのものである。あなたと私という関係だけで空虚になってしまうようなものではないのである。

これが世界を引き受けようとする人とそれを望まない人との対話が成り立たない原因である。言葉を話す権利を否定しようとする人と、その権利を否定されてしまった人との対話はこのようにして成り立たなくなる。言葉を話すという本来の権利を否定されてしまった人がこれらの権利を得ることがまず必要だし、このような非人間的な攻撃を止める必要もある。

言葉を発して世界を「引き受け」、世界を変革するのであるならば、対話は人間が人間として意味をもつための道そのものであるといえるだろう。

だからこそ対話は人間の存在の根幹にかかわる希求である。そして対話が、対話する人間同士の出会いであり世界を変革し人間化するための省察と行動のうちに行なわれるならば、対話というものを、ある人からある人に考え方をただ移し替えたり、考えを交換して消費してしまうようなものにすぎない、というふうに価値を貶めることはできなくなる。また、それは世界の変革を引き受けることに何の歓喜も覚えずコミットメントもない者同士が真実を知ろうともせず、お互いに自分の考えを押し付け合うだけのような、攻撃的

4　いうまでもないが、ここでいった沈黙、というのは、深い瞑想における沈黙のことではない。瞑想による沈黙では、人間は明らかにこの現実世界を離れているように見えるが、実際には現在いる世界から距離をとりながらも現実世界の合一性には敬意を表する、という状態が続く。このような世界の理解の仕方は人間が現実にしっかりと〝浸って〟いるときにこそ、現実味を帯びてくるのであり、世界を蔑視して現状からの逃避を図っているときに、そういう「瞑想による沈黙」をやることは「歴史的スキゾ（統合失調症）」状態であるとしかいえない。

で不毛な議論とも違う。

世界を〝引き受ける〟人間同士の出会いなのだから、引き受けた者がそうでない者に施し分け与えるようなものではない。それは創造の行為である。一方がもう一方を征服するための悪意を込めた道具ではない。対話の内に含まれる征服は、対話する主体による世界の征服、人間の自由のための征服であり、ひとりから別のひとりを征服するためのものではない。

▼対話的教育と対話

世界と人間に対して深い愛情のないところに対話はない。世界を引き受けることは創造と再創造の営みであり、愛のないところでそういうことはできない。[5]愛は対話の基礎であり、同時に対話そのものでもある。お互いの主体的な関係のうちに立ち上がるものであり、支配したりされたりする関係のうちに生まれるものではない。そのような関係の上に生まれるものは病的な愛とでもいえるもので、サディズムやマゾヒズムと呼ばれるようなものだ。これは愛ではない。愛は怖れではなく、勇気の行動であり、人間へのコミットメントなのである。どのような場合でも被抑圧者における愛の行為は、自らをそのようにあらしめているものへの改革のコミットメントとして現れる。自由と解放を求める、ということ。愛に満ちたコミットメントなのだから、対話的なのだ。

大胆な行為は、のびのびとしたものだ。自由の行為は、人を扇動するようなものではなく、別の自由の行為を呼び覚ますようなものだ。そうでなければ、それは愛の行為とはいえない。

人が人に抑圧されている状況に本当の愛はない。だからこそこの抑圧の状況を乗り越え

5　本当の意味での革命家は、革命を創造と自由の行為であり、また愛の行為である、と見なしていることに間違いはない、と信じるようになった。私たちにとって理論なくして革命はなく、科学的思考なくして革命もないし、それらは愛と矛盾しない。むしろ、逆に革命は人間の人間化を目ざすために行なわれるものだ。実際、人を革命家にする動機は、抑圧されている人々の非人間的な状況ではなかったのか。資本主義社会で歪められ、貶められてしまった愛という言葉ではあるが、それは革命が愛の行為であることを妨げるものではないし、革命家に愛について沈黙させるものでもない。ゲバラはこっけいなやつだといわれるリスクを冒してまで、愛を語っていた。「こっけいに見えるかもしれないが（カルロス・キハーノ宛の手紙で）本当の革命家には、強い愛の感情が革命の情熱の基礎にあるのだ。このような資質のない革命家を想像することすらできない」Ernesto Guevala エルネスト・ゲバラ、*Obra Revolucionaria*（『革命的作業』）、México: Ediciones Era-S.A., 1967, p.637-38

ることによってはじめて本来の愛を取り戻すことができる。
世界への愛がないなら、命への愛がないなら、人間というものへの愛がないなら、そこには対話というものはないと私は思う。

また、謙虚さのないところにも対話はない。人間というものが続いていくこの世界を〝引き受ける〟ためには傲慢であってはならない。

対話は人と人がお互いに出会い、お互いの知恵を共有するような行為だから、どちらか一方が謙虚さをもたなければ、対話として成り立たない。

無知なのは常に相手のほうで、自分はすべてをわかっている、と思うような状況で、どうやったら対話が成り立つだろう?

自分は生まれが違う、という態度で相手の前に立って、相手をモノのように扱うような状況でお互いの間に対話が成立するだろうか?

自分は知と真実が何かということをよくわかっている純粋な人間のグループに属する特別な人間だと信じ、そのグループの外にいる人たちはみんな「あんなやつら」だったり「なにもわかってない下劣な人間」だと思っていたりしたら、どうやってそこに対話が成立するというのだろう?

世界を引き受けることができるのは選ばれた人間の役割なので、歴史への大衆の登場は世界の堕落のしるしであって、どうあっても避けなければならないことだ、と考えている人とどうやって対話ができるのだろう？

他の人たちが何らかの形で貢献してくれる可能性について自らを閉ざし、そんなことなどありえない、と認めずにいながら、しかも他人を認めることは自分の面子がつぶれるようなことだ、と思っているところにどうやって対話が成り立つのか？

自らが他によって乗り越えられることを怖れ、乗り越えられることを考えるだけで、なんという苦しみで屈辱か、と思うような人は、どうやって対話できるというのだろう？

自己満足と対話は相容れないものである。謙虚さがなかったり、謙虚さを失ったりしてしまえば、他の人たちに近づくことはできない。共に世界を〝引き受ける〟ことはできない。他人が人間であるかぎり自分もまた人間なのだということを感じ、知ることができなければ、そしてそうすることはとても難しいのだ、ということがわからなければ本来の意味で他者と出会うということはできないのだと思う。このような出会いの場には、まったく無知な人もいないし、なんでもすべてを知っているという人もいない。そこには、より深い共感を求めて、よりよくお互いを知ろうとする人間が存在するだけだ。

また人間という存在に深い信頼がなければ、対話は成立しない。人間はなにかをすることができ、また再び何らかの行為に向かうものである、ということへの信頼。創造し、再創造する力への信頼。人間はよりよきもの、全きものを目ざすものである、ということへの信頼であり、また人間のそのような力は一部のエリートだけの特権としてあるのではなく、すべての人の権利としてあるのだ、ということへの信頼、のことである。

人間への信頼は対話の〝先駆的〟与件とでもいおうか。対話の前にすでにそこにあるべきものだ。つまり、対話的な人にはだれかと実際に面と向かって出会う前から、人間への信頼がある。ここでいう人間への信頼とは、世間知らずとか、ナイーブとか、そういう意味とは違う。対話的な人は、十分に人間を観察できる批判的な人でもある。人間は行動でき、想像でき、変革する力があることを知り、同時にそういう力は疎外され、貶められることもあることを知った上での批判的な信頼をもっている、ということである。対話的な人間から、人間への信頼を失わせようとしても、逆にそのようなときにこそどのように応答すべきかという希望の可能性をもつ。自らが創造し、変革する力があり、きっぱりと否定されるような状況があったとしても、ふたたび再生することを確信している。再生できる。また再創造できる。もちろん何もせずにそのような状況が棚ぼた式に起こるといっているわけではなく、解放に向けての闘いあればこそ、のことだ。奴隷の労働ではない、本来の労働、自由な労働、そして生きることの喜びをもたらすような労働を通しての闘いあればこそ。

このような人間への信頼がなければ、対話はただの茶番劇のようなものだ。どう欲目に見ても、ただの甘い言葉に満ちた温情主義になるだけである。

愛、謙虚さ、人間への信頼、これらがあってはじめて対話は水平的なものとなり、お互いの関係が本来の意味での深い〝信頼〟に満ちたものになることは当然である。愛に満ちていて、謙虚で、深い信頼に満ちているのに、お互いの深い信頼関係につながらないなどという矛盾は起こらない。だからこそ、「銀行型」の教育に深い信頼関係が生まれることがないのである。

人間への信頼は、対話の〝先駆的〟与件ともいうべきものであり、そして信頼の関係は対話によってつくり出される。信頼の関係は、対話的であるお互いが、より世界を引き受けていける仲間になるようにみちびく。信頼の関係がないということは、その前提条件の対話に欠けるところがあったのだろう。偽りの愛、とりつくろっただけの謙虚さ、底の浅い信頼感などから本来の信頼の関係は生まれない。信頼の関係とは、自らの内にある真なる確信は相手に伝わる、と信じることをいう。言葉でいうことと行為が一致しないようなことをやっていては信頼の関係は生まれない。いう事とやる事が別々になってしまっているのでは、その人のいうことはまじめには聞いてもらえないものであり、信頼の関係をもたらすこともない。

たとえば、民主主義を語りながら、人々には沈黙を強要するということは茶番劇のようなものだ。ヒューマニズムを語りながら、目の前の人間を否定するなどということは、単なるうそつきのやることである。

希望のないところには対話もない。人間は不完全なものであり、だからこそ希望が人間の本質であり、だからこそ探求を止めない。このような探求は一人ではできないもので、人と人とのかかわりのうちに行なわれるものだ。暴力的な抑圧関係では、そういうことはできない。

絶望とはある種の沈黙、つまり世界を拒み、世界から逃避することだ。不当な「秩序」がもたらす非人間的な状況によって希望を失ってはならない。逆にそのような非人間的な状況であるからこそ、人間的であることをさらに希求し、不正によって損なわれてしまった人間性の回復を絶え間なく求めていくのである。

腕組みをして待っていることが希望ではない。希望は私を闘いへと向かわせる。希望と共に闘うことを望むのである。

対話というものは、〝よりよき存在〟に近づきたいとする人間同士の出会いなのであるから、絶望のうちに行なわれるものではありえない。話す人が自分のやっていることに何の希望ももっていないのならば、対話することは無理である。出会いは空虚で実りのないものとなってしまう。官僚的で、退屈な時間になってしまう。

本来の意味での思考がないところには、どこまでいっても本来の対話はない。批判的に思考すること。それは、世界と人間を対立するものとしてとらえる発想を認めず、世界と人間のわかちがたい共生について考えていくことだと思う。

具体的にいうと、それは、現実に起こっていることを、固定されたものとしてとらえるのではなく、プロセスととらえ、常に生成されていくものとしてとらえるということでもある。自らを常に動的な状態に置き、危険はあっても怖れることなく、今この時に「浸る」ということである。

歴史的時間はすべて重要なもの、過去の経験から得られたものが積み重ねられ出てきたものという発想はナイーブで、批判的な思考と対立する。[6] そのようなナイーブな見方は現状を肯定して規範とし、素直に現状に順応させることをもたらしてしまうからである。

よくものがわかっていないナイーブな人にとっては、ものを考えたとしても、今日の現状肯定にとどまってしまうものだ。現状を批判的に見ることができる人にとって重要なことは、人間が絶え間なくより人間的であることを目ざすための現状改革を行なっていくこ

6　著者の友人からの手紙より。

とである。このような批判的思考者についてピエール・フルテールは以下のように述べている。「安定した場にしがみついて、移ろいゆくことの危険をできるだけ取り除こうとすることが目的ではなく、その場が移ろいうるものであることを認めることが目的だ。世界は、私が順応するしかないような現状肯定の場として立ち現れるのではなく、私が行動することによって形作られていく領域として、立ち現れるのである」[7]

ナイーブな思考をする者は安定した場にしがみつき、移ろうものを否定して、結局は自分自身をも否定してしまう。批判的な思考を要するような真の対話だけが、更なる批判的思考を生み出すことができる。

対話のないところにコミュニケーションはないし、コミュニケーションの成立しないところに本来の教育もまた、ない。教育する者と教育される者が矛盾を乗り越え、認識する対象を仲介しながら共に認識する活動を行なう相互主体的な認識をつくり上げる場、それが教育である。

▼プログラムの内容の探求から始まる対話について

自由の実践としての対話は、教育する者と教育される者が、教育者と被教育者として、いわゆる教育の場で出会うときに始まるわけではなく、それ以前にどのような対話になるのかを問うような段階ですでに始まっている。対話の内容をめぐるこの問題は、結局、現実の教育内容のプログラムをどのようにするか、という問題になってくる。「銀行型教育」を行なう人は、もちろん対話というものを考えないので、生徒に説く講義内容のプログラムを考える。問いに答えられるのは、教育をする側の自分だけであり、そのようにプログラムをつくるのである。

対話を大切にし、問題志向型の教育をする者にとって、プログラムされた教育内容というものはただ与えるものでもないし、押し付けるものでもなく——つまり教育される者に流し込まれるようなものではなく——それは人々からきちんと形になっていないものとして手渡されたさまざまなことを、組織的に、体系的に、より発展した形でフィードバックしていくことを意味する。[8]

繰り返すことになるが、本当の教育とは、AがBのためにやるのでも、AがBについて

7　Pierre Furter ピエール・フルテール、*Educação e Vida*（『教育と生活』）、Editora Vozes de Petrópolis, Vozes, 1966, p.26-7

やるのでもなく、Bと共にAが世界を仲立ちにしながら行なうものだ。世界は双方に働きかけ、挑戦し、そのようにして世界についてのヴィジョンや視点といったものがつくり上げられる。懸念や疑問、希望や絶望で一杯のこの世界のヴィジョンには、重要なテーマが内包されており、それらが教育プログラムの内容を形づくる。ナイーブなヒューマニズムの概念の間違いのひとつは、「よき人間」の理想像をつくろうとしたがることで、そこにいて現存する人間の確かなありようを忘れてしまうことだと思う。フルテールはいう。「ヒューマニズムとはわれわれの全的な人間のありようを意識できることであり、そのようであることが義務ともいえ、プロジェクトそのものであるともいえる[9]」

都市労働者も農民も、彼らの多くは植民地時代から続く状況に埋没して生活しており、生まれてからずっとそこにある世界にへその緒でつながっているような状態だから、自分たちはその世界の一部であり、その世界を変革するものであるとは感じていない。そこに「銀行型」教育のやり方で、よき人間のモデルや、決められたプログラムの内容の「知識」を押し付けても、届かない。

政治の分野でも教育の分野でも、プログラムを実施する人の個人的な視点から始まっているがために失敗している例は本当にたくさんある。プログラムの対象としている人たちの実際の状況を考慮に入れずに、ただ自分がやりたいことをやる活動対象としか見ていないわけである。

本当に人間的な教育者や、本来の意味での革命家にとって、活動の対象は共に変革すべき「現状」そのものなのであり、人々自体が変革すべき対象なのではない。現状はそのままに、そこにいる人々をこそ活動対象と見なして、彼らを現実に適応させるように教化しようとするのが、いわば支配者である。

残念なことに革命運動のうちにあって、人々の支持を得ようとしている革命家たちもしばしば、このような上意下達型のプログラムのような「銀行型」教育のやり方に陥ってしまうことがある。

かならずしも農民や、都市の人々の世界観には合致しないような、自分たち自身の世界

8　マルローとの長い対話の中で毛沢東は言う。「ずっと前から言っているのだけれど、私たちは人々からはっきりしない形で受け取ったものを、明確な形にして彼らに再提示し教授するべきだと思っています」（André Malraux アンドレ・マルロー、『反回想録』*Anti-memoires*, Paris, Gallimard, 1967, p.531）。この毛沢東の主張には教育プログラムの内容についての対話理論がすべて示されているといってよいと思う。教育する者が最終的に目的とするものから始まってつくり上げられたものではないし、教育される者にとってよいと思われるものを勝手に選んだものでも、決めたものでもない。

9　ピエール・フルテール前掲書 p.165

観によるプロジェクトを携え、人々に近づいていくのだ。[10]

人間的な教育者や革命家の目的は人々と共に奪われた人間性を回復するために闘うことであり、人々を支配することではなかったことを忘れている。銀行型教育のものの言い方は、支配者のものの言い方であり、解放を目ざすものの言い方はこんなふうであってはならない。革命家は人々と共に自らを解放することを目ざしており、人々の支配征服を目ざしているのではない。

人々を支配するエリートは、政治活動において実に効果的に「銀行型」教育の概念を活用する（支配征服もその概念を活用した方法の一つ）。受け身の行動をとればとるほど、人々は被抑圧者の意識に「埋没」するような状態になっていく。この抑圧された意識の埋没状態をよいことに、このエリートたちは前に述べたように人々を単なる「容れ物」のように見なし、スローガンをその「容れ物」に注ぎ込むことによって、自由への怖れを駆り立てていく。

こうしたことは、本来の意味での自由と解放を目ざす仕事とはまったく相容れない。本来の意味で解放を目ざすということは、抑圧されている人たちに抑圧者のスローガンは問題があるということを示したり、こういったスローガンを抑圧されている人たちの「内面」から取り除く、ということを提示することである。

要するに、ヒューマニストの仕事は、抑圧者のスローガンに相対する別のスローガンを提示することではないわけで、抑圧されている人をまるで実験対象のように扱って、どちらのスローガンのよき「宿主」になってくれるかを争うようなことではない。ヒューマニストの仕事はむしろ、まったく反対のことだ。抑圧者のスローガンによって、いわば内なる抑圧者を自らのうちに抱えるようになってしまった人たちが、本当の意味での人間であることができるように、自分自身を意識化することを助けることこそが仕事である。

　こういう人たちに近づいていって「救い」のメッセージを、抑圧者のメッセージの代わりに吹き込むといったものではなく、人々との対話という形、すなわち、そこにある状況を客観的なものとして知るだけではなく、その客観的状況をどのように認識するか、自分

10　「人々としっかりとつながるためには、その人たちのニーズに合わせなければならない。そうするためには、よほどのことではないかぎり、個人のニーズに答えるのではなく、より多くの人々のニーズから出発すべきである。人々が変革を客観的に必要とはしていても、自分ではその必要をしっかりと意識はしておらず、実現の意思や要求をもっていないことがある。そういうとき、私たちは辛抱づよく待つことだ。活動の結果、人々の多数が変革の必要性を意識して、達成しようとする意思と要求をもつまで変化を起こすべきではない。そうでないと、私たちは人々から浮いてしまう……二つの原則が重要である。第一は人々の実際のニーズに答えること。自分たちがこの人たちにはこれが必要なのだろうと想像したニーズではない。第二は人々が自分で決め、私たちが彼らに代わってつくり上げたものではない、人々の希望に答えることである」（Mao Tsé-Tung 毛沢東、「文化活動における統一戦線」*Le Front Uni dans le Travail Culturel*, 1944）

のいる世界のうちで自分をどのように、またどの程度認識できているかということを問題にするのである。

だからこそ、人々がもっていたり、もちつつあったりする、彼らなりの特別な世界観に敬意を表することのない「文化侵略」を行なうのであるなら、教育プログラムであろうが、純粋に技術移転のプログラムであろうが、政治プログラムであろうが、よい結果を期待することはできないし、よい結果が出せると思うのはナイーブな発想である。よき意思をもって行なわれようと、「文化侵略」であることに変わりはなく、よき意思だからこそよけい厄介であったりもする。[11]

▼生成テーマ、そしてその教育プログラムの内容について

今ここにいる人々の希求を反映する現在のはっきりとした具体的な状況こそが、教育プログラムや政治活動の出発点である。

実際のところ、やらなければならないことは、具体的に目に見えている矛盾を提示することを通して、人々に現在のはっきりした具体的な状況を提示することだろう。問題とし

て、希望として、知的なレベルだけではなく行動のレベルで答えが求められていることとして。[12]

こういった現状について、述べ立てることは意味がないし、人々の不安、疑問、希望、怖れなどをまったく無視するようなプログラム内容を提供することもまったく意味がない。そういった内容はしばしば、抑圧されている意識の怖れを増幅したりするのである。

私たちの役割は自分たちの世界観を人々に話したり、押し付けたりすることではなくて、お互いに対話することである。さまざまな行動の仕方として表現される世界の見方は自分の置かれている状況と、その世界が構成するものの反映である。教育活動も政治活動もこのような状況への批判的認識なしには立ち行かないし、そうでなければ単なる『銀行型』のやり方になってしまったり、だれも聞いていない荒野で説教しているようなことになってしまう。

11　この問題については次の4章で詳しく分析してみたい。

12　この意味において真のヒューマニストたる人が「銀行型」の実践をするということは大変に矛盾に満ちたことであるし、右翼の人たちが「問題提起型」教育に力を注ぐ、ということもまた、考えにくい。こういったことはかならず関連しているわけである。右翼の人々が「問題提起型」教育を受け入れるということはないのである。

こんなふうなので、実際のところ教育者のいうことや政治家のいうことはよく理解されない。彼らの語り口は彼らの話を聞いている人たちの現実の具体的な状況とまったく響き合うところがない。話せば話すほどお互いの距離が隔てられ、共感することのないような話しぶりになってしまう。

教育者の語り口も政治家の語り口も（私はこのところますます政治家も広い意味での教育者と考えるべきではないか、と思うようになってきたが）、また一般の人々の語り口も、深い思考なしには確立しないものだし、語り口と思考はどちらも呼応する現実からかけ離れては存在しない。だからこそ、効率的なコミュニケーションのためには、教育者も政治家も、人々の思考や語り口が弁証法的につくられていくような状況の構造をよく理解しなければならない。

行動のためのプログラムの内容は、もともと一般の人々と教育者や政治家の双方の行動のためのプログラムであるから、教育者や政治家の側からだけ選択されるものであってはならず、彼らと人々の双方によって決定されるものでなければならない。

人々が置かれている現実と、そして教育者と人々が共有する現実の認識のうちに、教育プログラムの内容を探求するべきなのである。

この探求のときこそ、解放の実践としての対話の教育の始まりである。具体的な探求の作業とは人々のいわばテーマの宇宙というものの探索のことであり、それはすなわち生成テーマ[13]の探求のことである。

この調査が解放のための教育の対話性と矛盾があるものであってはならないことはいうまでもない。調査も同様に対話的であらねばならない。意識化にも寄与するものであることが必要であり、「生成テーマ」を理解することは同時に個人個人の自分自身への理解を深めるような意識の喚起でなければならない。

これが、調査にあたって人々を調査対象として取り扱い、調査するものが主体となってはならないことの理由である（対話的な教育の目的を考えれば、一貫している考え方といえる）。

私たちが本当に調査しようとしているのは、解剖学的に見て、ある断片として存在するかのような人間ではなくて、現状に基づいた思考と語り口をもつ人間である。現実認識のやり方、世界観、その内に「生成テーマ」が含まれているのである。

「生成テーマ」とは何かという問いに答える前に、「テーマの小宇宙」とは何かという問いを向ける前に、いくつかはっきりさせておかねばならないことがあると思う。「生成テーマ」という概念は、実のところ勝手に思いついた概念でもなければ、検証され

13　「生成テーマ」と同じ意味で「意味あるテーマ」という言い方も使う。

る作業仮説でもない。もし「生成テーマ」という概念が検証されるべき仮説であるならば、調査はまずなによりもテーマというもの自体があるのかどうか、ということから始めなければならない。

しかし、そんなことをしていると、テーマの豊かさ、意味、多様性、変化、歴史的意味などを見つけていくより前に、まず概念の客観性についてくどくど証明しなければならなくなる。そのあとやっと本質に近づくというような冗長なことになりはしないか。

批判的懐疑というありようは、たしかに正当なものではあるけれど、生成テーマというものは確かにある、ということを具体的な経験から認識することが可能なだけでなく、人間と世界の関係、人間と人間の関係の批判的省察によっても認識できるといってもよいのではないか。

この点についてもう少し考えてみよう。月並みな言い方になってしまうが、人間というものがやはり独特なものである、ということはいっておかねばならない。人間には「未完」な点がまだまだあるわけだが、人間はそれぞれに活動能力があるというだけでなく、その活動そのものを意識の対象にすることができ、それが他の動物と人間を異なるものにしている。動物は自分の活動から自分の意識を分離することはできない。

このような人間と動物の区別はとてもうすっぺらな記述に見えるかもしれない。しかし、ある環境で双方がどのように行動するかを見れば、人間と動物を隔てる一線があることがわかる。

動物はその活動から自分を分離することができないので活動を省察することができない。だから動物はその結果、世界を変革することはできず、自分を超えた意味を見つけることができない。

活動が活動自体にいわば張り付いたようなもので、距離を置いて見ることができないから、活動の結果として変革の結果も、活動そのものを乗り越えるものとはならない。自分のやっていることから、自分を分離して見ることができない。したがって動物の活動には、自分の目的というものがない。ある意味、動物の活動は自らを分離することができないともいえるし、別の言い方をすれば、自らの属する種の論理で外発的に決定されているものともいえる。実際のところ、自分の活動が自分で、自分とはすなわち自分の活動であり、活動と自分とを離すことができないということは、自らの活動を自分が決定しているのではなく、所属する種が決定しているということであって、動物は基本的に「自らに閉じられた」存在として在るということになる。

自らのうちに決定するという点をもたず、自分の活動を対象化できず、目標を提起したりされたりすることもなく、意味をもたない「世界」に「埋没」して生き、明日も今日もなく、ただ圧倒的な今を生きる。動物は歴史なき存在である。歴史なき生は、厳密な意味での世界のうちにある生ではなく、自らのないところに世界はないのである。

人間の世界は歴史的なものだが、「自らに閉じられた」存在にとっては、世界は単なる〝支え〟のようなものである。おおよそ問題にはならず、ただ、刺激的なものであるだけである。一度も危険を冒したことがなければ、その生は危険を冒すこともできない。危険は自覚的に受け止めるものではなく、純粋に「指示する」信号に過ぎず、決定に基づく反応を求めてもいない。だからこそ、動物は自らを何かに賭け、捧げるというようなことはできない。歴史なき存在だから、生を引き受けることができないし、引き受けていないから生を築くこともできない。

自らの生を築くことができないから、変えることも不可能だ。さらに、生を破壊することも知らないから、自分が置かれた環境を、歴史や文化などの意味ある世界に広げていくこともできない。自分を動物化するために出会いを動物化したりしないし、自分を非動物化する動物もいないのはそういうわけである。森にいても動物園にいても、動物は「自らに閉じられた」存在である——ここにいても、あそこにいても。

人間はそれとは対照的に、自らの活動と今自分がいる世界を意識でき、追求すべき目的に基づいて行動している。追求すべき目的を決めるのは自分と自分の属する世界との関係、自分と他者との関係である。世界を変えることによって、世界をつくり変えるものとしての存在を刻み付ける。人が世界から自らを分離し、分離しながらも世界と共にある人間は、動物と違ってただ生きるだけではなく、歴史的存在になっていく。

動物は一時的で平坦で変わりのない生を生きているが、人間は絶え間なく再創造し変革していくような世界に生きている。動物にとって、ここはいわゆる物理的に「コンタクトのある」棲息地を意味しているに過ぎないのだが、人間にとってのここは単なる物理的空間ではなく、歴史的空間でもある。

厳密な言い方をすれば、動物には、ここも、今も、ない。あそこも、明日もないし、昨日もない。自己という意識がなく、動物の生はトータルに外的に決定されている。動物には、ここ、いま、あるいはそこ、などと自分から離れたものが課す限界を超えることはできない。

人間は反対に、自らを意識し世界を意識している、つまり人間は「意識あるからだ」であって、さまざまな条件と自由との間の弁証法的な関係を生きている存在だ。

世界から自らを分離し、世界を対象化し、自らの活動から自らを切り離し、自らの活動を決定するポイントを自らの内に、また自らと世界、自らと他者との関係の内にもつことを通じて、人間は「限界状況」を乗り越えていくのであり、それは超えることのできない障壁ではなく、実際には存在していないかのようなものである。[14]「限界状況」が自らの自由の障害物、つまりブレーキのようになっていると理解したとき、「自分とは関係ないもののように受け止めていたもの」が「自らの深いビジョン」となっていく。そこにある現実の歴史的なはっきりとした次元が目の前に提示されるといえるだろう。それは人間への挑戦であり、ヴィエイラ・ピントのいう「限界の行為」を通して、つまり与えられた状況をおとなしく受動的に受け入れるかわりに、それを否定し、乗り越えていこうとするような行為によって示されるものだ。

なぜ「限界—状況」自体が絶望的な雰囲気をつくるわけではなく、歴史のある時期において人間はその状況をブレーキのように感じ、また乗り越えるべきものとして認識するのかという理由は、それ、である。こういった状況への批判的認識が出てくると、それを乗り越えていく行動のなかで、希望と信頼をもつような雰囲気が生まれ、「限界—状況」の克服に向かうことができるようになる。

人間と世界との関係を考慮せずにこの克服はない。それは、「限界—状況」という形で提示されたはっきりとした現実について人間が行動を起こすことによってのみ克服されていくものである。

現実が変革され、従来の状況が乗り越えられると、人間にとって新しい状況が見えてくるようになり、さらにまた「限界—行為」が呼び起こされる。

このようにして、自らと世界についてどのよう意識をもち「限界—状況」という歴史的な現実に向き合うのかということは、人間に固有な特徴である。「限界—状況」が歴史的に対象化されているように、現実に向き合い障害を克服していくことは歴史的な意味合いにおいてのみなされることである。

動物の「世界」、厳密にいえばそれは世界というよりも、動物をサポートする環境ということなのだけれども、その「世界」には「限界—状況」はない。というのも動物に歴史的な環境ということは考えられないからである。

動物は「自分自身になろう」とするような存在ではないから、「限界—行為」を行なう力を欠いている。つまり世界と対峙し、世界と自らを「切り離し」、対象化し、自らの力

14　アルヴァロ・ヴィエイラ・ピント教授は「限界状況」の問題について、ヤスパースの原著に見られる非常に悲観的な面を取り去ったような概念を使い、非常に明確な分析を行なっている。ヴィエイラ・ピントは、「限界状況」とは「可能性がもはやなにもない、乗り越えることが不可能な状況というのではなく、すべての可能性の端緒となりうる周辺領域」であるという。「存在するか無かという境界線ではなく、存在するか、より全き存在か、という境界線」なのだという。（アルヴァロ・ヴィエイラ・ピント、*Consciência e Realidade Nacional*（『意識とこの国の現実』）、Rio de Janeiro: ISEB, 1960, vol.II, p.284）

によって世界を変えていくということはできない。自らのいる環境に有機的に縛りつけられている動物にとっては、その環境と自らを分けることはできない。

このように考えると歴史的「限界―状況」の代わりに機械的な環境というものがあって、それが限界を示している、といえるだろう。その環境に動物はかかわっているわけではなくて、ただ適応しているだけだ（もしかかわっていたら、それは環境というより〝世界〟である）。自らのうちに「閉じた」存在として、動物はその子どもや、巣や、生息する穴を「生産」するかもしれないが、本来の意味での生産物、つまり「限界―行為」という変革への応答としての生産物をつくるわけではない。動物の生産活動は物理的な必要性を満たすことで終わっており、刺激に対する応答であっても、何らかの形での挑戦への応答ではない。だからこそ、動物の生産したモノは、疑いなく「自身の物理的なからだに直接属しているが、人間は自らの生産したものに対し自由に対峙する[15]」

活動の成果である生産物が「物質的なからだに属さない」ものであれば、限界はあるとしても、意味ある次元が、すなわち世界が立ち現れてくる。

このようなやり方で行動するものは、自らの意識、「自らに対する」存在であり、世界と共にある存在であって、世界の中の存在として可能になる。同様に、世界も自らに対する存在なしには、存在しえない。

動物と人間の違いは明確で、動物の活動には「限界―行為」はなく、自らを離れての生産物を生み出すことはないが、人間は世界に対して活動を行ない、実践を通して文化的で歴史的な分野をつくり上げる。現実を本来の意味で変えていくような省察と行動こそが実践であり、考察的な知と創造の源である。動物の行動は実践がないので創造というものがないが、人間による外の世界の変革は創造といえる。

変革者であり創造者である人間は、現実とのかかわりを通じて、よき物質や分別ある品々や、対象物を創造するのみでなく、社会機構や社会思想や概念といったものをも生み出す。[16]

客観的現実を変革する永続的な活動を通じて、人間は同時に歴史を創造しており、自らを歴史的で社会的な存在としていくのである。

動物とは異なり、人間は時間を三つの次元（過去―現在―未来）でとらえることができる。それぞれが次元として別々に仕切られるのではなく、自らの創造のうちに歴史を生成し、

15　Karl Marx カール・マルクス、『経済学哲学草稿』*Manuscriptos Econômico-Filosóficos*

16　この点について、Karel Kosik カレル・コシーク、『具体的なものの弁証法』*Dialética do Concreto*, Rio de Janeiro, Paz e terra, 1985, 3ª edicao

そのプロセスでさまざまな時代がつくられていく。昨日と今日、そして明日というものがばらばらな時間としてあるのではないように、それぞれの時代のある時間に人間が閉じ込められているというわけではない。もしもそんなことになっていたら、歴史の基本的な条件である連続性が失われてしまう。時代的な単位はばらばらというよりむしろ反対に、一つひとつがダイナミックに連なり[17]、歴史が継続的になっているのである。

一つの時代というものは思想や、概念や、希望や、疑念や、価値や、挑戦などといったものがいっしょになって、特徴づけられていく。それぞれがより全的なものを求めて、対立するものと弁証法的な関連のうちに存在しているのである。このようにはっきりと示されている多くの思想、価値観、概念、期待と、より全き存在であろうとする人間の前に現れる障害とが、その一つの時代のテーマを形作っていく。

それぞれのテーマには、常に対立するし、敵対的であるようなテーマが存在するというだけではなく、各テーマはその目ざすところと目標を示しているものだ。だからこそ歴史的なテーマは、ばらばらで、別々になっていて、結びつけられていなくて、静的なものであるととらえることを超え、他の反対しているものとの弁証法的な関係性において理解されていくべきだろう。これらのテーマは、まさに他でもない、人間と世界の関係性のうちに見出されていくものである。このお互いに関連し合うテーマがいっしょになって、その時代の「テーマの宇宙」というものを構成するのである。

弁証法的には対立関係にもある、このテーマの「宇宙」を前に、人間もまた矛盾するような態度をとることもある。ある者は現在の構造を維持することを自らの仕事として選び、またある者は変革を自らに課すのである。

テーマは現実の表現であるから、さまざまなものがあるわけだが、そうしたテーマ相互の対立が深まってくると、テーマと現実の両方を〝神秘化〟するような傾向が生まれる。わかりやすい言い方をしてしまうと、「非合理主義」とセクト主義の雰囲気が強まるといおうか。こういう雰囲気はテーマの深い意味を押しやってしまい、テーマを特徴付ける動的な含意を取り除いてしまいかねない。

社会がこのような時代であるときには、神秘的な非合理主義を基本のテーマとし、批判的で動的な現実のビジョンで対峙することが必要だろう。そのようなビジョンは、現実のばけの皮を剥ぎ、神秘化しているものの仮面を取ることにより、人間としての使命、すなわち人間の自由のために現実を常に変革していくことを全うできるようにするものだ。

17　歴史的背景についてはHans Freyer ハンス・フライヤー、*Teoria de la Época Actual*（『現代の理論』）、México: Fondo de Cultura

これらのテーマは分析してみると、一方で「限界―状況」に巻き込まれており、他方で「限界―状況」を巻き込んでいるともいえる。テーマによって示されたさまざまなやるべきことが終わると、先にあげた「限界―行為」が導き出され、続いていくからである。テーマがこのように「限界―状況」に巻き込まれたり、巻き込んだりしているようなものとして認識されていないならば、人間が歴史的行為を通じて行なう反応としてのさまざまなことは、本来の形や批判性を欠いている形で提示されてしまう。

そうなると、これらのテーマは「限界―状況」の正しくない理解によって隠されてしまうことになる。「限界―状況」は歴史的に決められたもので、代替案などなく、適応するしかないものとして提示される。そうなると、人間は「限界―状況」に近づき乗り越えることはなく、その状況の内にある、あるいはその状況の向こうにある「未然の可能性」を発見することに至らない。

わかりやすくいうと、「限界―状況」は直接、間接にその状況に「資する」人たちの存在と、それを「否定し」、「止めよう」としている人たちはだれか、を示している。

この「限界―状況」を止めようとしている人たちが、この状況を「この状態であるのか、それともまったく何の変化もないのか、という境界線にいるのではなく、今この状態であるのか、それよりもよりよい状態にいくのかという境界線に立っている」と認識したときには、自らの行動がより批判的になっていくことだろう。未然の可能性とでもいうべきものが明確に定義され、より確実なものとして行動を方向づけることになる。「限界―状況」に「資する」ような前者の人たちは未然の可能性のなかに、自らを脅かす「限界―状況」を察知し、それが形をはっきり表さないようにする。「限界―状況」を自分たちに好都合なものに維持するために行動するようになるのである。[19]

このように考えると解放のための活動は、それ自体歴史的なものであり、内容についてもまた歴史的なものであるから、時代の生成テーマと呼応するものでなければならないし、そのテーマが人々にどのように認識されているかということにも呼応しているべきである。結果として、次の課題である意味あるテーマの調査へとつながっていく。

さまざまな生成テーマは一般的なものからより特殊なものへと同心円状に配置可能であ

18　これらのテーマは生成するもの、と呼ばれる。どのように理解するにせよ、それらのテーマによって活動が呼び起こされたように、これから他の多くのテーマが切り開かれていく可能性がある。それは行なわれるべき新しい仕事を呼び起こすものである。

19　解放は、被抑圧者と抑圧者の間の弁証法的な矛盾に挑戦するものとなる。だから、被抑圧者にとって「未然の可能性」ははっきりさせられていくべきものだが、抑圧者にとっては「限界―状況」は避けるべき必要のあることだ。

る。

大陸、地域、国などのさまざまな地域区分を超えて、共通に見出される時代的な、普遍的テーマがある。「われわれの時代」とでもいうべきこの時代の、この広い範囲に広がる基本的なテーマに、解放というものがあるのだと思う。対立するものは支配である。この苦渋に満ちたテーマによって、われわれの時代が人間学的な性格をもつようになったことは以前にすでに述べた。

ヒューマニゼーションという目標に至るためには、非人間的な抑圧をなくすことが必要だし、そのためには人間がモノのように扱われている「限界―状況」を乗り越えることが求められる。

もう少し範囲を狭くして、同じ大陸の社会を特徴づけるような「限界―状況」があげられるし、また異なる大陸にあっても歴史的に似たテーマと「限界―状況」があるだろう。低開発とそれにともなう従属の問題による「限界―状況」は第三世界と呼ばれる国々の基本的な特徴となっている。

ここでは、この時代のある特定の社会を見てみることにしよう。世界的、大陸的あるいは歴史の同じような世界の共通の問題に加え、ある地域に特有の「限界―状況」が見えてくるだろう。

もっと円を狭めていくと、同じ社会の内にあっても、さまざまなテーマが分かれていくことが観察できる。ある地域、あるいはそのもっと小さな地域によってわかれていくが、全体との関係性は失われていない。小さな地域でも、時代的なサブユニットが存在している。一つの国のある地域だけでも、「非同時である同時存在」という矛盾が見かけられることがある。

この時代的なサブユニットのなかで、その国に特徴的なテーマが、本来の重要性をもって立ち上がることも、そうでないこともある。ただ、そのようなものが必要だ、と感じられるだけのこともある。時には、必要性さえ感じられないこともある。

しかし、いかなる時代的サブユニットにあっても、テーマがないということはありえない。ある地域の人々が、生成テーマを把握することができず、ただオカルティックだったり、歪んだ形でしかテーマを把握できないとすれば、そのこと自体が、人間がすっかり埋没してしまっているような抑圧という「限界—状況」が存在していることを意味するのである。

▼生成テーマの探索とその方法論

一般の人のみでなく支配者の意識もグローバルに「限界─状況」をとらえることはできていないものだ。周辺で起こっていることだけを見て、「限界─状況」のもたらす圧迫の原因をそれに転嫁しやすい。[20]

これはテーマや生成テーマの探索にあたって、議論の余地なく重要なことである。ここでの基本的問題は、全体を見て批判的に理解することが欠けており、一部だけをとらえて、お互いの関連性を認識できなくなり、結果として全体を認識できなくなる。全体を認識するためには、出発点を反対にする必要がある。つまりまず文脈を全体からとらえるビジョンをもち、そして文脈に対するいろいろな要素をわけ、抽出し、それを通してより明晰でトータルな分析をする。

これは、ここで広めようとしているテーマの分析の方法論として有効であるだけでなく、私たちが進めようとしている問題提起型教育にも有効である。各自がそれぞれの現実を重要なものであるととらえ、その批判を通じてそれぞれの関連性の認識を可能にする。

このようにして、重要な次元というものは、さまざまなものが相互に関連し合ってつくられているので、個々をトータルな次元で認識していかねばならない。こうして意味と現実の次元から批判的な分析をすると、一人ひとりが新しい姿勢を身につけることができ、「限界—状況」を批判できるようになる。現実の把握と理解が変わり、今まで達したこともないレベルに至ることができる。人々は、現実の「意味」を理解することは、現実と離れてあるのではなく、現実自体もあたかも世界が神秘的で奇妙な世界に分裂しているようなものではないということを認識するようになる。

この意味において「生成テーマ」の探索は、「テーマの最も小さい宇宙」（相関し合う生成テーマの総体）を発見し、意識化の方法論を使って遂行され、それは自分たちの学びを

20　こうした納得の仕方が中産階級の人々の間に見られることはめずらしくない。そのやり方は、農民とは異なる。中産階級の人には自由への恐怖があり、その恐怖が防御機構としてはたらいて、基本的なことを隠し、偶然に起こったものを強調し、明らかな現実を否定する、といった、自らの中での合理化、というものが起こる。分析してみて「限界—状況」が明らかになってしまうような問題に直面すると、批判するのは好ましくなく、問題を周辺化して、核心に近づこうとする試みを否定する傾向が強い。基本的なことに注意を喚起され、彼ら自身が重要だと思っていることがたまたま起こっていることだったり、副次的なものにすぎない、と説明されるといらだってしまうのである。

可能にするだけでなく、世界について批判的に考えるきっかけとしても機能する。

人間の理解のためにいろいろなことをやっているけれども、非常に密度が濃くて見通しが悪くなってくると、何らかの抽象化で現実を探求するという必要性も出てくる。それははっきりとした具体的なものを減らして抽象的なものにしていくということではない。そうすればこの二つの間の弁証法的なものを否定してしまうことになる。具体的なものと抽象的な反対のものを弁証法的に保持して思考していくことが必要である。

現実の具体的な状況分析である「コード化」[21]はまさにこの思考運動である。

実際の状況のコード化されたものを脱コード化することによってあるべき姿勢が喚起され、抽象化されたものから具体的なものへ、部分から始まって、部分に戻るという認識、そして対象（具体的に現実にある状況）のうちに主体を、対象化された状況のうちに主体があることとして認識することが可能となる。[22]

コード化された状況の分析として行なわれる抽象から具体化への往復のような運動は、脱コード化がうまく行なわれれば、抽象的なものであることを超えて具体的な批判の認識に道を開く。そうすれば現実はそれほど見通しが悪いものでもなくなってくる。

実際のところコード化された現実の状況（抽象化を経て、絵や写真といった形で、存在する現実の具体的な姿を表現したもの）を見ると、それぞれの人は提示された状況に「分割」をする傾向がある。脱コード化の実際に即していうと、これは私たちが「状況説明」といっている段階に相当し、状況を分けることでそれぞれの相関関係を見つけ出すことが可能になる。〝コード化〟された全体状況は、従来は漠然と見ていたものだったが、部分に「分けられ」、思考はまず「分割」し、そこから出発して全体に返ってくるので意味あるものになっていく。

コード化が現実の状況を代表したものであるために、そこに表示された状況（コード化）の中に自分が置かれている実際の状況そのものを見つけていく傾向も現れる。

理論的には、こうしたことで人々が客観的な現実を前にしたときも同じように振る舞うことが期待できる。本来なら反応し挑戦すべきものなのに、それは出口のない状況だと見なし、諦めてしまう、という態度になることはなくなるはずだ。

脱コード化のあらゆる面で、人々は自分の世界の見方、世界への考え方、「限界―状況」の宿命的認識、現実を静的にとらえること、あるいは逆に動的にとらえることを外在化す

21　現実の状況のコード表示とは、その場面の構成要素とその相互作用をわかりやすく表したもののことである。脱コード化はそのコード化された状況を批判的に分析することである。

22　「コード化された」現実の状況が表されたもののうちに主体は自らを認識すると同時に、他の主体を取りまく条件をも省察の対象として認識する。

るようになる。このように世界を宿命論的に見ること、動的あるいは静的に見ること、現実についての考え方、世界の向き合い方についての表現の仕方に、彼ら自身の「生成テーマ」を見ることができるのだと思う。

あるグループが自分たちの生成テーマをはっきりと示すことがまだできないこともある。まるでテーマなどないように思えるかもしれないが、それは逆に大変劇的なテーマ、つまり沈黙のテーマということがあるのかもしれない。「限界―状況」の大変強い力の下でつくり上げられた、ものいわぬ状況に適応させられていることを示しているのかもしれない。生成テーマは現実から切り離されている人間のうちにも、人間から切り離された現実のうちにも見出されるものではないことを確認しておくことは重要である。生成テーマは人間と世界の相互の関係においてのみ理解されるものである。

繰り返しになるが、生成テーマを調査探索するということは人間が現実をどのように考えているかを探索することであり、人間がその現実状況にどのように働きかけ、どのように実践しているかを探索することである。

だからここで勧めている方法論では、調査のプロセスにおいて、調査する側とされる側の双方が主体としてかかわることが重要である。

人々がそのテーマの探索に活動的な姿勢で参加すればするほど、現実を把握する意識が深化していくし、テーマの重要性も増していくし、自らのテーマという意識も出てくる。

人々自身が調査者と共に自らが主体となって主体的なテーマを探す、ということでは、調査の客観性が失われるという人もいるだろう。当事者がかかわることで「純粋な」調査ではなくなる、といわれるかもしれない。しかし、当事者というのは、この調査の結果生じてくる教育に興味をもつであろう多数者であり、また、そうでなければならない人たちである。

このような意見は、テーマ調査ということについての、とてもナイーブな意識を反映したものといえる。あたかも純粋で客観的で独創的なテーマが人間と離れてあるかのように。まるでモノについてのテーマを語っているような。

テーマは実際には、人々の中にあり、具体的な事実に基づく人々と世界との関係の内にある。同じ客観的な事実でも、ある時代的な背景の下に取り上げられる生成テーマと、他のところで取り上げられるものとで、同じであるとはいえない。なぜなら人々がそれぞれに対して客観的事実と認識することと、生成テーマとの間に関連があるからである。

人々は意味あるテーマを表現するのだが、いったん表現されると、正確にいえば、前と同じものではなくなっている。そのテーマを考えていたときとでは、表現することによって認識が変わってしまったりするからである。

調査者にとって大切なのは、調査のプロセスにおいて、現実を認識するにあたり、最初は人々はどのように見ていたか、そしてどのように変わっていったか、あるいは変わっていかなかったか、を分析することである。

客観的な事実は変わることはない。ただ、調査のプロセスにおいて、人々の認識は変わることがある。しかし、それが調査の価値を貶めることにはまったくならない。意味あるテーマは、どのような状況であれ、人々の疑問や希望や期待が込められているのである。

意味あるテーマに包含された憧れや動機や目的は、人間的な願望、動機、目的であることを知っておかねばならない。だからこそ、ただどこかどうでもいい場所に、モノとしてあるのではなく、今そこにある。人間が歴史的であると同様に、それらは歴史的だ。何度もいうけれども、それ以外にテーマが理解される道はない。

それらのテーマを把握し、理解することは、それを成し遂げた人間を理解することだし、そこであげられているような現実を理解するということである。人間を抜きにしてこれらを理解することはできないので、人間自身も理解しておくことが必要だ。テーマ探索は、だから、現実認識と自己認識に重要なことだが、教育プロセスや自由のための文化行動の端緒ともなることである。

生成テーマ探索の意識化の重要性とテーマ探索時について

　以上のようなことを踏まえると、調査される側が調査者でもあるために、分析結果が「損なわれる」（ここではテーマ探索のこと）のではないか、といわれることもあるが、それは別に危険なことであると考えていない。危険はむしろ、まったく反対の方向にある。調査の中心には分析対象である意味あるテーマがあるのだが、それをずらして、人々そのものをモノであるかのように調査の対象にしてしまう、という危険である。これは教育のプログラムを打ち立てるための調査であったはずだ。教育する者とされる者、される者とする者の実践が共に認識的行動を結びつけ、追求し、行動の受け手にもなる。そして今、その行為自体が調査となる、というような調査であったはずである。

　テーマ調査はモノを扱うものではなく、人間のさまざまな事象にかかわるものを扱うのだから、機械的なやり方で簡単にする、というわけにはいかない。それは探求と認識のプロセスであり、だからこそ創造的なこととなるのであり、主体的に意味あるテーマを一つずつ発見していきながら、順番に問題を読み解き、解釈を深めていくことを目ざすのである。

だからこそ、この調査が批判的であればあるほど、より教育的なものになる。狭く限られた視野や、現実のある局面だけの視野しかもたない現実を「フォーカスして見てしまう」ような考え方は捨て、全体性に目を向けてほしい。

このように、意味あるテーマの探索のプロセスにおいては、そのテーマそのものを問題化するにあたって、どのような懸念事項があるかを当初からはっきりさせておくべきだと思う。それはあるテーマと他のテーマとのつながりという形の懸念かもしれないし、その歴史文化背景という形の懸念かもしれない。

この章のはじめに述べたが、人々に差し出すものとしてプログラムを組むことはできないし、自分だけが重要な調査主体であると思い込んでいる研究者が、あらかじめ定めてしまった視点から、テーマの宇宙の研究を進めることもできない。

教育活動自体と同じように、それに資する調査研究も言葉の本来の意味において、共感的なものであってほしい。それはお互いのやり取りを通してつくり上げられていくものであり、機械的に切り刻まれたものではなく、ただ「きれいに整理」されたものでもなく、常に新しい視点で見たり、存在したりするような複合的なことのうちに成し遂げられる。

この共感的なやり方においては、プロの研究者も一般の人たちも、生成テーマの調査研究ではどちらもプロセスの主体である。

科学的客観性という名のもとに意味あるテーマを研究する調査者は、有機的なものを無機的なものに、今動いているものを静止したものに、生きているものを死に変えようとする。つまり、変革を恐れているのである。そこに見ているものを否定はしないが欲しもせず、命の言葉を聞かず、死の告知、つまり堕落を見る。変化というものを知りたいというときも、そこから刺激を受け、鼓舞され、深化するためではなく、変化を押しとどめるために知るのである。

変化を怖れ、命を閉じ込めようとし、命の輝きをつまらない硬直した枠組みに押し込めてしまおうとして、人々を受動的な研究の対象にしてしまい、変化を見ればそれを死の兆しとして受け止め、命を圧殺してしまう。そういうネクロフィリアの兆候は隠すこともできない。

テーマ調査には、もう一度繰り返すが、人々の考えを知るということが含まれている。その人たちを抜きに考えることはできない。その人たちとは何もないところにひとりでいる人ではないし、いろいろな人とかかわりながら、いつも現実とかかわっている人たちのことである。

私が何も考えなければ、他の人たちが世界をどう考えているかという調査をすることはできない。しかし、他の人たちが考えていないとすれば、私も実は根本的に何か考えている、とはいえないのである。単純に考えても、私は他者を介して考え、他者のために考えるのであり、他者なしに考えることはできない。人々の思考についての調査はもちろん他者なしにはありえない。彼らと共に彼らの思考を主体として行なうしかない。彼らの思考は魔術的であり、ナイーブであるけれど、自らの思考を通して自らが考え、行動を通じ、自ら超えていくしかない。さまざまな概念を消費したり克服するのではない。行為とお互いのやり取りを通じて、考えをつくり、考えを変えていくのである。

人間は「状況」に生きる存在である。時間と空間の条件のうちに身を置いて、その条件は人間を規定し、条件もまた人間によって規定されている。人間は自らの置かれた「状況性」を反映する傾向をもち、その傾向に挑戦し、行動する。この省察は、〝状況性〟に置かれているということを超えたものを意味しており、それが人間の生の基本的姿勢であるといえよう。人間は状況にいるからこそ、そこに存在する人間になる。自分のありようをただ批判するだけでなく、その今いる状況に批判的に行動するようになる。

この状況性についての省察は、存在する条件についての省察である。だれが「状況」について発見したのか、と批判的に問うものである。自分たちの巻き込まれている状況が、厚い雲がかかっているように思われ、出口がないように見えている感覚を克服できると、自分たちの客観的な問題状況を把握できるようになり、コミットメントがもてるようになる。埋没していたところから、頭を出し、覆われていたものを引き剥がして現実に介入できるようになってくる。

介入とは、埋没していたところから頭を出すよりさらに一歩進んだ状態であり、状況の意識化をもたらす。歴史を意識できるようになる、ということである。

意識の進化をいわば意識化するということは、埋没していたところから頭を出すということを特徴づけていることである、といえる。その意味で、意識化の役割をもつようなテーマ探索は、教育的な意味をもつのであり、そういった本来の教育は、思考の探索ともなる。

人々と共にその思考を探索すればするほど、自らをよく教育しているのである。自分たちをよく教育すればするほど探索も続いていく。教育とテーマ探索は問題提起型教育の概念において、同じプロセスの二つの側面といえる。

根本的に反対話的であるために、お互いにかかわりをもたない「銀行型」教育では、教育者は教育の中味を、教育の対象者にせっせと預金するように積み上げようとする。問題提起型の優れて対話的な教育では教育内容は決して「預金」されるようなことはなく、教育されるものの世界のとらえ方から、生成テーマを見出し、それを基礎につくり上げられ、組織されていく。だからこの教育の内容は絶えずつくり変えられ、広がっていく。

対話的な教育者の仕事は、学際的なチームをつくって、探求を行なってテーマの宇宙を探り、論文として発表するというより、問題として本人たちにフィードバックしていくということである。

問題提起型学習の形をとる識字教育やコミュニケーション方法は「生成する言葉[23]」を探し、探索するが、ポスト識字教育では、生成テーマを探し、探索を続ける。

「銀行型」教育ではない、解放のヴィジョンを基礎とした教育内容は、人々に押し付けられたものではなく、逆に彼ら自身や教育者との対話を通じて生まれたものであるから、預金型を止め、彼らの願望や期待を反映したものになることは当然である。そこでは、テーマ探索は教育プロセスと対話の出発点になっているといえる。

この調査において方法論は意識化にふさわしいものでなければならない。例として、農村地域で成人教育のプランをつくる仕事を考える。文盲率が高い。何をすることができるだろう?　プランには識字教育とポスト識字教育の双方が含まれることになる。さしあたり生成語の調査と生成テーマの調査を同時に行なうことになる。それに基づき段階ごとに違ったプログラムを立案することになるだろう。

ここでは生成テーマの探求や意味あるテーマに限って話を進める。[24]既存の資料に基づいてプロジェクトを行なう地域を特定した後、調査者が最初の仕事にとりかかる。

人間を相手にする活動では、さまざまな困難や落とし穴があるのは当然のことである。調査者は地域の人々にはじめて近づくのであり、ある程度危険や困難があるのは当たり前といえる。だからといって、かならず危険や困難があるというわけでもない。

この最初の出会いにおいて、調査者は、気さくに話を切り出せる人、自分がなぜこの地域にきたのかという目的を話せる人を、確保する必要がある。調査の理由や調査の進め方、だれにどのような調査をし、何をしようとしているのか、自分たちがこれからやろうとしていることは地域の人たちとの心の通い合いと信頼関係がないと実現できないのだ、というようなことを、きちんと説明するわけである。

集まりをもつことが受け入れられ、その集まりが実現したときに、調査者のするべきことは、[25]来た人たちに働きかけ、この調査の仕事に参加したい、あるいは調査補助の協力を

23　私の『自由の実践としての教育』参照。
24　生成テーマの扱いについての調査計画については『自由の実践としての教育』参照。

したいという人が出てくるようにすることである。このようにして、調査は、全員が参加する開かれた対話と共に開始されることになる。

地域の暮らしを理解するための必要な情報は、この調査補助の人たちの手で集められることになる。

地域の人々自身の調査の活動と共に、調査者自身の地域探索も始まる。これも誠実で、押し付けがましくはなく、共感的な立場で行なわれなければならない。見聞きしたことを、忠実に理解する態度が必要である。

調査地に行った調査者に自分の価値観があり、観察された事実を見るときにその価値観が影響するのは当然だが、だからテーマ調査を自分の価値観をを押しつける手段にしてもよいということにはならない。現実を批判的に見て、具体的な事実を監察しごまかされない、ということは調査者がもっているべき前提であり、テーマを探求する人々にも共有してもらいたいが、それも押しつけになってはならない。

テーマ調査はそういった意味でも最初の教育的な事業、つまり文化行動として表されていなければならない。

調査地区に何度も訪れるうちに、調査者の批判的「まなざし」ができ上がってくる。地域自体に生きた「コード化」をするかのように、地域は調査者に迫るようになる。だからこそ、地域を全体として見ながら、訪問を重ねるにつれ、地域を「分割する」ことによって、少しずつ分析をすることの意味が重要になってくる。

このように「分割する」ことは時間が経つにしたがって、その全体性に戻ってくるものであり、地域への理解が深まっていく。

この脱コード化の過程で調査者はその地域の生活を直接に観察したり、そこの人たちとインフォーマルに話したりして、より地域を見る眼が行き届くようになってくる。

観察であろうが、その地区の住民たちとのインフォーマルな対話という事実であろうが、「コード化」されたものを脱コード化するプロセスで、ライト・ミルズ[26]のいう、見た目ではあまり重要でないものがノートに記入されていくことになる。人々の会話の仕方、居ずまい、宗教的な儀式での振る舞い方、労働の場での振る舞い方、人々の表情、言語、言葉づかい、修辞や発音が悪いなどというレベルの話ではなく、その様式を通じて人々の思考が形成されている、ということである。[27]

25　「〝テーマ調査〟というものは」、と社会学者のMaria Edy Ferreira マリア・エディ・フェレイラは言う。「人々がもともと持っていたものを人々に返すことで、やった理由をやっと正当化できるようなものだと思う。人々を知ろうとしてすることではなくて、彼らと共に対峙すべき現実を見ることだと思う」

26　ライト・ミルズ、『社会学的想像力』 *The Sociological Imagination*

この生活の脱コード化は、必然的にその地域のそのときに特有の状況把握となる。農作業を何時間も訪ねなければならないし、人々の何らかの形での集会に参加しなければならないし、そこでつかわれている言葉、直接的あるいは社会的な関係性、女性と若者の役割、などを観察しなければならない。余暇の時間に訪問することも大切である。どんなスポーツをやっているのかを記録し、家を訪ねて人々と話したりすることも大事だし、夫婦や親子でのことも記録しなければならない。最初の調査では、すべての活動に注意が払われなければならない。

観察の訪問を行なうたびに、報告書を書き、セミナーを開催してグループで内容を議論してもらうとよいだろう。いわゆるプロの調査者も人々を代表する研究補助員も参加して、この最初の観察結果について話し合うのである。この評価セミナーは参加しやすいように、プロジェクトのエリアで行なうのがよい。

さまざまな調査者の観点はこの評価セミナーミーティングでお互いに知られるようになるのだけれど、大体の観点は一致するものである。例外として、一人ふたりの調査者が印象深い観点を提示することもある。

この評価のミーティングは実際のところ生きたライブで行なう「脱コード化」二段階めともいえる。調査者は自分が経験した現実を自分で「コード化」したものを他の人たちに提示している、というわけである。

結果として一人ひとりが自分が感じたことを、一番印象的だったことをいろいろ話すわけだが、それはその人の見たことの「脱コード化」ともいえる。それぞれ聞く側もみな同じく「脱コード化」しようとしているので、自分が最近見てきたものをもう一度見直すきっかけにもなる。このとき自分が以前見てきたものをもう一度しっかり見る、他の人の「見る」ことを通じて。

このように各自が「脱コード化」することを通じて一つひとつの現実を「分割」していくと、「分割された」全体像を対話的に再現する必要が出てくる。これは調査者に課せられた新しい課題である。それに取り組むために、次の批判的セミナーを開くことが必要になり、そこにも調査者だけでなく人々の代表が参加することが当然必要だ。

27　この意味において、Guimarães Rosa ギマリョイス・ローサは一つの例―しかも天才的な例―を示していると思われる。どのようにして一人の書き手が誠実に発音や文法をさげすむことなくGerais ジェライスの人たちの修辞法と思考の構成を忠実にとらえることができたか、ということである。教育者であるブラジル人Paulo de Tarso パウロ・デ・タッソは先にも引用した価値ある興味深い著作の中で、この Gumarães Rosa について触れ、ブラジルのセルタン（貧しいブラジルの地方の総称）に生きる人々の基本的なテーマを見出していると述べている。

全体を分割し、さらにもう一度全体化し、もう一度精査し、ということをしていると、その地域の人が巻き込まれている主要な矛盾や二次的な矛盾がわかるようになる。

観察に基づいたこの最初の調査が適切なものであれば、矛盾が明らかになり、調査者は教育的プログラム構成の下地をつくることができたことになる。実際に活動の内容が矛盾を反映したものならば、議論なくその地域の意味あるテーマとなる。

実際に、こうしたデータを基につくられた行動計画は、トップダウンでつくられたプログラムの内容よりずっと実現可能性が高い。

しかし、ここに調査者が陥りやすい誘惑の罠がある。実際、基礎として、矛盾に満ちた最初の認識から始まり、より大きなユニットとしての社会とのつながりも見え、地域の人がそれをどう認識しているかを知ることは大切だ。

その状況の底には、これらの矛盾はその地域の「限界―状況」を形づくっており、テーマと取り組むべき課題を内包している。もし、人々がこの「限界―状況」に癒着してしまって、自らを「分離」することができなくなると、そのテーマは必然的に〝運命論〟になり、だからやるべき「仕事」は、なにもないということになってしまう。

よって「限界―状況」が客観的な現実としてあって、個人を刺激するものであるとしても、調査者は人々の意識を共に探る必要がある。

客観的な現実としての「限界―状況」も、一人ひとりがそこから引き出してくるものは異なっており、同じ地域でも異なっていたり、テーマや課題が違っていたりする。だからこそそれぞれに見合うようなプログラムが求められる。

ゆえに、調査者にとって基本となることは、ゴルドマン[28]のいう「現実（事実）意識」と「できるかぎりの可能意識」というカテゴリーである。

「現実意識は、経験的現実のさまざまに異なる要因が、この可能意識の実現に対して向けたり加えたりする多様な障害や逸脱の結果である」。つまり、「現実意識」のレベルでは人々は「限界―状況」の先にある「未然の可能性」を認識することはできないということである。

だからこそ、私たちにとって「未然の可能性」（「現実意識」や事実の意識のレベルではわからないもの）とは、前には認識できなかったものが、「実現する行為」のなかではっきりとした形をとってくることである。「未然の可能性」と「現実意識」、そして「実現する行為」と「できるかぎりの可能意識」という対同士になんらかの関係がある。

28　Lucien Goldmen リュシアン・ゴルドマン、『人間の科学と哲学』*The Human Sciences and Philosophy* Londres: The Chancer Press, 1969, p.118

「可能意識」（ゴルドマンによる）はニコライのいう[29]「知覚されていない実践的解決」（われわれのいう「未然可能性」）に似ているといえるし、逆に「知覚された実践的解決」や「現実的に事実に基づく解決」は、ゴルドマンの「現実意識」（あるいは事実意識）に対応しているともいえる。

以上のことで、調査の第一段階として調査者たちが一連の矛盾を大体の感じでつかんではいても、教育プログラムの内容構成自体をそこで組み立てるわけにはいかない、という理由がわかるのではないだろうか。

つまりそうやって、調査で大体わかったというのは調査者がわかっただけであり、現実に向き合っている一人ひとりが共有している視点ではないのである。

調査の第二段階は調査者がデータを集め矛盾を理解していくというところから始まる。ここからは、常にグループとしていくつかの矛盾を取り上げ、テーマ調査のためにコード化していく。

コード化は（絵や写真を使うが、写真がとくに好まれることもある）[30]、調査主体である人々が脱コード化し、批判的分析をしていくことを仲介するものだから、その準備にあたってある程度の原則に従ってもらうことが必要になり、ただ視覚補助教材を飾り付けていくこととは異なるものである。

コード化にあたってまずあげるべき条件は、テーマ追求にあたり一人ひとりが、よくわかるような状況を提示することである。彼らにわかるようなものを提示することで、そこにいる自分たちを認識できる。

調査のプロセスにあっても、その次のプログラム内容を意味あるテーマとして議論していく段階にあっても、一人ひとりがまるで知らないような現実を、状況として提示することは避けるべきである。

そういったやり方も、一人ひとりがなじみのない現実を分析し、自分たちと比較することによって自らの限界を発見するというように、弁証法的にいえば不可能なことでもない。しかし、個人が現実に埋没してしまっている状態では、そういうことはできない。そういう場合には、自らの置かれている現実を分析し、以前に自分がもっていた認識を振り返り、間違って認識されていた現状に新しい認識をし直すことが必要だからである。

29　André Nicolaj アンドレ・ニコライ、*Com portement Économique et Structures Sociales*（『経済に関する態度と社会構造』）、Paris: P.U.F. 1960

30　コード化は口頭で行なうこともできる。この場合、調査者が短い言葉で村に現在ある問題を提示し、「脱コード化」につなげていく。チリの農業牧畜研究所（Instituto de Desarrollo Agropecuário）のチームは、テーマ調査においてこの方法を用いて肯定的な結果を報告している。

準備するにあたって、このことに劣らず重要なのは、コード化できないような状況が現れたときに備えて準備をしておくことである。ある意味ではそれは、テーマが度を過ぎてあからさまであるようなこと、あるいは度が過ぎてわけがわからないようなこと、のどちらをも避けるということである。前者の、テーマが度を過ぎてあからさまなときには、プロパガンダのようなコード化になってしまう危険があり、一人ひとりは彼ら自身の脱コード化ができなくなり、明らかに操作されてしまいかねない。後者の、テーマが度が過ぎてわからないときには、〝ほら、当ててごらん〟などというお遊びや、「ジグゾーパズル」のようなものになってしまう危険性がある。

現在ある状況を提示するときには、コード化は複雑さのうちにも、シンプルなものであることが必要である。そうすることで脱コード化における多様な分析が可能となり、コード化がプロパガンダ的になったり、一人ひとりが別の脱コード化ができなくなったり、操作されたりしてしまうことを避けることができる。コード化は、スローガンづくりではなくて、認識対象をつくっていくものであり、脱コード化する主体の批判的省察を呼びさまそうとする挑戦である。[31]

脱コード化のプロセスにおいて多様な分析を可能にするために、コード化する際の要素の構成は、「テーマという扇の要」のようになっていなければならない。このようにすれば、自分たちがそれを脱コード化して批判的省察を始めるときに、まるで「扇を開いていく」かのように、他のテーマに向けて開かれていくのである。

このように開いていくときに、テーマ内容があまりにあからさま過ぎても、あまりに謎めいていても、うまくいかないものだし、反対のことを認識していく弁証法的な関係性もとらえ切れなくなる。

この基本的な決まりを踏まえるために、現実の状況を映し出すコード化は、全体性をもった対象として提示されなければならない。そうしてこそ、それぞれの要素が相互にかかわり合い、全体性を生み出すことができる。

脱コード化の過程で、一人ひとりは自らのテーマを表し、客観的に自らの「現実意識」を提示することになる。そうすることで分析された状況をどのように受け取り、生きてきたかを認識することとなり、以前の認識とは異なるものをもつことができるようになる。

31　コード化は、一方で「はっきりした、あるいは現実的な内容」としての事実と、それを分析する「理論的文脈」を媒介するものである。他方では、教育する者とされる者、および教育される者とする者がそれを介して批判的省察を行なう認識対象である。
私の『自由のための文化行動』参照。

以前にどういうふうに認識していたかということがわかってくると、現実は異なったものとしてとらえられるようになる。認識の地平が広がり、より楽に克服できるようになり、「深いビジョン」で、ある次元と他の現実の弁証法的な関係が理解されるようになったりする。

脱コード化はその根本において、その主体の認識行為であり、脱コード化する主体自らに向けて行なっているものであるから、今コード化されている現実を、従来自分がどのように把握してきたかも明示されることになる。

以前もっていた認識を認識し、以前もっていた知識を知覚する、ということを進めていくと、このやり方での脱コード化は、新しい認識や新しい知識を呼び覚ますことになる。新しい認識と新しい知識は、この調査の開始と共に、まずはつくり上げられていくが、それが続いていくと、次には教育計画の策定にシステマティックに引き継がれ、「未然の可能性」を「実現行為」に変え、「現実意識」を克服し、「できるだけ可能な意識」へといざなう。

このようなことを考えていると、コード化の準備にあたって、もう一つ必要なことがあることがわかってくる。つまり、ジョゼ・ルイス・フィオリ[32]がいうように、コード化が表す矛盾はできるだけ他の矛盾を「内包する」ようなものであるべきだ、ということである。

コード化は調査地域の矛盾のシステムをできるだけたくさん「内包」しているものが望ましい。そのようにするためには、「内包的」コード化を準備するにあたり、脱コード化の過程で「テーマの要」が「扇のように開いていく」ように、一つの表示のうちに弁証法的に「内包」されるような場面を用意しておく必要がある。最初の脱コード化が、弁証法的により明確に照らされ、次の脱コード化に向かうように。

この意味で若いチリ人ガブリエル・ボーデ[33]は、ポスト識字教育の仕事を通じて、この方法を使い、重要な貢献をした。

ボーデはプロジェクトをやっているときに、農民たちが自分たちの日常にはっきりと直接関係があることがコード化されているときにしか議論に興味を示さないことを観察した。どんなに教育者が会話を盛り上げようとするようなコード化を提示しても、自分たちの必要からかけ離れたような脱コード化であると、みんな黙ってしまい、無関心になってしま

32　未発表
33　Gabriel Bode はチリの最もすぐれた政府研究所の一つである農業牧畜研究所（ＩＮＤＡＰ）の専門職員である。この機関は本質的にヒューマニストとして自らを形成してきた経済学者 Jacques Chonchol ジャック・チョンチョールの影響下にあった。

うのである。

また、コード化が農民が感じているであろうニーズと直結していたとしても（ジョゼ・ルイス・フィオリのいう「内包的」ではないコード化の場合）、分析のプロセスにおいて集中できなかったり、議論が「散漫」になったり、とりとめのないものになってしまうことも少なくなかった。そうなると、自分たちの必要だと感じていることと、客観的な物事の遠因や近因との関連もまったくわからないか、あるいはすこししかわからないか、ということになってしまう。

彼らには「未然の可能性」どころか、このような状況をもたらしたものである「限界―状況」の認識すらもまだ欠けているのである。眼前にある現在の状況を超え、全体性をもった意識に至ることができないのだ。

そこでボーデはいくつかの状況を同時に（訳者注：おそらくは、絵や写真で）提示することをやってみることにした。彼がここでやったやり方は、大変重要な貢献をすることになったものである。説明してみよう。

まず、現在ある場面をコード化したもの（とてもシンプルなものがよい）を提示する。このコード化を「本質的な」コード化と名づけ、これが基礎となり、そしてテーマの扇の要をなすものとなる。そこからテーマが他に向けて広がり、それを「補助コード化」と呼ぶ。

「本質的な」コード化を行なったあと、意識をそらせないためにその場面の絵や写真は提示しながら、他方で「補助的」なコード化（訳者注：これもおそらくは、絵や写真）を次々に見せる。

このようにすると、「本質的」なこととの関係を直接もちながら生き生きとした興味をもちつづけ、議論の焦点が「ぼけることなく」論点が形成されていく。

ガブリエル・ボーデの重要な発見は「本質的」なコード化と、「補助的」なコード化の弁証法的な関係を生かし、一人ひとりの全体性という意味においての認識を提示することができたことだろう。自らの必要性の実感のみによる現実に埋没していたところから抜け出し、なぜ自分たちの生活実感がそうであるのかという原因に思いを致せるようになった。

このようにすることで「現実意識」を乗り越え、「可能意識」により早く到達することができるようになるのである。

これこそが私たちがやろうとしている問題提起型教育の目的なのだから、その実現のための準備でもあり、プロセスでもあるテーマ調査が、その目的を失うようなことがあってはならない。

学際的なチームでコード化を準備し、そこにあるテーマをいろいろな角度から研究した上で、調査者は、調査の第三段階に入る。再び地域に戻り、「テーマ調査サークル」において脱コード化した会話を始める。[34]

このサークルをやっていくうちに、先につくったマテリアルを脱コード化するわけだが、[35]そこでの議論は録音し、後に学際的なチームで分析する。この教材分析のミーティングに調査補助員、人々の代表その他、「調査サークル」の参加者も参加してもらうべきである。彼らの参加は彼らの権利であるだけでなく、専門家による分析作業にとっても不可欠である。調査の主体にとっても専門家にとっても、このデータの扱いについては、調査結果の解釈をめぐって、それらを修正する者であると同時に承認する者である。

方法論的な観点からいえば、最初から先述したような共感できるよい関係を基礎としていることが、調査にとって、最も基礎的なことでデータの信頼性を高める。人々の代表が批判者として立ち会うことは、調査の最初から最後までとても重要なことである。テーマ分析から、自由のための文化行動である教育プログラムの内容策定まで。

「テーマ調査サークル」における脱コード化のミーティングには、脱コード化の補助作業にあたる調査者の他に、教育学者と社会学者のふたりの専門家が参加するが、彼らの仕事は、脱コード化のプロセスで起こっている人々の反応で明らかに重要なことも、明らかにそんなに重要そうではないこともすべて記録することにある。

脱コード化のプロセスにおいて、その補助をする調査者は、ただ一人ひとりの言うことを聞くだけでなく、コード化された現在の状況や対話の内に起こってくる解釈を、適切に問題化することにより、議論になるよう水を向けていく。

このようにして「テーマ調査サークル」の参加者たちは、カタルシス的な方法論の力により、自らの感情や、意見や、自分や世界や他者について、環境が違えば決して口にはできない思いを吐き出していく。

サンチアゴで行なわれた調査（残念ながら、この調査は最後までやり遂げられなかった）のときのことである。「スラム」に住む人たちのグループがあるシーンについて論じている。酔っ払った男が道を歩いている。街角には3人の若い男たちがおしゃべりをしているのが見える。調査サークルの参加者たちは、はっきりと言う。「ほら、このなかでちゃんと働いて国のためになっているのは、この酔っ払いだけだ。仕事に行って家に帰る途中なんだ。大した金も稼げず、家族のことでまいってる。給料が少なくて家族を食わせられない。あ

34　José Luis Fiori ジョセ・ルイス・フィオリがすでに論文でいっているように、「テーマ調査サークル」という名称は、意味あるテーマを調査する段階での名で、以前「文化サークル」といっていたが、相応しくないので変更したものだ。「文化サークル」は調査の次の段階でもたれる会合であり、混乱を招きやすい。

35　各「調査サークル」は最大20人の構成で、多くの会合を重ね、地域やそれより小さい集落からできるだけ多くの参加者を募ることができるように配慮しなければならない。

いつだけが働いてるやつだ。俺たちみたいにね。おれたちも似たような酔っ払いだしな」
以前の論文で言及したこともある精神科医の調査者パトリシオ・ロペスはこのことに興味をもち、アルコール依存症の問題を研究することになった。おそらくこういった参加者の反応は、調査者がつくった調査ガイドを使って誘導的に行なわれていたら得られなかったような答えだと思う。直接にこういったことを聞かれたとしても、おそらく否定しただろうし、ときどきやけで酒を飲むことも否定していたことだろう。ある現存する状況のコード化されたものを前に、自分とその対象を同じであると認識し、自分と調査者の間に対話的な関係ができ上がったので、自分が感じたことを話すことができたのである。

この男たちの発言にはふたつ重要な側面がある。一方では、低い収入で、搾取されていると感じていて、「まったくやっていけない給料」で、酒に飲まれてしまう、という面。酔っ払うということは、現実から目をそらすことで、自分が何もできない欲求不満を解消しようとすることである。しかし、この解決は根本的に自己破壊的である。しかし、もう一方、飲むことの必要性と価値について語らずにはいれらない。「国のために役に立ってるのはあいつだけだ。だって働いているんだから。他のやつらは文句言ってるだけだ」。酔っ払いをもち上げ、労働者として、酔っ払いとして自分と同じだという。つつましい労働者たち。

ちょっと想像してみよう。ニーバーが[36]「モラリスト」と呼ぶようなタイプの教育者がアルコール依存症を批判し、美談にもならない美談を例示しはじめたとしたら、そういうことは絶対に成功しなかっただろう。

この場合もそうだし、他の場合であっても同じなのではあるが、私たちが追求しなければならない唯一の道は状況を意識化することであり、それはテーマ調査からずっと一貫していることである。

意識化というのは明らかにその状況にある主体をストイックに純粋に認識することではない。むしろ逆で、自らの人間化を疎外するものに対して、闘うことができるような活動計画ができるように整えていくことである。

もう一つ別の例をあげてみる。農民との会合で農作業についての状況を討議していたときのことである。論議の中心は、賃金の要求と団結の必要性と、賃金要求のためには組合をつくらなければならないというもので、その他のことではなかった。

このミーティングでは三つの場面がいつも議論に上げられたが、話題は一貫して同じだった。賃上げ要求、そのための組合結成、であった。

36　ラインホルト・ニーバー前掲書。

さて、もう一度想像してみよう。ある教育者が「教育」プログラムを用意し、このような議論をする代わりに、いわゆる「良さそうなこと」についてテキストを読むというようなことを提案したとする。そこで現実とかけはなれた天使のような「翼ある鳥」といった話をする。

冗談のような話であるが、教育においても政治においてもよくある話で、テーマ調査から始める対話的な教育ができなくなるのである。

最後の段階になるが、調査者たちがサークルにおける脱コード化のミーティングを終え、それらの結論についてシステマティックで学際的な研究が必要になってくる。

まず最初に録音されたものを聞き、脱コード化のうちになされたことを確認する。そして、脱コード化のオブザーバーとして参加していた心理学者や社会学者がメモしたものを検討し、「調査サークル」で出てきたいろいろなテーマのうち、明らかなものも、あまりはっきりしていないものも含めて一覧にしていく。

これらのテーマは、いわゆる一般的な学問分野として分類されるわけだけれども、これは将来プログラムとしてでき上がったものを専門別に再分化するためにやっているのではない。それぞれのテーマにはその中心となる専門の視点というものがあり、状況によってそれに相応しい分野で専門的に検討するのがよいと思うからである。

たとえば、開発ということがテーマだとすると経済学の分野という感じがするが、それだけではない。文化変容、行動変容、価値の変容といったことに関心を寄せる社会学、人類学、社会心理学から見ることも大切だろう。開発の哲学という視点もあると思う。この問題の意思決定について興味があるのならば政治学の観点も必要だろうし、教育学の観点もかかわる。

このようにして、全体性のうちに把握されたこれらのテーマを狭い分野に当てはめるようなことは避けたい。現実を他の視点で見るという豊かな解釈をした後に研究者が専門の壁の中でその豊かさを失い、力が「無為」になり、無味乾燥になるのは本当にもったいないことだ。

テーマ分類ができたら、それぞれの専門家は自分の領域でどういうことをやるか、それぞれのチームが自分たちのテーマに「落とし込んだもの」を学際的なチームで検討する。この「落とし込んでいく」プロセスにおいて、専門家は自らの拠って立つところの核を決め、どういう学びがあったか、どういうシークエンスがあったかを決め、「落とし込まれた」テーマに一般的なビジョンを提供するようにする。

それぞれの専門的なプロジェクトの議論には、さまざまな専門家の提案が寄せられていく。テーマを「落とし込んでいく」過程そのものに手を加えるものだったり、「落とし込んだ」テーマについての意見を小さな仕事としてまとめるときもあり、いろいろである。

引用文献などを付けたこういった小さな論文は、「文化サークル」で教育者と非教育者が関係性を立ち上げていっしょに仕事をしていく大きな助けとなるだろう。

このようにして意味あるテーマを「落とし込んでいく」努力を進めていくと、調査をしているときに、人々の間から出てきたものではないのだが、非常に重要なテーマが出てくることがあり、研究チームはそれを認めないわけにはいかない。

このようなテーマの導入は、すでに何度も述べてきた教育の対話性という意味から必要なことである。教育プログラムが対話的なものであれば、テーマがもともと提案されたものではなくても教育者と被教育者の関係から出てきたものには意味がある、と考えられると思う。こういったテーマをその機能から、「ヒンジ（蝶番）的テーマ」（テーマ同士を結びつけるもの）と呼ぼう。

つまりこういうことである。ヒンジ的テーマが、あるプログラムのうちの二つのテーマの関係性を理解したり、その二つのテーマの間にある隙間を埋めていったりする。それ自体が、プログラム全体の内容と人々がもっている世界観との関係についての認識を深めることになったりする。よって、こういうヒンジ的テーマがテーマユニットの「顔」として最初に現れることもあるわけだ。

文化の人間学的概念はこのような「ヒンジ的テーマ」の一例だと思う。人々がすでにもっている世界観とプログラムをつなげていく。世界における人間の役割と、世界と共に生きる人間の役割は、世界への適応ではなく世界の変革であるという理解を明示していくことである。[37]

調査テーマが「落とし込まれ[38]」たら、次の作業はその「コード化」である。これやあれなどいろいろな「落とし込まれ」たテーマの表現には、よりよいコミュニケーションの媒体を選ぶことが大切である。ある「コード化」はシンプルなこともあるし、複数のこともある。シンプルなときは視覚的なものを使うことが考えられ、絵やグラフィックスといったもの、手で触れられるもの、視聴覚メディアといったものが使われる。複数のときは、いろいろなメディアを併用する。[39]

絵やグラフィックスのような視覚メディアの選択はコード化の素材によるというよりは参加する人たちによって決まる。読むという経験のあるなしが考慮されるべきである。

テーマが落とし込まれてコード化も終わりプログラムが形になってくると、どのような教材を使ってわかりやすくしていくか、という段階となる。写真、スライド、フィルムク

37　文化の人間学的概念分析の重要性については、私の『自由の実践としての教育』を参照のこと。

リップ、ポスター、読み物、などである。

これらの教材をつくっていくにあたり、テーマあるいはテーマのいくつかの視点について、できることなら録音機を使って調査メンバーの一人が専門家へのインタビューを申し込むのもよいと思う。

どのテーマでもいいわけだが、たとえば開発の問題を取り上げてみよう。異なる学派に属する専門家（経済学者）を2、3人選び、この仕事について大体説明したあとで、インタビューを試み、人々にとってわかりやすい言葉で自分の専門から貢献できることを話してもらう、ということをやるわけである。専門家が引き受けてくれたら、10分か15分くらいのインタビューを行なう。話している様子を写真に撮らせてもらうのもいいと思う。このインタビューを人々に見せるときには、その前に彼はだれで、どういう人で何をやっているのか、何をやってきた人なのか、どういうものを書いている人なのかを説明できるとよい。写真をスライドにするのもよい。専門家が大学教授ならば、大学教授はどういうことをするのかを話してもらうのもいいし、人々に自分たちの地元の大学とはどういうふうに見えるかということを話してもらうのもよい。彼らから見て大学とはどう見えるのか、大学に何を期待するのか、といったことである。

インタビューを聞いた後で、その内容について議論することもあるだろうし、その議論

38　プログラムを見ていくと、以下のようなことが観察される。それぞれのプログラムは一つの自律した全体性をもっているものである。同時にその自律性はプログラム内のそれぞれのユニットの関係性に担保されているものである。そのユニット自体もまたそれだけで全体性をもつものであり、大きな全体性のうちの部分をなすものでもある。テーマもまた、それぞれに全体として完結しているものでありながら、同時に全体の部分でもあり、テーマのそれぞれのユニットが関係しながら全体を構成しているのである。
テーマの「落とし込み」は全体としてのテーマを「分割」するという作業だと思ってもらってよいが、その作業は基本的な「核」を探すようなものであるといってよく、その核もまた、分割されたテーマの部分ともいえる。このようにテーマの「落とし込み」とは、テーマを部分に分割した後、さらに全体としてのテーマに立ち戻り、再認識するという作業でもある。

「コード化」のプロセスでも、分割されたテーマをふたたび全体化して、現存する状況を表すようなコードをつくっていく。

「脱コード化」を行なう段階では、一人ひとりは全体としてのコード化を分割しつつ、それぞれのテーマや、あるいは暗示されたテーマを読み取ることになる。この「脱コード化」のプロセスは、いわば弁証法的に進行し、テーマの全体性のコード化によって行なわれた分割で作業を終えるではなく、分割された全体を再統合し、いっそう明らかにコード化された他の状況との関連性を認識し、現存するすべての状況を理解するようになる。

39　コード化
- a）単一
  - 視覚的メディア
    - 絵画
    - グラフィックス
  - 触覚的メディア
  - オーディオメディア
- b）複合　多くのメディアの同時使用

が聞くことによるコード化という機能を果たしていることに気づくこともあるかもしれない。

インタビューの後の議論は、後に調査チームによって人々の反応と言葉として専門家にフィードバックされることになる。こういうことをすることにより、往々にしてよき意思はあっても、あるいは、よき意思があるからこそ、人々の現実からかけ離れていくこともある知識人を、現実に結び付けていくこともできる。知識人がどういうことを考えているのかということを知り、批判的に見るきっかけを人々につくることにもなる。

テーマのいくつかや、テーマのうちの核となる部分のいくつかを、ドラマ（劇）の形で提示することもできるが、その劇ではテーマを示すだけで、答えは含んではいけない。

劇にしていくことで問題ある状況のコード化として機能することもあるし、内容をよく議論できるようになることもある。

「銀行型」教育ではなく、問題提起型教育のビジョンをもつような手段として、雑誌や新聞の記事や本の一節を読んで議論したりすることもあるだろう。前にあげた専門家のインタビュー録音のときと同様に、記事や本の一節を紹介する前に、著者はどういう人なのか、一言加えることは必要なことである。その後で読んだものの内容について議論を進めるのがよいだろう。

読み物を使った同じ方向の作業として、同じ事件を取り扱ったいくつかの新聞記事の内容を分析してみることも欠かすことのできない重要な作業だと思う。同じ事実がなぜ新聞によってこんなに違ったふうに書かれるのか？　そのようにすることで人々は批判精神を身につけ、新聞を読んだり、ラジオを聴いたりするにあたり、ただそこで流されている情報を受け取るだけの受動的な姿勢から、自由を求める意識的な主体となっていくのである。

これらの教材を用意するにあたり、すべてのテーマについて教育者のチームが手引書を用意するのはよいことだと思う。そのようにすることで、システマティックで行き届いた方法で人々にテーマをフィードバックすることができる。もともと人々のものであったテーマはこのようにフィードバックされることによって、「読み解かれるべき」ものとなり、ただ内容を注ぎ込まれるようなものとは違ってくる。

教育者たちの基本となる最初の仕事は、現場の人たちにこれから始めるプログラムの概要を紹介することにある。プログラム自体、人々のうちから生まれたものなので、違和感をもたれることはないだろうと思う。

教育の対話性に基づいているので、教育者たちはプログラムのうちに「ヒンジ的テーマ」があることと、その意味について説明をすることになる。

しかし、ここで紹介しているような、あらかじめ行なうべきテーマ調査や分析ができない場合にはどうすればよいのか？

　現実について最小限の知識しかないとき、教育者がとることができる手段は「調査のためのコード化」として使えそうな基礎的なテーマをいくつか選ぶことだろう。導入的テーマによる計画により、プログラムを膨らませるような調査テーマを見つけていくことができるだろう。

　先述した文化の人間学的概念は、そのようなテーマの中でも中心となり、欠くべからざるものである。農民であれ、都市の人であれ、識字教育のプログラムであれ、ポスト識字教育のプログラムであれ、もっとよりよく知るための議論のきっかけとなるのは、この文化概念の検討である。

　文化の世界を議論していくと人々の現実に対する意識のレベルがはっきりと見えてきて、そこにさまざまなテーマを見つけることができる。現実の他の側面にも言及できるようになると、批判的な視野がどんどん育っていく。これらの側面がさまざまなテーマを含んでいることもわかってくる。

　今日までの経験からいうと、文化概念が大枠においても、さまざまな次元においてもよく議論できていると、教育プログラムに向けてのさまざまな視点が現れてくる。しかし、あるテーマに関する間接的ともいえる把握の後、教育者が「文化サークル」参加者と水平的な関係をつくることができたら、以下のような直接的な質問も出るだろう。「なにかこれではない、別のテーマで議論することはないでしょうか？」というような。反応を見ながら、テーマに関する反応を書き出していき、グループに問題として提示するのもよい。たとえばあるメンバーが「ナショナリズムについて話し合いたいのだけれど」と言ったとすると、「いいですね（と教育者は言って提案を膨らませていく）」「ナショナリズムとは、では、どういうことでしょう？　どうしてナショナリズムのことで議論したいのでしょう？」

グループから提案された意見を問題化することで新しいテーマが出てくることはよくある。そのようにして、みなが意見を言うことにより、教育者は一つひとつ問題化していき、グループへの提案が生まれていく。

たとえば、ある地域で同じ夜に30の「文化サークル」が催されていたとする。それらのサークルのすべての「コーディネーター」（教育者たちのことだが）が、研究すべき豊かなテーマ素材をもち帰ることになる。そのうちには、意味あるテーマの調査の最初の仮説など、重要なことが記されているものだ。

「銀行型」ではない解放の教育の観点から見て重要なのは、どのような場合においても、人びと一人ひとりが考える主体として自分を感じていること、自分の思いを議論できること、自らの世界観をもてるということ、自分の提案を自由に表して仲間と共に議論できるということである。

なぜならプログラムというものはもち込まれるものではなく、人々との対話のうちに探求されるものであるという信念が、この問題提起型教育のビジョンというものであり、構築されていく被抑圧者の教育学の最初のページに書かれるべきことであるからだ。

第四章 反－対話の理論

A TEORIA DA
AÇÃO ANTIDIALÓGIA
PEDAGOGIA
DO
OPRIMIDO
PAULO FREIRE

この章では反―対話と対話のマトリックスから始めて、文化行動の理論について分析したいと考えている。これまでの章ですでに書いたことの確認になることが少なからずあると思う。

繰り返しになったり、先述した点に戻ることもあるだろう。繰り返してしまうのは、その点について深く掘り下げたい、ということもあるが、新しい論点をはっきりさせるために必要だからということもある。

そういうことを頭に置いていただいた上で、人間とは実践する存在である、ということからこの章を始めよう。人間は〝何かを欲して活動する〟存在であり、その点において〝純粋に活動のみをする〟動物とは違う。動物は世界を「思いをもって見る」ことはない。世界に埋没している。人間はそれと反対に、何かを欲して、行ないたいというような存在であるから、世界から「抜け出し」、対象化し、認識し、自らの働きで世界を変えていく。

動物は労働はせず、それぞれに独自の「環境」で生き、そこを超えることはない。それぞれの動物にはそれぞれに対応する適応「環境」というものがあり、自分たちの置かれている「環境」についてお互いが連絡を取り合ったりすることはできないのだが、人間にとってはその生きる「環境」は自分にとっても他者にとってもオープンなものである。

人間が何かを欲して行なう存在であるとするならば、人間として行なうことというのは、行為と省察に他ならない。それが実践である。世界の変革なのである。欲して何かを行なうということは実践であり、どのようなことをやるにせよ、その行為に光を与える理論が必要になる。欲して行なうこととはつまり、理論と実践ということだ。省察と行為ということ。前の章でも強調してきたことではあるけれど、この省察と行為ということをただの言葉として過小評価してはならず、単なる言葉遊びや行動主義に矮小化してはならない。

よく知られているレーニンの主張[1]、「革命理論なしには革命的行動はない」という言葉は、言葉遊びや行動主義の先には革命はなく、実践と、そして現在の社会構造を変革しようとする省察と行動のうちに革命的行為はある、ということを示している。

ラディカルに仕組みを変えていく変革のための努力は何か行為を欲して行なうひと握りのリーダー格の人間と、純粋に行為のみを行なうにすぎない存在にされている数多い被抑圧者たちによって行なわれる、ということではない。

被抑圧者とその解放に対してコミットメントをもとうとする人たちにぜひ求めたいのは、勇気ある省察をもちつづけること、まずそれだけである。

1　Lenin, Vladimir ウラジミール・レーニン、『何をなすべきか』*What is to be done?* in Essential works of Lenin, Henry M. Christman ed. New York, 1966, p.69

もし被抑圧者の現実を変革するコミットメントがはっきりとあるのならば、変革のための行動を支える理論を必要とするだろう。その理論は、変革のプロセスにおいて被抑圧者自身がどんなに重要な役割をもっているかを再認識させるものとなる。

リーダーたる者は、被抑圧者をリーダーが決めたことを単に過不足なくやってのけるだけの人間にしてはならないし、自分たちがやっていることに何の省察ももたない単なるアクティビストにしてしまってもいけない。リーダーたちを見て、被抑圧者が自分が行動しているかのような幻想をもつとしたら、もともとそうしたことの廃絶を目ざしているような人たちによって、依然として状況が維持されているということになる。

だから、被抑圧者の本当の意味での実践をリーダーが否定するということは、リーダーは自らの内面を空にしていることと同じで、結果として自分たちをも否定するようなことになる。

このような形で自分の言葉を相手に押し付けているうちに、それらの言葉は虚偽の言葉となり、支配の性格をもつようになってしまう。こういったプロセスでは、やっていることと、掲げている目標が矛盾してしまう。被抑圧者との対話なしには本来の意味での実践ということが、抑圧者にとってもリーダーにとっても存在せず、矛盾に陥るというわけだ。

彼らの欲する仕事、つまり行為と省察は、他者の行為と省察なしにはありえない。自分のコミットメントが解放ということであれば、それなしにはありえないのである。

変革のための実践は、支配エリートの実践とは異なる。やることが反対のことなのだから、当たり前のことである。革命の実践として絶対にやってはならないことは、リーダーの実践と抑圧された人々の実践とを二分する、というばかばかしいことをしてしまうことである。そのようにしていくと、ただリーダーの決定に付いていくことが被抑圧者の実践になってしまう。

支配の状況にあっては、この二分化は必要不可欠のこととして存在しており、そうすることによって支配するエリートが指示を出し、支配される人々がそれに従う、という図式ができ上がる。

革命的な実践は二分されることなく一つのものであるから、抑圧された人たちをあたかもモノのように扱うことはできない。そういったリーダーシップはだからといって、状況をまとめ上げていく責任が少なくなっていくわけでもなく、場合によっては指揮する必要がありはするけれども。

大衆操作や、スローガン化、抑圧された人を何らかの考えの「容れ物」のように扱い、教え込むこと、上意下達なやり方、単なる指令、それらはどれも革命の実践とは縁遠いものである。そういったやり方はすべて、支配するものたちのやり方である。

支配するためには、人々を本来の意味での実践から否定することしか方法はない。人々が自らの言葉を発する権利を奪い、自分の頭で考えていく権利を奪うのである。

一般の人々には、もともと世界を「熱い思いで見」たり、世界を告発したり、疑問をもったり、ヒューマニゼーションのために世界を変革したりする必要もなく、ただ支配者のやり方に適応するのが現実というものだ、と支配する側は思う。だからこそ、支配する側の論理では、すべてのことは対話的にならない。人間と世界、つまり世界と人間とのかかわり、人間と人間とのかかわりを問題にするということがない。問題を対話的にとらえようとすれば、あるいは、支配者が支配される者の立場に立ったとしたら、それはもう支配者とはいえないか、ただ自分にとってひどい間違いをしてしまったかのどちらかである。間違ってやってしまったとして、こういうやり方を続けるとすれば、それはずいぶん高いものにつく。

同じように、変革のためのリーダーが人々に対して対話的でなかったり、自らの「内」に支配者の「影」を維持しながら、革命的でなくなるということ、それもまたひどい間違いを犯しているということであり、議論がないほど病的セクト主義に陥ってしまったりしては、もはや革命的とは呼べない。

もしそういう革命指導者が権力をもったならば、その革命はすでに反―対話的なものになることは疑いがないと思う。

反対に、革命のリーダーと抑圧された人々との間の対話性は、抑圧者の解放を求めるすべてのプロセスにおいて重要であり、抑圧の現実と向き合い、そこを超えていくために必要なこととなる。変革の主体としてより批判的な意識をもつプロセスにしっかりとかかわっていくことが必要である。

中途半端でどっちつかずな存在として、[2]半分は自分自身であるけれども、半分は抑圧者を「宿した」まま、被抑圧者が押し付けられている現実を中途半端に生きるとしたら、それはただ、単純に権力を得ることを求めているだけのようにしか見えない。

こういった二分化や両義性というものこそ、セクト主義を生み出しやすいし、あるいは生み出すことを助けてしまうし、変革のうちに容易に「官僚主義」を生み出すことになってしまう。こうしたことに気づかないでプロセスを進めていくと、革命への「参加」は、

2　革命のリーダーが抑圧者のやり方を繰り返すわけにはいかないもう一つの理由をあげよう。抑圧者は被抑圧者に「浸透」し、被抑圧者のうちに「巣くって」いるわけだが、革命のリーダーが被抑圧者との実践において、被抑圧者のうちに「巣くう」ようなやり方を今一度やるわけにないかないのである。反対に、被抑圧者と共に彼らの「望み」を探しながら、彼らと「共に生きる」ためであって、彼らのうちに「巣くって」生きるためではないのである。

革命というよりも報復[3]の意味合いが強くなってきてしまう。

革命が抑圧のプロセスにもなりうるし、解放に至る道にならないことだってある。第一章ですでに述べているが、革命を私的な革命にしてしまうという被抑圧者の傾向について、今一度はっきりさせておく必要があるだろう。

もし、革命指導者がこのような形で、抽象的ではなく確固としたヒューマニズム的視点をもってしまったら、ずいぶんと困難や問題に直面することになるだろうし、抑圧された人々のために革命をやるのだという〝よき意思〟をもってやればやるほど、いっそう困難や問題に直面することになる。つまりこれは、そもそも人々と共にやるものである革命を、人々なしに行なってしまうこと、つまり、人々を抑圧した人たちが使ったのと同じプロセスを踏襲していることになる、というわけである。

一般の人たちとの対話こそが、本来の意味でのすべての変革に、どうしても必要なものなのだ、と私たちは心から信じることになった。対話あってこその変革である。クーデターで、抑圧された人たちとの対話が成り立つと思うのはあまりにナイーブである。クーデターに期待できるのは自らの正当化か、力による押さえ付けだけである。

本当の意味での革命ならば、遅かれ早かれ、一般の人たちとの勇気ある対話を始めることになる。革命の正当性は、人々との対話にあるのであり、人気取りや、うそのうちにあるのではない[4]。

人々が生き生きと自分たちの思いを表したり、権力に効果的に参加しようとしたりすることを怖れてはならない。そういうことを勘案しないままにしてはいけない。リーダーの確信や、失敗や、誤りや、困難について、自由に語る雰囲気が必要だ。人々との対話を始めるのが早ければ早いほど、変革も早く成し遂げられる、と信じている。

変革のための最もラディカルな条件であるといえる対話は、もう一つのラディカルな条件と呼応し合っている——すべての人がそれなしには存在することのできないコミュニケーション、つまりお互いの交わり合いにおいて呼応している。こういった意味でのコ

3　被抑圧者の側にしてみれば、今までずっと搾取の体制にあって貶められてきたのだから、革命の闘いのうちにあって、報復の思いが出てくることは理解できるのだけれども、革命そのものが報復的であってよいということにはならない。

4　「疑いをもつことに何らかのよいことがないとはいえない（フィデル・カストロはゲバラの死をキューバの人々に告げたときに言った）、しかし、ウソと真実への恐れ、幻想の追及、偽者の追及は、決して革命の武器にはならない」Fidel castro フィデル・カストロ、*Gramma*（キューバ共産党中央委員会機関紙『グランマ』）17/10/1967

ミュニケーションを阻害することは、人々を「モノ」に変えてしまうことである。そしてそれは抑圧者の課題であり、革命家の課題ではない。

ここで明らかにしておきたいことがある。私たちは実践、すなわち実践の理論が必要だといっているのだが、ここでは決して省察と行動をわけてしまうような二分化を提唱しているわけではない。行動と省察は同時に起こってくるものである。

現実とその矛盾についての批判的省察分析を行なっていると、起こした行動がすぐに実行不可能であるとわかったり、今はその時ではない、ということがわかることは、よくある。

このことをすぐに、省察がある種の行動の実行不可能性や不適切性を表している、として行動を休止してしまったり他のものに替えてしまったり、その省察を行なうことになった行動を否定してしまったりすることは意味がない。それは行動の契機であり、それもまた行動である。

認識の場としての教育においては、認識主体としての教育者（同時に被教育者でもある）が、認識可能な対象として自らを認知して終わるのではなく、他の認識主体との対話を広げていくことによって、認識対象を自らと他の認識活動を関連付ける媒介とするのだが、革命行動も同じような理論が適応できると思う。つまり、被抑圧者もまた変革行動の主体としてのリーダーシップをもつのであり、現実にはリーダーと被抑圧者双方の変革行動の媒体としての役割を果たす、ということである。この行動の理論は、まさに革命的行動の理論であるから、行動する人を一人称で呼ぶことはできず、複数の行動する者たち、つまり行動する者を、お互いにコミュニケーションを図る主体をつなぐものとするのである。

変革のプロセスにおいて、この相互主体を否定し、「よく組織する」という名の下に、革命権力のみを強化し、前線を守るという名目で、人々とのかかわりを避けることは、要するに自由を恐怖しているということである。人々を恐れ、人々を信頼しない。しかし、人々のところに降りていき、なお、人々を怖れているとしたら、何のための変革なのだろう。変革は、リーダーが人々のために行なうものでもなく、人々がリーダーのために行なうものでもなく、お互いのためにお互いの分かちがたい連帯をもって行なわれるものである。この連帯感は、指導者の、謙虚で愛に満ち、勇気ある態度によって生まれてくる。

このような勇気に満ちた出会いを求めず、自らを閉ざして出会いを拒めば、他者は単なるモノになってしまう。このようにして、私たちは命あるものへの愛から、ネクロフィリア（死せるものへの愛）への道をとってしまう。命を育むかわりに命を抹殺する。命の探求のかわりに、真の命から逃げ出すのである。

命を抹殺すること、命を押さえ込むこと、人間を単なるモノにしてしまうこと、人間を疎外してしまうこと、だますこと、暴力の餌食とすること。それらはみな、抑圧する側の手段である。

対話を通じて世界と出会い、変革しようといえば、それはとてもナイーブな態度だとか、主体的な観念論だとかいわれるのだろう。

しかし、世界の中の人間、世界と共に在る人間ということほど確実で現実的なことは他にはない。人間と人間の関係。そこには抑圧する者と抑圧される者という現実もある。

本当の意味での変革というのは、人間を非人間的にし、モノとして扱うようなこういう現実を変えていくことである。

もう一度いうけれども、変革は、この現実をつくり上げ、そこで生きてきた人々によって行なわれるのではなく、その現実の下で虐げられてきた人たちが、明晰なリーダーの下に行なわれるものである。

その次に来る根本的な命題は、リーダーシップは人々との交わりを通じて形づくられるものだ、ということであろう。交わりを深め、共に育っていくことで、リーダーはただ自分がリーダーだと思うだけではなく、人々との実践のうちに、自然とリーダーとしての自分がつくられていくことを感じるのであり、そういったやり方では、出会いを拒否したり、一方的に上位下達な関係になったりはしない。

多くの人は機械的な視点にこだわっているために、この明らかなことが見えなくなってしまっている。人間が置かれているはっきりとした状況が一人ひとりの世界への意識や態度、向き合い方を決めるのに、現実を変えるには機械的なやり方しかないと思っている人たちのことをいっているのである。[6]世界への偽りの意識を問題にすることなしに、また変革への行動の中で育まれることのある被抑圧者の偽りの意識を熟慮することなしに。

当たり前のことだけれども、人間の歴史的現実のないところに、歴史の現実などない。人間なしに歴史はないのであり、人間のための歴史もなく、マルクスがいうように、歴史は人間の歴史であり、人間によってつくられた歴史であり、人間をつくっている歴史である。

大多数の人々が主体として歴史に参加することを禁じられている、ということは、彼らが支配され、疎外されているということである。この客体の状態を脱して主体になろうと

5　対立し、敵対する人間同士の間には対話的な出会いは生まれない、ということをもう一度強調しておく。

6　「支配階級が安定している時代、労働運動が非常に強力かつ時には脅迫的、そしてどんな場合でもしっかりと権力を握っている強力な敵から自らを守らねばならない時代、そんな時代においては、現実の『物質的』な要素、つまり越えるべき障壁とか、人間の気づきや行為の有効性の乏しさなどを強調した社会主義的文献が自然と出てくるものである」リシュアン・ゴルドマン前掲書 p80-1

することこそが革命の本来の目的であるので、現実の変革にかかわる人々の行動と省察を無視することはできない。

観念論者は行動と省察を二分化し、抑圧の状況の単純な省察を行なうだけである。だから、人間がモノとして扱われていることを発見すれば、人間は主体化できるというかもしれない。

しかし、この認識だけではまだ主体化されているといえないことはいうまでもなく、「私の生徒の一人がいうように希望をもつ主体となったということ」である。[7] その希望こそが、その具体化に向けての追求の契機となる。

偽ものの現実主義者は、本来の行動とはいえない行動主義が革命への道であると説いている。

全き実践を生き切ることから、本来の意味で批判的になれる。それは、批判的省察が包摂されている行為、つまり思考を組織し、閉じられた現実把握を超えていくことによって、そのようになれるということである。もう一つレベルを上げることが求められている、ということだ。人間が現実の理由について思いを致すということ。しかしそのためには継続的な思考が求められるし、目的が人々の解放にあるのだから、一般の人々を否定するわけにはいかない。

もし革命のリーダーたちが、人々が考えることを否定しているとすれば、自分たちも考えることを止めているか、少なくともきちんと考えることを止めている、ということである。リーダーは人々を抜きにして思考することはありえないし、人々のために思考することもない。ただ、人々と共に思考する。

人々の存在なしに思考することができるのは、支配エリートたちである。支配エリートたちも人々のことについて考えない、というわけではない。よりよく知ることにより、よりよく支配するために、考える。そこでの人々との対話は、一見コミュニケーションを図ろうとしているように見えるが、人々はそこではただの「伝達されるもの」あるいは、支配者側に都合のよいような内容を伝達される「容れ物」でしかない。コミュニケーションや対話を内包する理論は、自らのやっていることと矛盾するようなことである。

支配エリートはなぜ人々と共に考えなくてもやっていけるのか。それは、支配エリートはまったく対立しているのであり、まさにヘーゲルがいうように、それこそが支配者の

7　Fernando Garcia フェルナンド・ガルシア。ホンジュラス人。1967年にチリのサンチアゴで行なったわれわれのラテンアメリカ講座の生徒であった。

「理性」だからである。

人々と共に思考することは自らの矛盾を超えなければならない、ということである。人々と共に考えはじめたら、もはや支配することはできなくなってしまう。

だからこそ支配者の観点で考えうる唯一の思考の形態は、人々を考えさせないようにすることであり、それはつまり人々と共に考えることなどない、ということである。

どの時代にあっても、支配者というものはいつもそうであった。人々がまともに考えることを決して許さなかったのである。

「ギディ氏のことだ」、前述のニーバー（ラインホルト）は言う。のちに現実の学会のトップになるギディ氏は、1807年に英国上院に提出された恵まれない子どもたちのための学校に関する法案に、反対した。きっと他の国でも似たようなことが行なわれていたことだろう。「貧しい労働者階級に教育を与えるというプロジェクトは理論的にはよいかもしれないが、現実には貧しいものたちの道徳と幸福を妨げるものになる。農業やその他の肉体労働でよき仕事をするかわりに、自らの人生の役割を見失うように教えられるだろう。服従を教えられる代わりに、工業化された国ですでに見られているように、反逆的で強情になるだろう。煽動的なビラや、よろしくない書物や、反キリスト教的な出版物を読めるようになるだろう。目上の者に対して横柄な態度をとるようになり、ほどなく政府は彼らに対して強権で押さえ付けるしかない必要が出てくることがわかるだろう」[8]

本当のところ、ギディ氏はニーバーに引用されているほどにはシニカルで民衆教育に反対である、というわけではないのだろうが、実際には民衆にものを考えさせないという意味において、今日語られていることとそんなに変わりはない。どの時代にも支配階級にはギディ氏のような人がいるのであり、抑圧された人々と共に思考することなどできないばかりか、抑圧された人々が考えようとすることも許さない。

このように、抑圧する側のエリートたちが、人々と共に考えず、ただ人々について考えているだけであり、しかもエリートたちは別に困ることもないということは、弁証法的に説明可能なわけである。

革命のリーダーの場合は、同じようにはいかない。人々と共に考えなければ、もう終わりである。人々は、革命のリーダーたちのいわば思想の基盤をなしているのであり、たまたま思いが至ったとかそういうものではないのである。革命のリーダーたちもまた、人々について考え、よりよく理解しようとし、以前の抑圧者たちの思考とは違うものであろうとする。思考の目的は支配ではなく、解放であり、革命指導者は人々について考え、人々

8　ラインホルト・ニーバー前掲書 p.118-9

の思考のうちに自らを投じるのである。

一方はいわば、ご主人様の思考であり、もう一方は同志としての思考である。そうでしかありえない。支配においては、一方に支配する側がいれば、もう一方には支配される側がいることは当たり前のことであり、革命的な解放とはこの矛盾した対立を超えていくことである。それは対立の存在のみならず、それを超えていこうとするプロセスのうちにリーダーシップが生まれる、ということを意味している。この生まれてくるリーダーシップは人々と共にあって自らも被抑圧者として自覚するか、革命的であることを止めるか、どちらかにしかならない。

よって、人々と共に考えようとせず、支配者をまねて、単に人々について考え、自らの思考を人々のうちに投じようとしないのならば、革命的指導者としては消えていくしかない。

支配のプロセスにあって、エリートたちは被抑圧者の「生のうちにある死」を生きているわけで、上下の関係のうちに自らを正当化するが、革命的なプロセスにおいては本来の意味でのリーダーシップが立ち現れる。「一度死んで」抑圧された者と共に生き直すのである。

実際のところ、前者についてはだれかがだれかを抑圧するという言い方が適当であるが、後者については、だれかがだれかを解放するという言い方は成り立たないし、だれかが一人で解放される、ということもまたない。人間はお互いの交わりのうちに自由になる。だからといって革命のリーダーの重要性を減じるつもりはない。むしろ逆で、彼らの重要性と価値を強調したいくらいである。抑圧された人たちと共に、引き裂かれた者と共に、「地に呪われたる者」と共に世界を生きること、それよりも重要なことがどこにあるのだろう？

革命のリーダーは自分の存在理由をここに見出さねばならないだけでなく、自らの根源的な歓びを見出さねばならない。彼らは他の人が自然にやることを禁じられているようなことを、自然にやることができる。つまり、本当の意味で自分自身になる、ということを。

階級として抑圧者が被抑圧者に対するときの態度は、第一章でも述べたように偽りの寛容とでもいうべき態度である。革命の指導者はそういうことはしてならない。偽りの寛容や、一方的な引き回しとでもいうようなことを。

抑圧者であるエリートは、抑圧された者を踏みつけてネクロフィリア的に自らを養っていくのだが、革命のリーダーは人々との交わりによって、自らを豊かに養っていく。

それが、抑圧者がヒューマニストにはなりえず、革命家はヒューマニストにならざるをえないということの理由である。抑圧者の反ヒューマニズムにも、革命家のヒューマニズムにも科学がある。抑圧者の科学は人間の「モノ化」に資するものであり、革命家の科学は人間化に資するものである。人間の「モノ化」に資する科学と技術のもたらす〝罪〟は、被抑圧者はたまたま被抑圧者になったとすることであり、人間化のための科学や技術とはまったく違ったものである。ここでもまた被抑圧者は、主体としてプロセスにかかわるか、「モノ化」されつづけるかが問われる。

世界は解剖学の教室ではないし、人間もまた受身で研究されるだけの死体ではない。科学的で革命的なヒューマニストは、革命の名において、被抑圧者を分析されるだけの受身な対象にしてしまってはならないし、被抑圧者が従うべきあれこれを引き出すべきでもない。

なぜならそれは、抑圧者のイデオロギーである〝無知の絶対化〟つまり、だれかがだれかを疎外できるという神話に陥ってしまうことを意味するからである。

だれかを絶対的無知であるといえる人は、自分と自分の所属階級は知るべくして生まれてきた、と考えているわけである。自分たちはそうだと思い込み、他の人はその反対だとする。他者というのは、彼らにとって単なる自分たちとは異なる人ということなのである。自分の言葉だけが「真実」であり、他の人たちに押し付けるか、押し付けようとする。このようにして抑圧されている者は常に自らの言葉を奪われていく。

他者の言葉を奪い、自らを肥えさせていくと、他者への不信は深まり、他者はみな、無能だと考えるようになる。他の人の言葉を奪いながら、自らがたくさんの言葉を使えば使うほど、権力を使えることになり、指令することが好きになり、人を思い通りにしようとするようになり、命令が好きになっていく。ついには、命令すべき人なしには生きていけなくなってしまう。

このようなやり方では、対話は不可能である。支配エリートの特徴とはこういうもので、自らつくり上げた神話のうちにあって、それをさらに賦活させ、強力に支配していくのである。

それとは反対に、科学的ヒューマニストである革命のリーダーは、人々の無知を絶対視することはできない。そのような神話は信ずるに足りない。神話が神話であることを、一時たりとも疑うことはない。

リーダーとして自分だけが知っていて、自分だけが知ることができる、と認めることなどできないし、それは一般の人々を信頼しないということである。たとえ、自らのもつ変革に関する知識がかなりのレベルであると認めるとしても、そしてその変革の意識が明らかに一般の人々のナイーブな知識とは異なる次元にあるとしても、自分を人々より上だなどと思ってはならないし、人々の知をないがしろにすることは許されない。

だからこそ、人々に向かってスローガンを投げかけることはあまり意味がない。人々と対話し、現実に基づいた彼らの経験知を知り、リーダーの批判的知識で、そのような経験知をさらに豊かにしていき、今の現実の根底にあるものを変革していくのである。

抑圧者であるエリートたちに、人々は無知であるという絶対的な神話を捨て去ってもらいたいと思うことがナイーブであるのと同じように、革命の指導者がこのことに向き合わないとすれば、それは矛盾だし、支配エリートのようなやり方をすれば、矛盾はいっそう大きなものになるのは当然である。

革命の指導者がやるべきことは、この神話のみならず、支配エリートが抑圧のためにつくり上げたすべての神話を、抑圧者に問題提起することであろう。そうせずに、支配者のやっているやり方をまねしていると、人々からは二つの反応が返ってくると思う。一つは歴史的環境の決定によって、人々は「飼いならされた」ままになり、ただ新しい内容の受け皿になった、と感じること。もう一つは、革命的リーダーの新しい「言葉」によって、自らに宿している抑圧者の存在を脅かされた、と感じることである。[9]

どちらの場合でも、変革が起こることはない。最初のケースで起こってくる変革は本当の変革ではないし、後者の場合にはそもそも何の変革も起きない。

時々、悪気はないのだろうが、誤りが提示されることも多い。「対話のプロセスに至るには時間がかかるので[10]——これは真実ではないのだが——変革は双方向のコミュニケーション抜きでやってしまうべきで、まずはただ一方的に言うべきことを言うほうがよい。そしてそれをやったあとで、教育的な活動に手を広げていけばよい。なぜなら権力をもつまでは、解放の教育に手をつけることは不可能だから」というのである。

9　言葉によって脅かされる、と書いたが、実際に言葉がなくても同じである。人々の自らの「内なる」抑圧者を脅かすような人の存在（別に革命グループの人である必要もない）を示唆するだけで、人々をこわがらせるのに十分であり、それが結果として破壊的な行動につながることもある。ラテンアメリカのある国の生徒が話してくれた。その人の国のある先住民の村にいた狂信的な司祭が、村に二人の「共産主義者」がいて「カトリックの信仰を危機に陥れる」と言ったのである。その夜、農民たちは結束して、子どもの教育に当たっていた二人の小学校の教師を生きたままで焼き殺した。おそらく狂信的な司祭はこの不幸な教師たちの家で、「ひげの男の表紙のある本」を見かけたのであろう。

10　今一度はっきりさせておきたいのだが、対話と変革の行動は決して二分されるものではない。対話の時間があって、そして、それとは別に変革があるというわけではない。むしろ逆に、対話こそが変革の行動の「本質」なのである。この行動の理論によると行為者は間主観的存在として、自らを媒介している現実を対象として行為を起こす。そしてその変革を通じて人々の人間化に向かう、ということである。抑圧者の理論では、その「本質」は対話に反対すること―反・対話にあるのだから、こういうことが起こることはない。とてもシンプルなことだと思う。前者の理論では行為を起こす人は被抑圧者の現実を対象として行動することが目的であり、後者の抑圧者の理論では被抑圧者の現実を維持しようとすることが目的である。

こういうふうに考えることについて、いくつかの基本的な分析点を提示しておこう。

つまり、人々との対話の必要性は（すべてではないけれど）認めるものの、権力を取るまではその可能性については手をつけない、ということ。あるいは、リーダーによる権力掌握の前に批判的教育を遂行することはできないとして、変革のための教育という性格を否定し、文化革命を否定する、ということ。そういうことがここではいわれている。

私たちの視点は違う。本書のあちこちですでに述べてきたし、これからも述べるつもりだが、支配エリートに人間の解放に至るような教育を期待するということは本当にナイーブ過ぎる考え方である。革命は疑いなく教育的な性格をもつものであって、それを忘れてはならないのであり、人間解放がなければ革命ではない。権力の掌握は重要ではあっても、ほんの一つの輝かしい瞬間に過ぎない。教育的プロセスは、革命の「前」に、抑圧された社会においてもすでに明らかに始まっている。

革命は抑圧社会のうちの内的な変化として生まれる。そういう意味で文化行動でもあり、その社会の生起したところである潜在的可能性と常につながっている。

すべてその内部の矛盾から発展（あるいは変化）していくものである。

外部からの条件付けもまた必要であるが、それは内部の潜在的可能性と合致したときにのみ、効果的なものとなる。[11]

新しい革命は、抑圧された古い社会を超えたところに生まれてくる。だからこそ、権力の掌握は継続的なプロセスの一つにすぎず、すでに述べたように、決定的な瞬間ではあるが、それだけでしかない。

だからこそ、革命の静的ではなく動的ビジョンが必要であり、権力の掌握だけを決定的な区切りとして、〝掌握後〟〝掌握前〟などという考え方はない。それは客観的な条件のうちに生まれてきて、抑圧状況を超えることを探求し、絶え間ない人間の解放を追及するプロセスである。

革命の教育的対話的意味がまた「文化革命」をもたらすのであり、それは革命のすべてのフェーズにおいて常に重要なことである。その発想は、革命権力が制度化し、反革命的「官僚制」に陥らないためにも重要なことである。なぜならこういう反革命的行動も、また反動化した革命家たちによってなされることだからである。[12]

あまり対話の経験がないから、権力掌握の前に人々との対話は不可能だということは、権力掌握前には権力掌握の経験がないから、権力を握ることは不可能だということをいっ

11　この本でもすでに引用した『自由のための文化行動』で、すでに文化行動と文化革命の関係について論じた。
12　毛沢東の『矛盾論』*On Contradictions.* 参照。

ているのと同じである。革命は継続的でダイナミックなプロセスであり、このダイナミックさが革命リーダーと人々との実践であり、だからこそリーダーは対話について学び、また権力そのものについて学ぶことになる。これは、人間が泳ぎを覚えようとすれば、水に入らねば学べず、図書館で泳ぎは覚えられないということと同じである。

人々との対話は譲歩ではなく、贈与でもないし、ましてスローガンのように支配のための戦略ではさらにない。対話は世界を「引き受ける」ための人間同士の出会いであり、真の意味での人間化の一番大切な条件である。

もし「本当に自由な行為というものが、人間が世界を変え、また自分を変えたときにはじめて生起するものであるなら、また、もし自由への肯定的な環境が人間の創造的な能力を開花させるのだとするなら、また、もし一つの社会を自由にする闘いが、それによって個人のより深い意味での自由をつくり上げていくことができるとするなら[13]」、そしてそれが革命のプロセスで常に想起されるのであれば、革命の性格はきわめて教育的なものとなる。問題提起型の教育学は、「注入型」や「銀行型」の「教育学」とは違う。だからこそ、革命の道はすべての一般の人々に向けて開かれているのであり、自らで閉じている道ではない。人々と共に生きることであり、人々に不信をもつことではない。レーニンが強調したように、革命において理論が必要になればなるほどリーダーは抑圧者と闘うために人々と共にあらねばならない。

▼反―対話的な行動の理論とその特徴について
――征服、抑圧維持のためのわかち合い、大衆操作と文化的浸潤について

ここまで一般的考察を行なってきたが、ここからは、反―対話的な行動理論と対話的行動理論についてより詳細な分析をしたいと思う。

まず抑圧者による理論、ついで変革と解放を目ざす者たちの理論を取り上げる。

13　「自由な行動とは（Gajo Petrovic ガヨ・ペトロヴィッチはいう）人間が世界を変え、人間を変えることで、はじめて自由な行動となる。（……）自由の肯定的な条件は、必然によって起こる限界についての知識と、人間の創造的可能性の気づき、であるといえよう。（……）自由な社会を目ざす闘いはそれを通じて個人がより高度な自由を達成してはじめて、自由な社会を目ざす闘いとなる」ガヨ・ペトロヴィッチ、*Man and Freedom*（『人間と自由』）、In *Socialism Humanism*（『社会主義ヒューマニズム』所収）、Edited by Erich Fromm, Nova York, Anchor Books, 1966, p.274-6. 同じ著者による重要な論文も参照。*Marx in the mid - Twentieth Centrury*, Anchor Books, 1967

反―対話的な行動を理解するための第一の特徴は、それが必然的に征服という形をもたらすことであろう。

▼征服

反―対話的な支配者は、自らの支配する相手との関係において、とにかく征服するために、ありとあらゆるやり方を使う。手荒なやり方から一見ソフトなやり方まで、より強権的なものから温情主義のように甘やかな手口まで。

すべての征服は、征服する主体と、される客体によって成り立つ。征服する主体は、征服される対象の目標を定め、それによって征服者の所有物としてしまう。征服者は被征服者にわからないように自分の存在を刻印し、内部に入り込む。あたかも被征服者は自らの内に征服者を宿してしまうかのように。

このようにして征服者の行為は人間を「モノ化」する。これをネクロフィリア的傾向という。

反―対話的行動は、本質的に征服を意図するものであり、はっきりとした抑圧の現実状況が生起する。対話的行動には、このはっきりとした抑圧状況を革命的に超えていくことが求められている。

反—対話も対話も共に、「空気」の中に自然にあるようなものではなく、この世界に存在するものである。はじめに反—対話ありきで抑圧が始まる、というのではなく、同時に起こることなのである。客観的な抑圧状況にあって抑圧者の押し付ける反—対話は、征服を強め、抑圧をさらに強め、経済的搾取のみならず、文化的にも被抑圧者の言葉や表現や文化を奪う。

抑圧状況そのものが反—対話的なのであるが、その抑圧状況を維持していくためにもまた、反—対話が不可欠である。

抑圧者による被抑圧者への征服を拡大することが反—対話的行動の非常にはっきりとした特徴である。逆に対話的な解放行動では、対話そのものが解放行動であるので、対話だけを後回しにはできない。人間は常に自らをより自由にしようとするものであるから、対話[14]は常に解放行動のために重要なものとなる。

征服者の望みは、いや、望み以上にむしろ征服者の必要性として、ずっと反—対話的な行動を追求することになる。そのようにしながら、そして抑圧のためのさまざまな手を尽

14　前章でも強調したように、革命が権力を掌握したとき、この新しい権力は旧権力が加えてくる反撃を押さえ込むことが革命の性格である対話性に反している、といおうとしているわけでは決してない。

くし、抑圧者は世界を「熟考しよう」とする人間の条件を圧殺していく。それらをうまく追求していくために、世界自体を〝神話化〟して、わけのわからないものにしていく必要がある。

そのようにして抑圧者は一連の方法を使って、征服し、抑圧された人々に、偽りの世界を「熟考する」ことを提示する。偽りの世界であり、人々の疎外をさらに深める世界。そこでは人々は受動的な状態にとどまるしかない。つまり征服行動においては、世界を何か解決できる問題として提示することは不可能で、むしろ逆に世界は所与のもので、静的なもので、人間のほうがそこに適応しなければならないもの、とするのである。

偽りの「熟考」は本当の意味での実践を生み出すことはなく、征服者によってあらゆる手を尽くされた征服のためのごまかしに巻き込まれてしまう。征服された人々、受動的な人々、ただの〝群れ〟となった人々、つまりすっかり疎外された人々となってしまう。

征服者にとって疎外を維持するためには、そこまでやらねばならない。征服者のこういうやり方では自らを変えることはできないし、抑圧者と共にいることもできない。コミュニケーションによってお互いが「近づく」ことはないのであり、ただ一方的な上方の伝達しかなく、ここでは現状を維持するために必要な神話の「容れ物」となるしかない。

神話とはたとえば、どういうものかというと、抑圧者の秩序は自由の秩序であるなどということ、どこでも望むところで働く自由はあるということなどのことである。また、もし主人が気に入らなければやめて他の仕事を探せばよいということも。この「秩序」はすべての人の人権を尊重し賞賛に値する、という神話でもある。神話には、怠け者でさえなければだれでも企業家になれるというものさえある――道で「バナナのようかん、グワバのようかん」（訳者注：Doce de banana, Doce de goiabaは、果物を使った日本のようかんのようなもの）と声を張り上げている男も、大きな工場主と同じような企業家である、というばかばかしい神話。ブラジルでは小学校に行ける人数や、そこで学業を続けられる生徒の数がいかに少ないか、というのは驚くばかりなのに、それでもすべての人に教育が保障されている、という神話さえある。「だれがしゃべっているのかわかっているんだろうな？」といったものいいが日常的であるにもかかわらず、階級は平等である、という神話。「西洋的キリスト教文明」を維持し、「野蛮な唯物論」から守っているのだという支配階級のヒロイズム、という神話。慈悲や寛容という神話、これが階級的に現れるのは援助主義であり、ヨハネ・パウロ13世が警告した、各国間の規模での偽りの援助神話が露呈する。[15]支配

15　*Mater et Magistra*（「母と師」）［訳者注：マルテ・エト・マギストラはヨハネ二三世教皇によって1961年に発布された回状。「キリスト教的精神と社会進化」が主題である］

エリートは、「自らの役割をよく自覚している」という神話。人々によくしているのだから、彼らも感謝すべきであり、言うことをよく聞くべきであるという神話……。民衆の反乱は神に背いている罪という神話。人格形成の基礎は私有財産であるから、つまり人格をもつのは支配者だけである、という神話。抑圧者はよく仕事ができ、抑圧されている者は怠け者で正直ではない、という神話。被抑圧者は「存在論的」に劣っており、抑圧するものは優っているという神話[16]。

これらすべての神話の他にもまだたくさん神話があって人々のうちに内面化され、彼らを制圧する基礎となっていることを読者は容易に想像できると思う。それはよく考えられた宣伝やスローガンによって達成され、つまりは「マス・メディア」というもので、でき上がるのである[17]。自分たちとはまったく関係のない内容の、ただの容れ物になることが、あたかもコミュニケーションをすることであるかのように。

実際のところ、最終的には抑圧の現実というのは、必ず反—対話的なものになってしまうのである。被抑圧者を永遠に征服しようとする抑圧者の姿のない反—対話行動というものもない。

すでに古代ローマの時代に、エリート支配者たちは人々を掌握するには「パンとサーカス」が必要だといっていた。人々を征服し、懐柔し、自らの平和を確保するという意図を込めて。今日の支配エリートも、今までのどの時代でも同じだったように、征服を「原罪」であるかのように必要としつづける。「パンとサーカス」を使うかどうかは別にして。歴史的に征服の方法や内容はさまざまに変わるが、支配者が被抑圧者を死者のように扱おうとする願望は変わることがない。

▼抑圧を維持するための分割支配について

抑圧の行動理論においては、もう一つ非常に基礎的な性格があり、それは抑圧そのものと同じくらい古い。

少数者が多数者を支配するとき、抑圧するときのやり方は、多数者を分割して、それを維持するようにすることである。これが少数者の権力を継続させるために不可欠の条件となる。

一般大衆が団結すれば、それは問題なく自らのへゲモニーが脅かされることになるので

16 「植民者は（と、メンミはいう。植民者がつくる被植民者像を引用しながら）被植民者を、怠け者という存在として確立させてしまう。被植民者のもともつ性質そのものに怠惰が構成されているのだというのである。（前掲書 p.81）。

17 メディアそのものを批判しているのではなく、その使われ方を批判している。

あるから、そのような特権的な贅沢を多数者に与えることに同意できるはずがない。

だから、すべての行動はたとえどんなにささやかなものであっても、被抑圧階級に目覚めをもたらすようなものは、ただちに抑圧者によってさまざまな方法を使ってブレーキをかけられることになる。身体的に暴力を加えることはもちろん。

団結、組織化、闘いなどといった概念は、遅滞なく危険な兆候としてマークされる。抑圧する者にとって、実際、それらは危険なのである。そしてまた、こういった概念の実践こそが、解放の行動に不可欠なことなのである。

抑圧権力者にとっての興味は、被抑圧者を今あるよりもずっと弱体化させることである。彼らをばらばらにし、お互いの亀裂をより深め、いろいろな方法を使いながら。いろいろな方法、つまり官憲による弾圧から、文化行動という方法を使って人々を助けるかのような印象を与えながら、実は大衆を操作するというやり方まで、さまざまなことがあるわけである。

このような抑圧のための行動の特徴の一つであるが、ほとんど専門家に真剣に受け止められてこなかったもの、しかし放っておけないことの一つに、問題の全体を見ようとしないで、問題をその場だけでとらえるような視点の導入が行なわれている、ということがある。

「地域開発」の仕事において、ある地域全体が「たくさんのローカルコミュニティー」へと細分化され、その地域を全体としてとらえられなくなるほど、あるいは、他の全体性（地域や地区など）から切り離されて、ある全体（大陸の一部であり全体であるところの国）としての国になればなるほど、疎外感は深くなっていく。疎外されればされるほど、分断は容易であり、分断を維持することも容易である。

このような行動集中型のやり方は抑圧された人々の、とりわけ農民の一点集中型のありようを強め、現実の批判的知覚を困難にし、他の地区の抑圧者の問題と弁証法的にかかわりあっている問題をばらばらなままにしておくことにつながる。[18]「リーダーズ・トレーニング」と呼ばれているものも、やっている本人たちは意図していないことはいうまでもない。地域はそれ自体で一つの全体であり、かつ同時に大きな全体の一部である、ということは当然である。むしろ、問題にしているのは、あるコミュニティーの発展というのは、他の地域に関係しているそれぞれの全体的な視点なしにはありえない、ということである。それは多様性のうちにある個、ばらばらになっている力を組織していく意識、現実を変革していく必要性があるという意識をもつことを意味する。こういったことは、もちろん、実に適切に、抑圧者たちの脅威となっているわけである。だからこそ、人々が一点に集中して全体像が見えないような視点をもてるように奨励し、「援助主義」に依存するようにしていく、というわけである。

18　この批判は弁証法的な視点で、あるセクターで行なわれている努力に対して行なっているわけではないことはいうまでもない。地域はそれ自体で一つの全体であり、かつ同時に大きな全体の一部である、ということは当然である。むしろ、問題にしているのは、あるコミュニティーの発展というのは、他の地域に関係しているそれぞれの全体的な視点なしにはありえない、ということである。それは多様性のうちにある個、ばらばらになっている力を組織していく意識、現実を変革していく必要性があるという意識をもつことを意味する。こういったことは、もちろん、実に適切に、抑圧者たちの脅威となっているわけである。だからこそ、人々が一点に集中して全体像が見えないような視点をもてるように奨励し、「援助主義」に依存するようにしていく、というわけである。

ないとは思うが、結局は人々をばらばらにすることになっていることも多い。

このやり方の基本的な前提があまりにナイーブなのである。全体を動かすのが部分であるかのように、リーダーのトレーニングを行なうことでコミュニティーを「動かそう」としているが、全体が部分を動かし、その中で部分が全体を動かすのである。

実際のところ、コミュニティーのリーダーと目されている人は、コミュニティーのそれぞれの人の希望を反映し、表すことができると考えられたから、選ばれているのだと思う。村の同志たちの現実について考えることができ、連絡を取り合うことができ、そして、何か特別の才を示したからこそ、リーダーのステイタスを与えられたはずである。

選ばれたリーダーがコミュニティーを出て、戻ったときには、以前にはなかったやり方や手段を手にしているわけで、埋没している被抑圧者の意識を改善しようとしたり、コミュニティーから分離した存在になってしまっていたりして、リーダーの地位を失うおそれすら出てくる。

そういったリーダーは、おそらくリーダーの地位を失わないで継続するためにどんなふうにコミュニティーを管理しようかなどと、より効果的に考えはじめる傾向が出てきたりする。

文化行動が、リーダーだけでなく、全体のプロセスとしてコミュニティー全体で進むときは、こういうことはない。一人ひとりがプロセスの主体としてかかわるからである。

こういう行動では逆のことが起こってくる。コミュニティー全体の成長のレベルと共に前からいたリーダーも成長し、新しい社会認識が生まれてくるにともなって新しいリーダーたちが生まれ、取って替わるようになってくる。

そういう行動はもちろん、抑圧者のほうは望んでいることではない。抑圧者としては人々をばらばらのままにしておき、人々の意識はぼんやりと埋没させたままにしておき、階級としての被抑圧者の現実批判などはもちろんやめてもらいたいと思っている。

ところで、抑圧者たちはこの階級という概念自体も、気分が悪いと思う。階級ということを考慮しないわけではないが、そういうときには、自らを抑圧者階級とするのではなく、「生産者」階級といいたがる。

社会階級の存在は否定しようとしてもできない。階級対立が起こり相互に弁証法的関係が形成されていることを否定するわけにはいかない。よって抑圧者たちは、〝労働力を買う者〟と、いやおうなしに〝労働力を売るしかない者〟との間の、相互理解とか調和とかを口にせざるをえないことになる。[19]

階級間には隠すべくもない対立があるのだから、根本的に調和ということはありえないのである。[20]

抑圧者たちのいう階級の調和とは、おおよそ日曜日の午後にショーウィンドーの前で興味深く中をいっしょに覗き込んでいる人々の集まりという程度の意味なのだと思う。

そういうレベルの調和というのは、支配階級の間で可能なものなのだろう。ある状況では彼らの間にもいろいろなグループで利害が対立することもあるようだが、いったん支配階級に対する脅威があれば、支配階級は即座に団結する。

同様に、解放闘争のうちに、反対の階級との調和が可能になることもある。それは例外的なことなのであって、調和が可能というより調和が必要だからそうなっているわけであって、緊急状態だから団結するのであり、緊急事態が過ぎるとまた矛盾が戻ってくるというものだ。

抑圧の状況の維持を容易にするために分割統治が必要だ、ということは、支配階級のやることすべてに現れているものだ。労働組合への干渉もよく見られる。労働者階級において、代表者でもなんでもなく、ただの労働者仲間にすぎない何人かを「代表者」として厚遇する。リーダーとして頭角を表しはじめた人はあえて「優遇」しておいたり、支配の脅威になりそうな人は「昇進」させたり「懐柔」したりする。ある者にはひいきして、ある者にはつらく当たる。そういった分割の方法は支配階級の利益を守る「秩序」と見られている。

19　もし労働者たちが何らかの形で、自分が自分の労働の主人、というふうにならなければ（と、フラニック・スプリット司教はいう）どんな社会構造改革も意味がないのである。もっとも、ある経済システムの下では、労働者はもっと高いサラリーを受け取ることもあるわけだが、その賃上げに満足しているわけではないのだ。本当のところ、自分が自分の労働の主人となりたいのであり、自分の労働を売りたくはないのである。実際に（と、フラニック司教は続ける）労働者たちは、日を重ねるにつれて、労働が人格の一部である、という意識をもってきていると思う。もちろん、人格というものは売ったり、買ったりはできない。すべての労働の売り買いは、それはもう奴隷制度というべきものである。この意味において、つまりこのシステムの中で、人間社会は人格の尊厳が肯定されることを目ざして進歩してきていると思う。マルクス主義も、われわれがいうほどには、このことに対して理解があるとはいえないが、その方向には向かっているわけだ。（「15司教、第三世界を語る」（15 Obispos hablan en proldel Tecer Mundo, *CIDOC Informa*, Mexico, Doc.67/35, 1967, p.1-11)

20　社会階級という言い方、階級間闘争という言い方は、マルクスの「発明品」ということになっているが、ここで1852年3月1日にヴァイデマイヤー宛に書いている手紙を見てみよう。「近代社会における階級の存在の発見も、階級間の闘争の発見も、私の功績などではない。私よりずっと前に（と、マルクスはいう）、ブルジョア歴史家ですでに階級間闘争の歴史のことを書いている人がいるし、ブルジョワ経済学者にもこの経済の成り立ちについて書いている人もいる。私がそこに付け加えて（と、マルクスはいう）以下のようなことを示したにすぎない。

1）階級の存在は、生産のある歴史的側面によって規定されているものであるということ

2）階級闘争は必然的にプロレタリア独裁に至るということ

3）その独裁は、それ自体をよしとしているわけではなく、それはすべての階級の廃止と階級のない社会への過渡期にすぎないのだということ、そういうことである」

（マルクス・エンゲルス前掲書 p456)

このようなやり方は、直接間接に被抑圧者の弱点を狙ったものだ。弱点とは彼らのもつなんともいえない不安感といったもので、それ自体がすでに抑圧の現実の成果とでもいうものなのであるが。

自らの内部に抑圧者を「宿して」いるという被抑圧者の二重性から引き起こされる不安感によって、一方では抑圧者を避けるようになり、もう一方では対決すべきときに、抑圧者に惹きつけられる、というようなことになってしまうから、支配者としては分割行動の結果を見ることは、いかにもたやすい。

また、実際に被抑圧者たちは、自分たちが団結することを避けるために仕組まれた抑圧者の「お誘い」を断わることがどんなに〝高くつく〟かよく知っている。解雇されたり、名前が「ブラックリスト」に載ったり、新しい就職への門戸を閉ざされたり、まあそれだってましなことだったりすることを知っているのである。

スプリット司教の言葉を引用したように、被抑圧者の根深い不安感は、人格を奴隷化されたことと直接に結びついている。

人間はその世界を、人間が人間であることができる世界を、労働を通じてつくり上げ、変革し、人間になってゆく。人間の自己実現とは世界の実現である。だから、もし労働の世界において、完全に依存状態であったり、不安定だったり、永続的な脅威を感じていたり、労働が自分のものでなかったりするならば、自己実現が自由にできない労働は、あなた自身のうちにある、何かをやりたいという思いを、思い半ばで「モノ化」してしまうようなものだといえよう。

被抑圧者の団結はすでに意思ある行動であるから、次々に他の行動を呼び起こし、遅かれ早かれ自らが人格を剥奪されている状態であることを認識し、自分たちが分割され、いつもいかに支配者に支配しやすいようにされてきたか、ということに気づくことになる。団結と組織[21]によって自らの変革者としての力を発見し、この世界をつくり直し、より人間的なものに変えていくことができる。

被抑圧者たちが希求しているより人間的な世界とは、抑圧者たちの考える「人間世界」とはまったく異なるものである。抑圧者たちの考える世界は排他的な権利に裏打ちされ、人間を「モノ」にしてしまう人と、「モノ」にされてしまった被抑圧者との間の成立不可

21　農民たちを都市労働者から分断しておくことは欠くべからざることであり、同様に学生たちも彼らから分断しておく必要がある。学生は社会的に一つの階級を形成しているわけではないが、人々の側に立つと、非常に危険な反乱の証言者となりうる。だから一般の人々には、学生とは無責任で「秩序」を乱すような者たちなのである、と思わせなければならない。学生たちのいうことはうそばっかりであり、工場労働者や農民が「国の発展」のために働いているように、学生の本分は、お勉強だろう、と言い募るわけである。

能な調和を取り繕う世界である。

どうやっても対立するものだから、どちらかに資することはどちらかの不利益になる。現状を維持するための分割支配は、このようにして支配者の反─対話的な行動理論の基本となっていく。

この分割支配を補助する形でメシア的言説が出てくることもある。支配者が非人間的な扱いを受けている人々の救世主として登場する、というものである。

しかしながらメシアニズムの根底にある意図は隠せるものではない。彼らが救済したいのは、他の人ではなく自分たちだけなのである。自らの富、権力、生活スタイル……他者を踏みつけにしてもそれらを救済したいと望んでいる。

抑圧者たちが間違っているのは、だれも自分一人で個人として救済されることはないということ、抑圧者だけで救済できると思っていることである。他者と共に、ということはそもそもできないのであって、常に被抑圧者と対立しており、それこそが抑圧そのものなのである。

抑圧者の精神分析をやってみれば、おそらく一章で述べたような罪悪感の一つの現れとして、偽りの寛容を見つけることができるだろうと思う。この偽りの寛容でもって、不正でネクロフィリア的な秩序を維持しようとすることに加え、自らの平和を「買収」しようとする。平和とは買うものではなくて、本来の意味での連帯と愛と共に生きられるものであり、支配者がそういう行為を引き受けてやっていくことはできるはずもない。

だからこそ、反―対話的行動のうちにあるメシアニズムは、このような行動の第一の特徴である征服に向かうことになる。

現状の維持や支配者の権力維持のために人々の分割統治が必要なのだから、被抑圧者たちがこのゲームに気づかないようにしておくことは、抑圧者にとって緊急性を要す重要なことである。

この意味で、ここに征服が必要であり、被抑圧者たちに実際、自分たちは邪悪なものから守ってもらっていると信じさせる必要がある。何から守ってもらうかというと、「決まりを守らないはぐれもの」とか、「神の敵」とかいう悪魔的行動から。実はそういう悪魔的行動をしているといわれた人たちこそ、人間の自由を求めて危険な生き方を選ぶ人たちなのだが。

この分割統治の方法では、ネクロフィリアの人たちが命を尊ぶかのようにいわれたり、本当に命を大切にする人がネクロフィリアと呼ばれたりする。歴史を振り返ってみれば、常にこのような倒錯した「命名」が繰り返されてもいる。

今日の疎外状況にもかかわらず、ブラジルでは、今もチラデンテス（訳者注：ポルトガル植民時代のミナスジェライス反乱首謀者）が解放運動の首謀者として、国民の間で親しく呼び習わされている。彼の首謀した解放運動は〝インコンフィデンシアー謀反〟と名づけられているが、国民は彼を英雄と呼ぶ。チラデンテスをならず者と呼び、絞首刑にかけ、死体をばらばらにして、血まみれの肉片を見せしめとして戦慄する街にばら撒いた人のことを英雄とは呼ばない。歴史は、チラデンテスに科せられた謀反人という「称号」を引き裂いた。

英雄とは、自由と解放のために団結を探った人のことであり、統治するために分割をもくろんだ権力者のことではない。

▼大衆操作

反―対話行動理論のもう一つの特徴は、いわゆる大衆操作である。すでに述べた分割統治と同様、大衆操作も征服のための手段であり、実際、すべての反―対話行動の理論は征服に資するものである。

大衆操作を使って、支配エリートは自分たちの目標とするところに一般大衆を誘導しようとする。一般の人たちが政治的に未成熟であればあるほど（彼らが地方に住んでいても都市に住んでいても同じである）、権力を失いたくない支配エリートたちが大衆操作するのは容易になる。

大衆操作では今まであげてきたすべての神話が使われる。今まであげたものの他にもある。たとえば、自分をモデルにして、人々の前で上昇志向を煽り、みんなこうなれます、という。それにしても人々が、いうことを信じてくれないとどうにもならないが。

歴史的なある特殊状況の下では、しばしば大衆操作は支配階級と支配されている階級の間のあたかも〝協定〟のような形で現れてきたこともある。〝協定〟というと互いの対話に基づくよきもののような印象を与えるかもしれない。

しかし実際のところ、このような〝協定〟は対話どころではない。支配エリートの利益を反映してその目的を深化させるためのものなのである。結局のところ〝協定〟とは支配者がその目的を実現するためのものにすぎない。[22]

〝協定〟の一つに、「民族ブルジョアジー」と呼ばれるものを大衆が支持し、民族資本を守るというやや疑わしいものがあったが、遅かれ早かれこういったものは大衆の弾圧に終わったものである。

22　〝協定〟が一般大衆の階級にとって役に立つとすれば、その行動目標が自分たちの目的に沿うとか、その決定を実現するためのものであるとかいうときだけで、そうなれば、それはすでに〝協定〟とはいえない。

大衆がナイーブであるとしても、大衆が支配エリートを何らかの形で脅かすようになったときにはじめてこのような〝協定〟が出てくることは確かである。

一般大衆に、ただの観客としてではなく、なんらかの形でエリート支配者を脅かすようなサインが認められたとき、その状態に支配エリートは驚き、不快に思って今までとは違う管理手法を出してくる。

このようなフェーズに至ったときの支配維持のための重要な手段として、大衆操作が出現する。

大衆が出現する前にはもちろんいわゆる大衆操作などというものはなく、支配されている者はただ力で押さえ付けられていただけだ。人々が完全に抑圧状況に埋没しているときに、大衆操作など必要ではない。

つまり、反―対話行動理論において、大衆操作は歴史のプロセスのある明確な新しい状況に対応するために抑圧者たちが提示せざるをえなかった回答ともいえる。

大衆操作は支配エリートが、本来の意味とは違う「組織化」を推進していくときに必要となってくる。つまり、出現した、あるいは出現しつつある一般大衆が、本来の意味での組織化を進めていくことを避けるために必要だと考えられたというわけだ。[23]

そこで質問。二つの可能性がある。エリートに操作されて支配を維持するか、解放に向けて本来の意味での組織化を進めるか。本来の意味での組織化が支配者によって示唆されることなどありえないことは当然である。それは革命指導者の役割である。

しかしながら、この一般大衆のほとんどは今日ではプロレタリアートを形成しており、ほとんどが工業化された国の中心地に住み、ときには支配者にとってやや脅威とも思われる動きも示さないわけではないが、全体として変革への意思を欠いており、むしろ自らを特権的な立場にいると考えたりしてしまうなどということが起こる。

大衆操作は一連の魅力的な約束を連ねて、ほとんどの場合、結構な成功を収めることになる。

この操作を解毒するのは、意識的に批判的である組織化が必要なわけだが、その出発点は、人々に革命的内容を注ぎ込むなどということではなく、このプロセスにおいて自らの立場を〝問題化〟することにある。その国の現実の「問題化」と大衆操作そのものの〝問題化〟である。

23　大衆操作から生まれる「組織化」においては、一般の人々は操作している側の人たちの目的に向かって単に操作される対象でしかないのだが、本来の意味での組織化が行なわれるときは、一人ひとりが自らを組織する主体となり、たった一人のエリートの目標に向かっているのではなくなる。前者の「組織化」は大衆化の手段であるが、後者においては組織化は解放の手段である。

ウェフォール[24]はこのことをよく言い当てている。「すべての左翼政治というものは一般大衆に支えられていると共に、一般大衆の意識しだいである。その意識を混乱させることに成功すれば、彼らは根無し草となり、空に浮いてしまい、そこで崩壊するしかない。ブラジルのように革命の幻想を振りまき、結果として権力のまわりでただぐるぐるとしている、などということが起こってしまうのだ」。つまり、一般の人と出会い、組織化する努力を忘れ、支配エリートとのありえない「対話」のうちに、左翼は自分を失ってしまった、ということである。

エリートの大衆操作に巻き込まれ、その罠にはまり、現実主義と称するゲームに参加していただけだったのである。大衆操作は征服と同じく、反—対話行動の理論としては有効なもので、一般大衆を麻痺させ、何も考えないようにさせておくものである。

もし人々がそのプロセスに出現するだけでなく、自らの現実について考えるようになると、脅威は革命という形で立ち現れてくる。このような考え方を「革命的な意識」あるいは「階級的意識」と呼ぶのだが、それは革命に必要不可欠なもので、それなしには革命はない。

支配エリートはそのことを本当によくわかっていて、本能的にわかっているのではないかと思うくらいなので、暴力を含むあらゆる手段を使って、人々が自分の頭で考えることを禁じようとする。対話のもつ批判的な力を直感的に深く感じているのである。一方、一部の革命の指導者たちにとって、大衆との対話は「ブルジョア的で反動的」な仕事であると感じる向きもあるようだが、そのブルジョアにとっては、大衆と革命リーダーとの対話ほど、脅威を感じるものはないのであり、全力で阻止すべきものである。

支配エリートは大衆操作にあくまで固執し、個人個人の目をくらましブルジョア的趣味を押し付ける。

この大衆操作はエリートたちが直接行なうこともあるが、ポピュリストの指導者を通じて間接的に行なわれることもある。ポピュリストリーダーは、ウェフォールが指摘したように、支配エリートと一般大衆を仲介する役割を担うものである。

つまりポピュリズムが政治行動のスタイルとして成立するのは、ちょうど一般大衆の進出が進み、まだまだ稚拙なスタイルとはいえ、政治参加を求めるようになるときである。そういったプロセスのうちに、ポピュリスト指導者が生まれるのだが、彼らもまたよくわからないところがある。人々と支配エリートの間にあって、まるで陸と水のどちらでも

24　フランシスコ・ウェホール *Política de massas*（「大衆政治」）、*in Política e Revolução Social no Brasil*（『ブラジルにおける政治と社会改革』所収）、Rio de Janeiro: Civilização Brasileira, 1965, p.187

になる。

生きる両生類のようである。支配者と人々の間にいるわけなので、双方の性質をもつこと

革命に寄与することはほとんどない。

ポピュリスト指導者は、本当の意味での人々の組織的闘争にかかわるものではないから、

トであることを止めたとき、本来の意味での革命的な組織づくりに従事するようになる。

彼らが自らのどちらともとれるような姿勢を克服し、人々の側に寄り添ってポピュリス

リートのほうは急いで彼を押さえ込もうとするようになる。

このとき、人びととエリートの仲介者であったポピュリストは、エリートに対立し、エ

説はドラマティックなものであり、興味深い。

ヴァルガス元大統領が最後に政権の座につき、メーデーの労働者に団結を呼びかけた演

けと日々の協力がなければ、決してうまくいかないのだ」。大統領着任後の90日間につい

「あなたたちに私は言いたい。今の政府が始めた巨大な改革事業はあなた方労働者の手助

のちに、人々に向かってとてもはっきりとした物言いで訴えた。「見捨てられた魂、惨めさ、

て「あちらこちらに多くの困難があり、政府としてうまくやっていけなかった」と言った

が必要だ」

乏しい生活、安いサラリー……絶望的で希望のない将来。すこしでもよい暮らしへの展望

ヴァルガスはさらにドラマティックで客観的な言葉を続ける。「今政府は法的にも無防備な状態で、みなさんの日々の暮らしを守るようなはっきりとした即効性のある行動を起こせない、といわざるをえない。だからみなさんが自らを組織して政府を助けてくれないと、政策を実現できないのだ」

さらに続ける。「あなたたちの団結が必要です。連帯して、組合を組織してほしい。あなた方の問題を解決するために政府が全力を行使できるように、政府を支える強固なブロックをつくってもらいたい。サボタージュと闘い、あなたたちの利益を害するような、自らの利益の囚人と化した投資家や利権屋資本家と闘うためにあなたたちの団結が必要だ」。さらにこう強調する。「今だ、まさに今、政府が君たち労働者に訴えなければならないときだ。団結して組合をつくろう。自由な組織された勢力になろう。組織された労働者の指示に頼むことなしには、政府はどのような力も行使できない時代がやってきたのだ」[25]

国家元首の権威をもって、大衆に向かって、組織せよ、自らの権利を守るために団結せ

25　Getúllo Vargas ジェトリオ・バルガス、1951年5月1日、リオのヴァスコダ・ガマ・スタジアムにて。In: *O Governo Trabalhista no Brasil*（「ブラジルの労働組合的政府」）、Livraria José Olimpo Editora, p.322, 323, 324.

よ、と熱烈に呼びかけ、大衆と共にあろうとしている政府が直面する妨害、中傷、困難のあれこれについて実にはっきりと語った。そのようにしながら、追い込まれていったこの政府は１９５４年８月に悲劇的な結末と共に幕を閉じた。

ヴァルガスが大統領時代の最後に、最終的には国家利益のためとはいえ、あれほど公然と大衆の組織化を呼びかけたりしなければ、反動的エリートがあれほど極端な行動に出ることもなかっただろう。

いくら慎重を期しても、人々に近づこうとするポピュリストのリーダーには、こうしたことが起こりうる。指導者が寡頭制支配者の仲介者にとどまらなくなったときは、支配者は強権によってブレーキをかけ、指導者を落とし入れる。

ポピュリストのリーダーの行動は温情主義と援助主義に支えられており、自らと寡頭制支配者のグループの間に齟齬を見ることもあるが、その違いはあまりはっきりしない。

そういった援助主義自体が、大衆操作の手段として征服に寄与する。あたかも麻酔のように作用する。つまり、人々に本来の問題から目をそらさせ、具体的な問題解決ができないようにする。一般大衆はすこしでも利益の多そうな個々のグループに分断されてしまうのである。

しかしまた、この援助主義的大衆操作が肯定的な結果を産むこともある。援助されたグループは限りなくどこまでも要求を伸ばし、援助されなかった個人は援助された人を例にして自分たちもそれを得ようとする。

支配エリートはもちろん、すべての人を援助できなくなり、人々の要求はいや増す。革命のリーダーは、このような大衆操作の矛盾を利用しながら、人々にこのことを問題化して提示し、彼ら自身の組織化の目標とするべきである。

文化侵略

最後になるが、反―対話行動の理論には、最も基礎的で重要なもう一つの特徴がある。それが文化侵略であり、前にあげた分割統治、大衆操作と共に征服に資する方法である。

文化侵略とは、支配の対象となる人々のもつ潜在能力をばかにしつつ、侵略される人たちの文化的な文脈に侵入し、浸潤し、侵略者の世界観を押し付け、創造性を押さえ付けて成長を邪魔することである。

この意味において、文化侵略はかならずや対象者を疎外し、ソフトな方法で、あるいは暴力的に文化を浸潤し、独創性を失わせ、放棄を迫るように脅す。

だからこそ、他の反―対話行動と同じように、文化侵略においても侵略するものはそのプロセスの著者かつ演者、つまり主体であって、侵略された者は客体である。侵略者がモデルをつくり、侵略された者はそのモデルに組み込まれる。侵略者は選び、被侵略者は選ばれる。少なくともその役割しかない。侵略者は演じ、被侵略者は侵略者の演じるのを見て自分が演じているような幻想をもつ。

文化侵略には、二つの面がある。一つの面から見ればすでにそれは支配であり、別の面から見れば支配の戦術である。

実際のところ、すべての支配はある意味侵略であり、よく目に見えるものもあれば巧妙にカモフラージュされていることもあり、そういうときには侵略者はまるで友人か援助者のように現れるものである。侵略は基本的には被侵略者に対する経済と文化の支配という形をとる。

侵略は中心にあって、都市的な社会によって従属的な社会へと行なわれ、そして同じ社会のある階級から別の階級への支配という形でも行なわれる。

文化侵略は征服のための操作であるから、侵略されたものを根こそぎにしていく。そのプログラムは支配者たちの価値基準、規範、目標に対応しているのである。

つまり文化侵略は、反—対話とそのイデオロギー性をその身上とするので、現実を問題化したり、侵略された者に提示したプログラムを問うたりすることはありえない。

侵略者たちは支配、つまり被侵略者が侵略者の規範や生活様式に適応することを望んでおり、被侵略者のことを考えたりその世界に興味をもつとすれば、よりよく支配するだけのためである。[26]

文化侵略において重要なのは、被侵略者が自分の現実を侵略者の目で見て、自分の目で見ないようにすることである。被侵略者が侵略者のまねをすればするほど、侵略は安定したものとなる。

文化侵略がうまくいっているかどうかの評価は、被侵略者がどれだけ深く自らのことを価値がなく、劣っていると感じているかにかかっている。

反対方向にはなにもないわけだから、被侵略者が自らのことを「劣っている」と思えば思うほど、侵略者が「優って」見えることは必然である。侵略者の価値観を取り入れてしまう。文化侵略が加速されればされるほど、被侵略者は自らの文化から疎外され、被侵略

26　その支配の目的のために、侵略者たちは日を追って社会科学とテクノロジーを利用し、今日では自然科学をも利用しようとしている。侵略は文化行動として行なわれるのだから、それを当然の帰結とし、より効果的に侵略を進めるために科学やテクノロジーの助けは不可欠である。侵略者にとっては、被侵略者の過去や原罪について知ることも不可欠である。このような知識をもとに、被侵略者の未来の選択を狭め、侵略者によって都合のよい方向に誘導しようとする。

者は侵略者のまねをしたがるようになる。歩き方、着こなし、話し方、すべてを。

被侵略者の社会的自我はすべての社会的自我と同じように、構造的に提示された社会文化的な関係性のうちに形成されるのだから、文化侵略を受けると、大変な二重性を抱え込むことになってしまう。

この二重性についてはすでに何度も述べてきているが、被侵略者や被支配者がある現実の経験において自らを抑圧者にまるで「癒着」させてしまうかのようなことをする理由となっている。

被抑圧者である〝私〟が抑圧者である〝あなた〟との「癒着」を断ち切り、「距離を置き」客観的に見ることで、はじめて抑圧者との対立の批判的認識ができるようになる。

このような私的な世界観の変化は実践のないところでは起こらず、抑圧者によって促進されるようなことはもっとありえない。

むしろ逆で、抑圧者たちは抑圧状況を変わることなく維持することに興味があり、世界観の変化などということは、現実批判が起こってくるのだから脅威と感じる。だからこそ文化侵略が反—対話的行動の重要な特徴となってくるわけである。

もっともこの反—対話的行動についてもうすこし注意深く分析することが重要であるように思う。文化行動の支配文化のモデルは、かならずしも恣意的に行なわれているとはかぎらない。実際多くの場合、支配の文化を特徴付けるのは「重層的な決定」であり、被支配者が代行している。[27]

社会構造が堅固な体制として提示され、支配の様相が深まると教育機関も必然的にその雰囲気の影響を受け、神話を伝達し、その構造に合った行動やスタイルを志向するようになる。

家庭も小学校も中学校も大学も、真空の中に存在しているはずもなく、ある時とある空間のうちに存在しているのだから、社会構造の状況からの影響を免れないはずはない。多くの場合、支配的な構造において、家族や学校という制度は、未来の「侵略者」養成機関として機能している。

家庭での親子関係さえも、一般的にいって、その属している客観的・文化的条件を反映する。権威的できびしく、支配的な状況が家庭にまで浸透し、抑圧の雰囲気をつくり上げている。[28]

親子関係が権威的なものであるほど、子どもは幼いころから家父長的権威主義を内面化

27　「重層的決定」ついては、Louis Althusser ルイ・アルチュセール、『マルクスのために』*Pour Marx*, Paris, Maspero, 1967 参照。

して育つ。

フロムは変わらぬ明晰さでネクロフィリアと生命愛の問題を議論した。彼はネクロフィリアと生命愛の生み出される客観的条件を分析しているが、その条件の一つは家族間の関係、親子関係にあり、愛に欠ける抑圧的な家族と、愛に満ちた自由な家族では性格が異なってくるという。

愛の乏しい環境で歪んだ育ち方をした子どもたちは、自らの潜在能力の発揮において抑圧され欲求不満な状態にある、とフロムはいう。そういう子どもたちは青年期になっても本来の若者らしい反抗に向かわず、自らの欲求を否定することに慣れ、権威と権威が提供する神話に身を委ねたり、破壊的行動に陥ったりしやすい。

こういった家庭の影響は、学校の経験によってさらに助長される。家と同様に学校でも子どもたちはそこそこの満足を得るために自分を権威に適応させせることを早々と学んでしまう。その一つは、つまり〝考えない〟ということだと。

硬直した関係によって内面化された家父長的権威主義は、学校においてより強化され、いったん仕事についたときにはすでに、自分の中に植え付けられた自由への恐怖のために、自分を歪めた硬直した関係性を再生産しようとしてしまう。

多くのプロフェッショナルといわれる人たちが、どうにも反―対話的であることを、その階級的立場もあるけれども、その子どものころからの環境によって説明できるのではないかと考えている。[29]

専門が何であれ、人々との関係がどのようなものであれ、とにかく自分たちの知識や技術を人々に「移転し」「もち込み」「もたらして」あげないといけないのだと信じている人たちが大変多い。自らが、人々を導くプロモーターだと信じている。抑圧行動の理論をわかって行動プロ

28　親や教師の権威主義については、自由に対立するものとして、日に日に若者たちによってその実態が明らかにされてきている。日に日に……まったくその通りである。若者たちは自分たちの感情を押し込め、自己肯定感を疎外してきたさまざまなやり方について異議申し立てをするようになっている。これは、たまたま起こっているわけではなく、現代起こっている肯定的な現象の一つだと私は思う。その根底に流れるものは、この本の第一章で述べたような歴史的な現象の一つであり、私たちの人間学の時代を特徴づけることの一つだと思っている。だから、この若者たちの行動が、どの時代でもあったような単なる世代間のギャップの現れ、といったように見られてほしくない。実際のところ、起こっていることは何かもっと深いものである。若者たちはその反乱を通じて、この支配社会のモデルがいかに不正なものであるかを告発しているのである。どちらにせよ、このような種類の反乱は、ごく最近のことであり、権威主義はいまだにしっかりと続いている。

29　自分では革命的であると思っていても、人々を信じることができなかったり、人々との豊かな交わりを怖れているような反―対話的行動も、同じように説明できるのではないかと思っている。自分では気づかないうちに、自らのうちに抑圧者をもちつづけ、自由を怖れ、自らのうちに「主人」を宿し続けているのである。

グラムをつくっているならば、この人たちの目的や信条や願望について、よくわかるのではないかと思う。

人々の話を聞く必要はない、なぜなら彼らは「無知で無能力で、怠け者であるがゆえに低開発状態であり、そこから脱するために、教育が必要である」と、この人たちはいう。この専門家たちにとっては、「無教養な人間のいうことはばかげたことで、そういう人間の〝世界観〟などを尊重する必要はなく、聞く必要もない。しっかりした世界観をもっているのは専門家たちであるから」ということになるのだと思う。

同様に、教育プログラムの内容をつくるときに、人々の声を聞くことが不可欠である、というようなこともずいぶんとばかげたものに聞こえるらしい。彼ら専門家にとっては人々とは、「絶対的な無知」であって、専門家の教育を受けること以外に何が必要なのか、と思っているのである。

しかし、被侵略者たちが自分の経験を踏まえ、その時点まではおとなしく適応していた侵略を拒否しはじめることがあるが、そうなると専門家たちが自分たちの経験不足を正当化するために被侵略者たちの「劣等性」を言い募り、「怠け者」だからとか「病気だ」とか、「感謝がない」とか、ときには「メスチーソ（訳者注：ラテンアメリカにおいて先住民との混血を意味する。差別用語として使われることも多い）め」などといいはじめる。

よき意思をもった専門家たち、すなわちイデオロギーとして「侵略」しているのではなく、前に示したような養育歴の歪みによってこういうことをやりはじめた人もおり、そういう人は自分の行動の失敗はシンプルな人々の劣等性のせいではなく、自らの侵略的な暴力のせいであったことに最終的に気づくことになる。

一般論としてだが、こういう発見をした人というのはけっこう困難なときを過ごすことになる。

侵略行為は止めなければならないという必要性は感じながらも、支配者としての基準はすでに自らの「内なるもの」となってしまってもおり、それを止めるということは、少しだけ死ぬようなものなのであるから。

侵略行為を止めるということはある意味自らの二重性を克服していくことでもある——つまり、一方で支配者であり、他方では支配されるものであるという二重性を。

これは侵略の行為を裏付けていた神話のすべてを捨て、対話的行動を生きることである。それはまた、「外部者」として被侵略者に上から接し、あるいは、彼らの「内に」巣くったりするのではなくて、同志として共に在るということを意味する。「自由への恐怖」は彼らの内にもある。この心的葛藤のプロセスのうちに、自らの怖れをいろいろな理由で合理化しようとする傾向が出てくるのは無理もない。

この技術者による「自由への恐怖」は侵略行動のなかで発見されるよりも、その行動の非人間的な意味を知らされたときにより強く現れる。

技術習得のコースなどで、参加者が具体的な状況の「脱コード化」をやっているときに、やや苛立ってコーディネーターに、「いったい私たちをどこに連れて行くつもりですか」と聞く人間がよくいる。実際のところコーディネーターは別にどこに連れて行こうとしているわけではないのだ。ただ、具体的な状況を問題化しようとしているだけであり、このような状況を深く分析していけば、自分たちの神話に気づき、そこから脱していくか、あるいはあらためて認めるかを見極めるようになる。

神話から脱し、信じることを止めることは、自分自身に対する「暴力」のように感じるかもしれない。逆に神話を認めることはそのような自分であるとはっきりさせることにもなる。そのどちらも避けようとするならば、自らを守るメカニズムとしての唯一の出口は、普段やられていることをコーディネーターに転移してしまうことである。命令し、征服し、侵略する、[30] 反—対話的なやり方である。

このようなフーガは、どこでも起こる。もっと小さな規模でも、一般の人同士でも、抑圧の具体的な状況と「援助主義」の度合いに応じて起こってくる。

ニューヨークの〝フル・サークル〟と呼ばれる本当によい教育的な仕事をしている組織

の教育者が、次のような話をしてくれた。ニューヨークの貧しい人たちが集まる地区のグループで、ある通りの街角――実際、そのミーティングをやっていたところ――における問題のコード化を行なっていたのだが、たくさんのゴミがあるその道の写真を見て、一人の参加者がすぐに言った。「これはアフリカか、ラテンアメリカだよね」

「どうしてニューヨークじゃないの？」と教育者は尋ねる。

「だって僕らはアメリカにいるんだから、こんなはずはない」

この男性と彼に賛成する何人かの仲間は、自らの不都合な現実を知ることで自らを脅かされたくないので、「意識のスキル」でもってその状況から逃げようとしているのである。出世や個人的成功というような文化に条件付けられてしまうと、客観的に見て不利な状況を知り、意識を変えていくことは、自分の出世にブレーキをかけることのように思われるのである。

このような場合でも、専門家の場合でも、文化の「重層的決定」の力の強さや、神話が一人ひとりのうちに内面化されていることの呪縛、について思う。

どちらの場合も、支配階級の文化がそれぞれの人間が自己決定することを難しくしてい

30　私の『伝達か対話か』*Extensão ou Comunicação?* ICIRA, Santiago de Chile, 1969

るのだといえる。

先ほどあげた専門家も、ニューヨークの貧しい地区での議論参加者も、心の底では、自らで意図してそういうことを言ったり行動したりしているわけではなく、歴史のプロセスを担ってそうなっているというわけである。

双方とも支配を目的としている理論家でもイデオローグでもない。むしろ逆に支配の結果、そうなっているわけであるが、同時に支配の原因でもある。

これは、革命が権力掌握したときに直面しなければならない大きな問題の一つでもある。革命の指導者に最大の政治的知識と決断するだけの勇気が必要とされるときには、非合理的なセクト主義に陥らないように、十分にバランスがとれていなければならない。

どんな専門であろうと、大学を出ていようといまいと、専門家というのは支配の文化によって「重層的に決定」されている人間であり、つまり二重の存在として自己をつくり上げてきたであろうことは間違いがない。実際には、貧しい階級出身の人もいるだろうが、根本的な教育の歪みにおいては変わりはなく、むしろ貧しい階級出身のほうがいっそう悪いくらいである。これらの専門家は新しい社会をつくっていくにあたり、どうしても必要な人たちでもある。そしてその多くは、「自由への恐怖」にとりつかれており、解放の行動に躊躇するのだと思うし、実際のところ、これほどに錯誤に満ちた人たちもいないのだと思う。しかし、私たちには彼らこそが革命によって教育され直さなければならないし、そのようにできる人たちのように見える。

そのためにも、権力についた革命は、もともと対話的文化行動だったものを引き継いで、「文化革命」を指導することが必要となる。そのようにして、革命権力は意識化したりされたりしながら、単なる権力ではない、新しい権力を目ざすことができる。つまり人間を否定するようなことには必要なブレーキをかけ、また新しい社会の再建に参加したい人たちはすべて招くことができるようにしなければならない。

この意味において「文化革命」は、権力につく前に行なっていた対話的文化行動の継続ともいえるのである。「文化革命」は一人ひとりのさまざまな仕事が包含される社会全体を、教育活動の分野としてとらえる。

社会の再構築は機械的にできることではなく、革命を通じてつくり変えられる文化こそが、社会再建の基礎的な道具である。「文化革命」はできうるかぎり最強の意識化の努力であり、革命勢力を成長させることが可能であり、役割のいかんにかかわらずすべての人に届くものでなければならないと私たちは理解している。

だからこそ、この努力は、新しい社会に必要な、技術主義的な技術者養成や科学主義的な科学者養成で満足していてはいけない。それでは質的に他の社会と（新しい社会とは、技術論者がナイーブに考えるほど、さっさとはできないものである）あまり差がないものになってしまうだろう。

革命社会の技術の最終目的が、旧社会のそれと同じものであるはずはない。結果として、目的が異なれば、技術者養成も同様に異なってくるだろう。

その意味では技術科学教育は人文教育と対立するものではなく、革命社会では科学と技術は絶え間ない人間の解放と人間化に資するものであるべきだ。

この視点からすると、人間の職業教育については、特定の時と場に限られた仕事しかできないことを考えたうえで、以下の二点について理解が求められる。（a）上部構造としての文化の理解。基礎が革命的に変わっていっても、これは過去の「遺物」[31]として残っていく。（b）どの仕事をしても仕事は文化を変えるという理解。

「文化革命」のうちに意識化が深まっていくと、新しい社会をつくる実践がより深まっていき、人間は「過去の遺物」になっている過去の社会の神話の虚妄性を暴きだしていく。

そうすればもっと早く、すべての革命の深刻な問題である妖怪、すなわち新しい社会ができて来ることを拒んでいる曲解からも解放されることになるだろう。

これらの「異物」を通して、抑圧社会は引きつづき「侵略」を続け、革命社会そのものを侵略しつつある。

実際これはとんでもない「侵略」である。なぜなら旧支配エリートによって直接に行なわれ、再組織されたものではなく、実際のところ革命に参加した人によって行なわれるからである。

抑圧者を「宿して」いるために、内なる抑圧者が革命権力の次の中心であるかのように思い込み、革命に抵抗する。

また二重の存在であるので、過去の「遺物」を受け入れるという観点で、官僚化し暴力的に自分たちを抑圧する権力を受け入れさえもする。

こうした官僚的で暴力的なまでに抑圧的な支配はアルチュセール[32]のいう「古い要素の復活」に相当するが、おそらく新しい社会のなかで常に盛り返す動きをうかがっている。

以上の理由により、対話的文化の行動と権力の掌握の後の継承としての「文化革命」の

31　ルイ・アルチュセール前掲書。

32　この点に触れてアルチュセールは、「重層的決定という視点を欠いた弁証法では、この〝復活〟は正しくは見抜かれない」と述べている。上掲書。

大切さを強調するのである。どちらも意識化を深めていき、真の実践を通して客体であることを超えて、本来の〝歴史〟の主体となっていくプロセスである。

革命がリーダーと人々との間の永続的な対話の実践を通じて発展していき、人々の権力への参加が確実になるのは文化革命においてである。

このようにリーダーと人々とが共に批判的になっていけば、官僚主義という新しい形をとってはいるが、いつもと変わらぬ抑圧と「侵略」に陥る危険性をより困難なく避けることができる。

新たな形での侵略を行なおうとするのは村落開発普及員――ブルジョア社会でも革命社会でも同じである―かもしれないし、社会調査員かもしれないし、経済学者かもしれないし、医療関係者かもしれないし、宗教関係者かもしれないし、大衆教育者かもしれないし、ソーシャルワーカーかもしれないし、間違った革命家かもしれない。

文化侵略は征服と抑圧の維持に資するものであるから、いつも近視眼的な現実のとらえ方をするし、現実を静的なものとしてとらえるし、ある世界観を他の人に押し付けるものである。つまり、侵略者の「優等性」、被侵略者の「劣等性」、価値基準の押し付け、被侵略者の所有、被侵略者を失うことへの怖れ。

文化侵略とはそれらすべてのことであり、被侵略者の行動決定の基準は彼ら自身にはなく、侵略する支配者が握っている。何か決定しなければならないとき、決めるのは被侵略者自身ではなく、決定したという幻想を抱かされるだけである。

これが、侵略され、侵略の構造が反映した二重構造をもつ社会には、社会経済的発展を期待できない理由である。発展していくためには以下のようなことが必要である。

1）探求と創造の動きがあり、決定するのはそれをやっている人自身であるということ。

2）その運動が単に空間的にだけどこかで起こるのではなく、起こるべき「時」に起こっており、それが意識的であること。

つまり、すべての発展というのは変革を意味するが、すべての変革は発展であるわけではない。

種子はよき状況があれば発芽し、育っていき、変革していくが、発展というのはそういうものではない。

同様に、動物の変態もまた発展ではない。どちらもその種によって決定された変化であり、時間によってもたらされたものではない。時間というのは、人間の時間なのである。

さまざまな未完の存在のうちにあって、人間は唯一「発展」する存在であるといえよう。人間は歴史的な存在であり、「対自存在」であり、自己史的であり、発展という形をとって変化し、その変化は人間自身の時間のうちで行なわれ、決して人間の外で起こるものではない。

だからこそ、疎外された明確な抑圧状況で支配されていたり、他者に依存している偽りの「対自存在」つまり「対他存在」とでもいうものにされてしまったりしていると、人間はその本質的な発展を遂げることができない。このように自己の決定が奪われている状態では、支配者のいうことを聞くしかない。

被抑圧者がこの矛盾を克服し「対自存在」となってはじめて発展が始まる。

今、これを一つの社会を例に分析してみても同じだと思う。その社会が「対自存在」、つまり自由でその社会自体で決定できるようになってはじめて発展が始まる。

侵略の構造が反映し二重構造となっていて、〝中心〟に依存している社会で発展ということを考えることはできない。そういった社会では政治、経済、それに文化的なものも含め、すべての決定が自らのうちで行なわれているのではなく、自らの外にある〝中心社会〟によって決定されているからである。それは運命によって決められていて、先の分析によるとこういうところには変革しかなく、発展はない。

「対他存在」なのであるから、その変革というのはどうしても〝中心社会〟を利するものとなる。

以上のことを踏まえ、重要なのは発展と近代化を混同しないことだと思う。近代化は常に誘導される形で遂行され、「衛星のように」〝中心社会〟のまわりにいるようなごく一部の人口には資するかもしれないが、もともとは〝中心社会〟を利するためにあるものなのだ。発展はしていないのに、単に近代化した社会は常に〝中心〟に依存しており、委譲されるとしても本当に最小限の決定権しかない。従属社会が従属社会であるかぎりそうだし、これからも変わることはない。

ある社会が発展しているかどうかを確認するためには、「統計的に」、一人あたりなんとか、という指標による分析をすることは大した役には立たない。こういうことはどうでもよいことである、と確信をもつようになってきた。こういうことは真実を伝えていないのであり、総所得の調査がどう、といわれてもそれは何も伝えてはいない。本当に基本的に重要なクライテリアというのは、その社会が「対自存在」、つまり何者にも依存しておらず自立しているかということだけではないのだろうか。それができていなければ、これらすべての指標は近代化の度合いを示しているだけであり、発展の度合いを示してなどいないのである。

実際のところ、二重社会の主要な矛盾というのは、ここにあると思う。つまり、その社会と〝中心社会〟との間の従属関係である。この矛盾が解決されないかぎり、この社会が「対自存在」として自立しないかぎり、発展はありえない。

矛盾を克服するということは、以前には中心の利益に資するだけであった「援助主義」的な変化が、自立的な存在となった社会の真の発展に変わるということである。

そういった社会で、純粋に改良主義的な解決が志向されることもあり、そのような改革がかなり反動的なエリート層を脅かすようなこともないわけではないが、社会の矛盾の根本的解決には至らない。

そういった改良主義的な改革の多くは、いやそうでなければ、そういった改革のすべては、中心社会そのものから誘導されたものなのであり、彼らのヘゲモニーを維持するために歴史のプロセスへの新しい対処といったものなのだ。

中心社会である国々は、つまりこういわざるをえないわけである、「改革しよう。そうでなければ従属国で革命が起こってしまうぞ」

そうはいっても、中心社会である国ができることは、征服と操作と経済的文化的（時には軍事的）侵略を従属国に行なうことだけである。

経済的、文化的な侵略のうちにあって、支配されている国の勤勉なエリートたちは中心国の勤勉なエリートたちの純粋な転移とでもいえるような状態になっている。

反―対話的行動の理論の特徴を大体分析したところで、この本で確認してきたことを繰り返しておこうと思う。被抑圧者を抑圧してきた反―対話のプロセスと同じことを革命のリーダーが用いることはできない、と。逆に自由への道は対話とコミュニケーションのうちにしかなく、このことについては次に分析していこう。

その前に、明らかにしておかなければならない重要なことがもう一つある。

ここでは革命リーダーの成り立ちについて取り上げたい。そしてその歴史的、社会的な特徴が革命のプロセスに及ぼす基本的な影響について。

一般的にいってこのようなリーダーは支配者階級からの出身者が多かったと思う。

彼らはある経験によって、ある歴史的条件の下で、本来の意味での連帯の行動を行ない（少なくともそうでありたいと願い）自らの属していた階級を出て、被抑圧者の側についたわけである。

このように被抑圧者の側につくことが現実の科学的分析の結果であることもあるし、そうでないこともあるが、その姿が真実であれば、それは愛の行為であり、本当の意味でのコミットメントである。[33]

被抑圧者の側につくとすれば、そこには一つの道しかない。人々と共に語ることである。

一般大衆はリーダーのうちに自分たちを発見し、リーダーもまた人々のうちに自分を発見する。

リーダーが出てきたことは、それだけで支配階級にとっては、矛盾を生み出すものである。

出現したリーダーに、被抑圧者たちがそういった矛盾について「話しはじめる」と、支配エリートのこの矛盾はいっそう客観的なものとなる。

しかし、別に人々が自分の抑圧についてしっかりした認識に至ったというわけではない。そういう認識は抑圧者との矛盾を批判的に知る結果として生まれてくるものだからである。[34]

先述した抑圧者への「癒着」という態度のこともある。

また、ある客観的な歴史条件では、抑圧の実態がかなり「明瞭に」見えていることもある。「癒着」の場合は、抑圧者に「癒着」あるいは「ほとんど癒着」しているがために、被抑圧者は抑圧者を自分の外に位置づけることができないのだが、[35]後者の場合（歴史的条件でかなり明瞭に見えている）は自らを抑圧者に対するものとして批判的レベルで位置づけることができている。

「癒着」の場合は、自らのうちに抑圧者を「宿して」いる状態なので、その二重性が自由を恐怖させることになる。自らが抑圧されていることを呪術的な説明や、誤った神のヴィジョン（抑圧者はこういった都合のよい信仰を勧めてきた）のせいにして、自らの宿命だといってしまったりする。[36]

自らを恃むこともできず、打ちのめされ、絶望している人たちが自らの自由を求めることは大変むずかしい。そこに反旗を翻すことは、神の意思に背く反逆である。つまり与えられた宿命に立ち向かうことである、ということになってしまう。だからこそ、抑圧を育んできたさまざまな神話を問題化していくことが必要なのである。

二番目の場合（歴史的条件でかなり明瞭に抑圧が見えている場合）、抑圧の現状は「明瞭に」、あるいは、なんとなくにでも意識されているので、抑圧者は少なくとも外部に位置づけら

33　前章で、この点についてはゲバラの意見を紹介した。German Guzman ヘルマーノ・グスマンは Camilo Torresカミロ・トレスについて「自分をすべてそこに捧げたい、と自らのすべてを与えた。どのようなときも人々と共に在り、常にコミットメントをもって向かっていた。司祭として、キリスト者として、革命家として」 Germano Guzman, *Camilo, El Cura Guerrillero*（『カミーロ 愛への戦い』）, Bogotá: Servicios Especiales de Prensa, 1967, p.5

34　一つは「階級的必然性」でもう一つは「階級意識」である。「階級意識」についてはG・ルカーチ『歴史と階級意識』 *Histoire et Conscience de Classe*, Paris, Les Editions do Minut, 1960

35　フランツ・ファノン前掲書。

36　非常に高い知性とモラルを兼ね備えたチリの聖職者と1966年にレシフェで話をしたときのことである。「ペルナンブコの仲間といっしょにモカンボに住む家族を訪ねました。非常に状況はひどくて、どうやって生きていられるのかと聞くと、いつも同じ答えが返ってくるのです。〝何ができるでしょう。神様がこうなさっているんです。思し召し通りに生きるしかありません〟」

れており、この矛盾を超えるために闘いが必要であるということも受け入れやすい。そうなると「階級的必要性」とか「階級意識」といった目的に近づいていくことができる。

第一の場合（「癒着」の場合）革命のリーダーは、非常に痛切なことで、望むことでもないが、人々とは対立の関係に置かれてしまう。

二番目の場合では、リーダーが現れるとほとんどすぐに人々の共感を得ることができて、革命行動のプロセスを通じて共に成長していこうとする。

革命リーダがとる道に従って、自然に人々との関係は対話的なものになっていく。人々と革命のリーダーとの間にはほとんど直接的ともいえるような共感の関係がつくられていく。

お互いの間のコミットメントがあっという間にでき上がる。双方が同じような目的をもった同胞として支配エリートに対するようになる。

このようにしてできた対話の関係は、そんなに簡単には壊れることはない。権力掌握後も続き、人々は自分がその担い手であることを感じ、知っている。そういうことは、革命リーダーの闘いの精神、勇気、愛する力、誇りをいささかも衰えさせることはない。

フィデル・カストロとその仲間たちは、ある時期、たくさんの人から「無責任な冒険主義者」と呼ばれていたこともあるのだが、彼らのリーダーシップは非常に対話的なもので、バチスタ独裁時代の残酷な暴力に屈していた人々に一体感をもっていた。

そのような人々の共感はそんなに簡単に得られたわけではない。彼らは勇気や民衆への愛や自己犠牲について、いつも試されていたといえよう。何度壊滅的な打撃を受けても、またやり直していく希望、人々と共に勝利に湧き立っていった希望、そういったものが彼らだけのものではなく、彼らと民衆のもの、いやむしろ民衆としての彼らのものであった。

フィデルはすこしずつ人々の支持を集めていった。人々は抑圧の現実はあるにもかかわらず、歴史的経験の機能としてすこしずつ抑圧者との「癒着」を切っていった。

抑圧者と「距離を置く」ことで人々は自分たちの矛盾に満ちた対立を意識して「対象化」できるようになった。そのようにして、フィデルと人々との対立は生まれなかった。いくつかの逃亡や裏切りがなかったわけではない、とゲバラは『革命の回想』に書いているが、いかに多くの支持者を集め、期待されていたかも記している。

このようにして、革命リーダーが人々のところに至る道は歴史的な状況に応じて異なることもあり、リーダーと人々がいっしょになって抑圧者に向かう水平的なやり方もあり、革命リーダーを「トップに置く」三角形状の関係もある。後者は、人々と対立関係に置かれていることになる。

このような状況では、すでに見てきたように、人々が支配の現実を批判的にとらえていなかったり、すこしだけとらえていたりするので、対立関係は避けがたいのである。

問題は革命リーダーがそうやって人々と対立する存在になっていることをわかっていないことだろう。実際のところ、その認識はあまりにも痛ましいものだから、自己防衛機能として認識しないようにしているのかもしれないが。

結局のところリーダーというのは容易ではない。抑圧された人々の側に立つために出現しているのに、同じ人たちと対立してしまうのだから。

革命リーダーのありようについて若干分析しておくことは重要なことのように思う。彼らはまったく望んでいないにもかかわらず、対立する必要もないのに、実際には、一般の人々と対立してしまうことがあることはすでにいった。

革命のリーダーは革命のために一般の人々の支持が必要であることはいうまでもない。

対立の仮説は以下のようなことだ。リーダーが支持を求めて距離を縮めようとしているときに人々の不信が示されたりすると、その不信と離反は彼らが無能だからだと解釈する。一般の人の意識化のための歴史的な瞬間を、人々の無能力というふうに過小評価してしまうのだ。革命のためには人々の支持が必要だが、その人たちを信用できないし、信用もされていない。そうなると支配エリートたちが抑圧するためにやっていた方法に、つい手を出したくなってしまうのである。

自分の不信感を合理化するために、権力を手にする前には人々との対話は不可能だと言い募り、反―対話行動へと向かうようになる。そのようにして支配エリートが幾度となくやってきた、人々の征服を試み、メシアニズムを導入し、大衆操作をし、文化侵略を行なう。この道は抑圧への道であり、革命の道ではなく、本当の革命ではない。

革命指導者の役割はどのような状況であっても、いやむしろそのような状況であればなお、人々がなぜそんなに不信に満ちた態度をとっているのかの理由について学び、行動し、人々との豊かな交わりはどのようにすればできるのかを追い求めることである。豊かな交わりとはここでは、彼らを抑圧者にしている抑圧の現実を可視化する手助けをしていくことであろう。

支配されたものの意識は二重構造で、ぼんやりとして、怖れと不信で一杯なのである。[37]親愛なる指揮官ゲバラはボリビアにおける闘いの日記で、何度も農民の参加の足りなさについて触れている。「農民の動員はできていない。やや怪しい情報の提供はあるものの、

37　重要な文献：エーリッヒ・フロム編『社会主義ヒューマニズム』*Socialist Humanism* 所収　*The application of humanist psychoanalysis to marxist theory*（『ヒューマニスティックな心理分析のマルクス理論への応用』）。Anchor Books, 1996. Reuben Onsborn リューベン・オンズボール、Marxismo y Psycoanalisis（『マルクス主義と精神分析』）、Barcelona, Ediciones Peninsula. 1967

とにかくゆっくりだし、効果的ではないし、無視したいくらいだ」。別の時にはこうも書いている。

「農民の協力はまったく足りない。しかし彼らの怖れはなくなっているし、賞賛も得られて生きている。ゆっくりなのだから、忍耐が必要だ[38]」

農民たちのこの恐怖と非効率を説明しようとすれば、そこには抑圧者に植え付けられた被支配者の意識を見ることになるだろう。

このような被抑圧者たちの振る舞いや将来のありようは、支配の結果としてもたらされ、もっと抑圧するために支配者たちが文化行動の実践にもち込んでいるやり方は、革命家たちに他の行動理論を探さねばならないと示唆しているともいえる。

革命リーダーと支配エリートをわかつものは、その目的だけでなく、行動様式でもある。もしも同じように行動するのならば目的まで同じになる。

以前にすでに支配エリートが被支配者の人間と世界の関係を問題化するようなことをすればそれは逆説的だと述べてきたが、革命リーダーがそれをしないとすれば、それもまた自己矛盾である。

さて、次は、対話的な文化行動の理論について分析することにしようと思う。今までやってきたように、それぞれの構成要素を理解することから始めてみよう。

対話的行動の理論とその特徴――協働、団結、文化的文脈の組織化

協働

反―対話行動の理論でまず特徴となるのは征服であり、それはある主体が他を征服し、まるで「モノ」のように変えてしまう、ということだった。対話的行動の理論では、主体が出会い、協働して世界を変革していくということが大切なことだ。

反―対話的な支配者である〝我〟は、〝汝〟を征服して被支配者とし、単なる「モノ」にしてしまう[39]。

対話的な〝我〟は逆に、〝汝〟こそが〝我〟を構成するものであることを知っている。また、〝汝〟――つまり〝我〟でない――も構成しつつ同時に構成される。それは〝我〟の場合と

38 『ゲバラの日記』*El Diario del Che en Bolivia*, México, Siglo XXI, p.131-52

39 Matin Buber マルチン・ブーバー、*Yo y tu*（『我と汝』）

同じで〝我〟は自らのうちに〝汝〟をもつ。こうして〝我〟と〝汝〟は、構成的な関係性の弁証法においては二人の〝我〟であり〝汝〟でもある。

よって、対話の行動理論では、征服によって支配する主体も支配される客体もない。それにかわり、主体は世界を引き受けるために出会い、世界を変革する。

もし被支配者である人々が、これまで行なってきたさまざまなことによって、ある歴史的な時間においては、自らの主体としての使命を引き受ける能力がない、としているなら、その抑圧そのものの問題化が必要だろう。つまり常に何か行動を起こすことができ、できることがあるのだから。

この対話的な仕事は、革命リーダーの役割がない、といったものではない。ここでは指導者は、人々の所有物ではないといっているだけであり、リーダーはその役割の重要であること、基本的なことであること、不可欠であることを知っていなければならない。

リーダーの役割は重要なものであっても、解放のために盲目的に人々に対してあれこれと指示する権利はない。もしそうなってしまったらそのリーダーは、いくら人々の「救済」を目的としていたとしても、それは支配エリートがやっていた救世主メシアニズムを繰り返しているだけということだ。

人々の解放、あるいは「救済」が、彼らへの贈り物、施しになってしまえば、リーダーと人々との対話は閉ざされてしまい、解放の行動のための協働作業はただの行為になってしまう。

対話的行動の特徴である協働は、それぞれの役割と責任に違いはあっても主体同士にしか成り立たず、コミュニケーションを通じてのみ実現される。

協働の基礎になっているのは対話とコミュニケーションである。それは、いつもそうである。対話的行動の理論には、革命の理想で征服する、などというものはないのであって、革命への参加があるのみである。対話は押し付けるものではなく、管理されるものでもなく、囲い込まれるものでもなく、スローガン化されるものでもない。しかし、対話の行動理論が目標としているものがない、ということではない。一方、あるはっきりした意識でコミットメントをもった目的がある、という状態が対話的というわけでもない。

人々にコミットメントをもった革命指導者は、自由そのものにコミットメントをもっている。被抑圧者を解放することにコミットメントがあるのであり、彼らを征服することではなく、解放活動に支持をもらうことが大切である。

征服によって得られる支持は支持とは呼べず、それは征服者がさまざまに用意したやり方で、被征服者を「癒着」させたことにすぎない。

本当の意味での支持は、自由なオプションの結果として現れるものだ。現実を媒介する人間同士のコミュニケーションからのみ生まれるものだ。

だから、反―対話行動理論での征服は抑圧を維持するために常に現実が神話化されるが、対話行動の理論は、対話的な主体が常に現実に戻り、そこを媒介として、問題化を行ない挑戦していく。問題化された現実への挑戦に応えるということが、すでに対話的な主体の行動であり、変革の行為である。

しかし、問題化はスローガン化することではなく、問題化した現実を批判的に分析することである。反―対話理論において、人々は征服行為の対象であるが、対話の理論においては主体そのものであり、世界を征服していく主体である。前者は人々をいっそう疎外するが、後者は人間を解放するために世界を改革していく。

反―対話行動において、支配エリートは支配しやすくするために世界を神話化するが、対話理論は、世界の神話を剥ぎ取っていく。世界と人間とを神話化するならば、神話化する主体と神話化される客体があるわけだが、世界を神話化から脱するところには、そういう対立はない。

本当の意味での実践を通じて世界と自分とを脱神話化することで、人々の支持も可能になる。

この支持は人々が自分自身と革命のリーダーに信頼を寄せたときに始まる。リーダーが献身的に働いていることがわかり、人々の解放のために働いている本質がわかってくるのである。

リーダーへの人々の信頼は、人々へのリーダーの信頼でもある。しかしながら、抑圧された人々へのリーダーの信頼は、ナイーブな信頼とは違う。

リーダーは人々の潜在能力を信頼しなければならないし、彼らを単なる行動対象として扱ってはならない。彼らが自らの解放への闘いに参加する可能性があることを信じなければならないし、同時に抑圧された人々のもつあいまいさや二面性といったものについては、不信をもつことが必要である。

抑圧された人々に不信をもつことは、彼らを人間として信じないということではなくて、彼らの内に「宿る」抑圧者に不信をもつということなのである。

ゲバラが[40]革命家の注意を喚起し、「いつも警戒するようにせよ、近づいてくる農民、道案内をしてくれる農民、その影にさえ、警戒しなければならない」というのは、対話的行動の理論の基礎と矛盾しているわけではない。現実主義に徹しているだけだ。

40　チェ・ゲバラ、『革命の回想』*Relatos de la Guerra revolucionaria*, Editora Nueva, 1965

信頼は対話の基礎となっているものだが、先験的にあるものではなく、世界を告発し、変革しようとする主体同士の出会いから生まれてくるものである。

被抑圧者が自分自身である以上に自らの「内なる」抑圧者であれば、自然と自由を怖れてしまうようになるので、抑圧の現実を告発せずに、革命リーダーを告発する、というようなことになってしまったりする。

だからこそ革命リーダーはナイーブであってはならず、このような可能性について十分に注意を払っていなければならない。

すでに引用したゲバラのシエラ・マエストラでの闘争についての文章を今一度引用してみよう。常に謙譲の姿勢を失わないこの本の中でも、闘争からの逃亡や裏切りについて記されている。

ときおり文中には、グループの結束と規律を保つために逃亡者には罰が必要であることを述べ、逃亡のいくつかの理由についても触れている。そこで最も重要なのは、逃亡者のあいまいな二重性ともいうべきものだと思う。

ゲバラの回想録の中で、最も印象的だと思うのは、彼がゲリラ戦士としてではなく、医者としてシエラ・マエストラという農民の村にいる自分について書いているところである。「ここに、みなの人生を決定的に変える必要がある、という思いが私たちの意識の血肉となっている。農地改革の発想は大変明確なものとなり、人々との交わりは理論を超え、私たち自身の非常に重要な一部となっている。ゲリラと農民は一体になりつづけている。本当に農民と一体化できる日がいつになるかはだれもまだいうことはできないのだが、ただ、私についてだけいえば、シエラの農民たちを診療することで、なんというのだろうか、それが自然で叙情的な決意をもたらしてくれたと思う。私に今までとはまったく価値の異なる静謐さに満ちた力を加えてもらったような気がしているのだ。

シエラ・マエストラの苦労に満ちた誠実な入植者たちこそが、革命イデオロギーを鍛えてくれたのだ、ということを疑ったことは一度もない[41]」、「自然で叙情的な決意をもたらして、私に今までとはまったく価値の異なる静謐さに満ちた力」を加えたのは、人々との交わりであったことをゲバラは強調しているのである。彼はまたその農民との交わりを始まりとして、「革命イデオロギー」を「鍛えていった」と言っているのだ。

このようにして、農民との対話は、彼の革命的実践を決定づけていく。しかし、ゲバラはとても謙虚な人なので、自分の言葉では語っていないのだが、人々との「豊かな交わり」を可能にしたのは、おそらくまさに彼の謙虚さとあふれるような愛の力だった、と私は思

41　チェ・ゲバラ前掲書 p.81

う。この豊かな交わりとはいうまでもなく対話のことであり、そして協働が生まれたのである。

リーダーとしてのゲバラは、冒険を求める欲求不満の若者としてフィデルや仲間たちとシエラ・マエストロに向かったのではない。「人との豊かな交わりが、単なる理論を、私のとても重要な一部としてくれた」とゲバラはいっている。

ゲバラが自らと同志たちの経験について語るとき、そして、「誠実で謙虚な」農民たちとの出会いを語るとき、その語り口はまるで福音を説くようだ。ゲバラという人の深い愛の力と人と交わる力の深さを感じ、なんという特別な人だったのだろう、と思わずにはいられない。彼がもうひとりの愛に満ちた「闘う聖職者」カミロ・トレスについて語る情熱はそこからきているのであろう。このような交わりや本来の意味での協働がなければ、人々は単なるシエラの革命の対象にすぎなかったのだと思う。

対象としてならば、支持という形での参加はなかっただろう。せいぜい革命家に「くっついた」かもしれないが、それは革命ではなく、ただの支配である。

対話行動の理論は常にどのようなときでも革命行動には人々との「交わり」を必要とする。交わりは協働へとつながり、リーダーの人々への「フュージョン（融合）」が起こる。先ごろなくなった偉大なリーダーのいうように。「融合」は革命行動が本来の意味で人間的であり[42]、ゆえに共感的で、愛に満ちて、交わりが感じられて、謙虚であることに支えられ、人間の解放を目ざすときにはじめて存在しうるのだと思う。

革命とは生命への愛であり、生活の想像であり、そのためには生きることを拒む生活は捨てていかねばならない。

統計的な数値など出す必要もないくらい、ブラジルで、そしてすべてのラテンアメリカで、いかに多くの男たち、女たち、子どもたちが「生ける屍」となり、あるいは「影」のような人間となり、絶望して見捨てられ[43]、永続的な「見えざる戦争」の下にあることか。ようやく残ったほんのすこしのいのちさえ、結核、住血吸虫、子どもの下痢、貧困の起こす数え切れない病気、「熱帯病」と呼ばれる病気で奪い去られていく。

こういう状況を前に、チェヌー神父はいう。「協議会に出席したたくさんの神父たちが識者と共に危惧しているのは、世界の欠乏と悲惨のことです。私たちは悲惨と不正の氷山の一角について抗議文を採択するくらいで、その原因を分析したり、この悲惨を生み出し

42　「神が死んだのち」にどのように人間が「死」に直面するのかという人間性擁護のありようについて現代思想からの提示については、Mikael Dufrenne ミケル・デュフレンヌ、『人間の復権を求めて』*Pour L'homme*, Paris, Editons Du Seuil, 1968

ている体制の告発に踏み込もうとしたりしていないのです」[44]

対話行動の理論は、「このような不正を生み出し、悲惨を引き起こしている体制」の告発を目的とするものであり、犠牲者と共に人間の自由と協働を通じて人間解放を求めるものである。

▼解放のための団結

反―対話行動の理論が支配者に必然的に要請するのは被抑圧者の分断であり、それによっていっそうたやすく抑圧を維持できることになる。対話の理論は、反対にリーダーに被抑圧者同士そして被抑圧者とリーダーが団結できるように努力することを求める。

対話的行動のどのカテゴリーについても同じことであるが、ここでの中心となる課題は、だれもが実践を求められるということである。

支配エリートにとって、抑圧の実践は簡単なことであり、少なくともすこしもむずかしいことではない。しかし革命指導者にとって自由の実践を行なうことは、そのようにやさしいことではない。

支配者は権力という道具を恃むことができるが、革命家はその権力の重圧の下で活動することになる。

前者は自由に自己を組織し、時には一時的な分裂を見ることもあるが、基本的な自分たちの利益が脅かされるときには、直ちに結束が見られる。後者は一般の人々なしには存在もできない。

この人たちは、前者の支配者にとっては、利害対立の相手であるから、支配者は被支配者の組織化を阻止しようとする。

支配エリートが抑圧された人々の組織化に賛同するということは、つじつまが合わない

43 「たくさんの農民たちは」とゲラッシーは農民たちのことを引いていう。「死を免れるために家族を奴隷として売っている。ベロ・ホリゾンテの新聞によると少なく見積もっても5万人（値段はひとりCr$1.500）を下らない犠牲者が見つかったという。レポーターは試しに30ドルで男とその妻を買ってみたという。『たくさんの人が餓死するのを見てきた』と、奴隷は言った。『だから売られてもいいと思った』と言う。１９５９年にサンパウロで人買いの商人がつかまったとき、彼はサンパウロで一番力のあるファゼンデイロ、コーヒー農園主、建築業者などとコンタクトがあったことを述べた。中には売春宿に売られた娘たちもいたようだった」ジョン・ゲラッシー、*A Invasão da América Latina*（『ラテンアメリカの侵略』）、Rio de Janeiro: Civilização Brasileira, 1965, p.120

44 O.P.Chenu チェヌー、*Temoignage Chretien*（『キリスト教の証人』１９６４年4月号）。André Maine アンドレ・マインの *Cristianos y Marxistas después del Concillo*（『キリスト者とマルクス主義者の和解』）に引用されている。Buenos Aires, Editorial Arandu, 1965, p.167

ことである。人々の団結と、そのリーダーの存在なしの組織化はありえないからである。支配エリートにとって、内部の団結とは権力組織の強化のことであり、それは人々を分断してしまうことだが、各リーダーにとっての団結とは、人々同士の、そして人々とリーダーとの団結を意味する。

分断と団結は異なるものであるからこそ、前者は人々との〝対立〟であり、後者は人々との〝交わり〟を基礎とする。

抑圧の具体的な状況、つまり被抑圧者の〝我〟を二重化し、両義的な存在にして、感情的に不安定にして、自由を恐怖することは、抑圧者の分断行動をやりやすくし、解放の行動のために不可欠である団結行動をやりにくくする。

さらに、支配の客観的状況はそれ自体、分断された状況である。現実との変わらぬ「癒着」を維持するために被抑圧者の〝我〟を分断することから始まり、その状況が大変強力なものであると感じさせ、その権力の前にあって彼ら自身を疎外していくのである。

〝我〟のある部分は「癒着」していると思う現実に向き合っているが、もう一方は客観的な現実の力を示されているような、よくわからない実態のうちに外在化され疎外されており、自分は実際何事もできないと思う。同様に過去と現在の分裂された〝我〟はありえないし、根本に何の希望もない未来もない。〝我〟は自らをよくわかっておらず、だから他者と団結できるような未来をもつことができず、これからももてない。

この「癒着」を断ち切ることができるようになり、起こってくる現実を批判的に見ることができるようになると、対象と向き合う主体として、〝我〟が合一されるようになる。そのとき、分断されていた偽りの集合体が断ち切られ、本当の意味での個人になることができる。

このように、被抑圧者を分断するには、抑圧された現実への「癒着」を維持し、神話化することが必要であるから、団結のための努力のための最初の一歩は現実の非神話化である。

被抑圧者を分裂した状態に維持するためには抑圧のイデオロギーが不可欠であるが、団結のためにはなぜ、どのように現実への癒着が起こり、自らと現実に関する偽りの認識ができてしまったのかを知るための文化行動が必要である。非イデオロギー化が求められている。

だから被抑圧者の団結のための方法はイデオロギー的なスローガン化であってはならない。それは主体と客観的現実の本来の関係を歪め、また、本来は統一的で不可分なものである感情の認知と行動を引き離すことにもなる。

実際のところ、基本的に解放のための対話行動は、被抑圧者をある神話化された現実から「引き離して」、別の神話に「癒着」させるようなものであってはならない。対話行動の目標は逆に、被抑圧者が、なぜ、どのようにしてこの「癒着」が起こってきたかを知り、不正な現実を変革していく真実の実践への行動を起こしていくことである。被抑圧者の団結、つまりどの程度抑圧されているかというレベルにかかわらず、お互いに連帯している関係というのは、階級意識を表していることは間違いがない。

しかしながら、ラテンアメリカのあの大勢の農民たちについて考えれば、現実への癒着はかなりのもので、抑圧された階級という意識をもつ前に少なくとも抑圧された人間という意識が必要になるのだろうと思う。

ヨーロッパの農民に対して、人間であることとの生活条件を問題にするというのは、おそらくよくわかってもらえないのではないかと思う。

ラテンアメリカの農民の場合、同じようにはいかないのは、彼らの世界はすでに大地主支配の境界線の中で、「終わって」しまっており、ある意味、時に「埋没」している動物や植物のようになってしまっていて、自分たちでもそう思ってしまっているようなことはめずらしくないからである。

このように抑圧の姿に自然に「癒着」してしまっている人たちにとっては、どのように人間であることが否定されてきたのかをまず認識することが必要だと私は信じる。

「沈黙の文化」は抑圧の構造からつくられていて、「ほとんどモノ化」されている自分たちの経験が、それらの所産であることを意識することが必要である。

世界と対話する自分を問題化する対話的文化行動を通じて、自らを発見していくということは、自分がペドロであり、アントニオであり、ジョゼファであることがどんなに重要で価値があるのかを見つけていくということだ。そうすることで、すべてのことに根底的に異なる意味があることがわかってくる。世界、人間、文化、木、労働、動物……などが今までなかったような本来の意味をもつようになる。

そうすれば、以前は秘密めいていてよくわからなかった現実をどのように変えていくのかがわかり、自分たちの労働が現実を動かすのだということがわかってくる。

このようにして人間としての自分を発見すると、もはやだれかに所有される「ほとんどモノ」のような状態を続けることはできず、被抑圧者としての意識が被抑圧者としての階級意識につながっていくのである。

個人の深いところを見ていくような根本的な視点をもつことができないような、スローガン化した活動実践を基礎とした農民の団結をはかっても、その活動は機械的なものにしかならない。

被抑圧者の団結は人間の範疇の仕事であって、モノを相手にする仕事ではない。だからこそ下部と上部構造の弁証法的な関係性がわかってはじめてよく理解できるのである。被抑圧者が相互に結束するためには抑圧社会につなぎとめている魔術的で神話的な性格の臍の緒を断ち切らなければならない。

被抑圧者同士の団結は、被抑圧者と世界との関係と同じ性質のものではない。被抑圧者の団結は実際のところ革命のプロセスにおいて不可欠のものであり、その団結は、一番最初の一歩から文化行動の様相を呈していなければならない。

文化行動の実践を通じて被抑圧者の団結ができ上がっていくが、それはさまざまな支配構造の下での歴史的経験と生活の現実に依拠しているものである。

農民たちの現実は「閉じた」ものであるから、その抑圧の形態も「単一」でわりと簡単な仕組みであることが多いように思われる。しかし、都市の被抑圧者たちは「開かれた」文脈の中にいるようなものであるから、抑圧者による発令は単一ではなく、複雑な様相を呈している。

前者の場合、決定を下しているのは抑圧のシステムそのものを体現している支配者自身であるが、後者の場合、「人格のない抑圧者」によって抑圧が行なわれている。

どちらにせよ抑圧権力というものはある程度「目に見えない」ものなのである。前者、つまり農村においては抑圧者はあまりに身近であるがゆえに見えにくく、都市においてはあまりにばらばらになっていて、やはり見えにくい。

状況は異なっていても、文化行動が同じ目的をもつことに変わりはない。被抑圧者と抑圧者の間がよく見えていようが、そうでなかろうが、被抑圧者が客観的な状況を明らかにしていくことが目的である。

べらべらとしゃべるだけの空虚な議論も、機械論的な行動主義も退け、支配エリートの分断行動にも反対してはじめて、被抑圧者の団結に向けて行動できるようになる。

組織化

反―対話行動理論においては大衆操作が征服の手段であったが、対話行動の理論では人々の組織化をもってそれに対抗する。

組織化は人々の団結と直接結びついているのみでなく、人々の団結の自然な形態でもある。

このようにして団結を模索するとき、指導者はすでに大衆の組織化を模索してもおり、それは解放への努力は人々と指導者双方にとっての課題であるということを証言していくことでもある。

この継続的な証言は、人間解放に向けての共通の謙虚で勇気ある作業であるわけだが、それをすることにより、反対話的なやり方になることを避けることにもなる。

それぞれの社会の歴史的状況の違いに応じて、この証言のやり方も変わってくる。証言そのものが革命行動の一つの構成要素でもあるのだ。

だからこそ、何をどのように証言するかということは、行動につながる歴史的瞬間のできるだけ批判的な認識や、人々のもっている、あるいはもちつつある世界観や、その社会における主要な矛盾やその矛盾の主要な視点についての明らかな認識を必要とする。

このような証言はすぐれて歴史的なものであるので、弁証法的な対話は以前に分析した文脈なしに別の文脈からあてはめる、というようなことであってはならない。そんなことをしたら、相対的なものを絶対化することになり、証言自体が神話化してしまい、疎外を免れなくなる。

対話行動理論における証言は、革命の文化的、教育的性格を示す指標ともなるものである。

証言を構成する要素のうち、歴史的にあまり変わらないものをあげてみる。証言をする者の言葉と行動が一致していること、永続的なリスクと向き合う大胆さ、セクト主義ではないラディカルさなどで、それらは証言する者だけではなく、証言を受け取る者たちへもいっそうの行動を促す。そして愛に価値を置くこと、それが不正な世界に順応することではなく、人間の自由に向けての世界の変革を意味していることは、今まで考えてきたことからも明らかであると思う。人々への信頼は必須のことである。証言は人々に向けてのものであり、しかも、人々への証言は、置かれている全体的な状況、支配エリートとの弁証法的な関係性のうちに置かれた人への証言ということだから、それは支配エリートたちにも影響を及ぼし、予想された範囲の彼らなりのやり方で、それに反応してくるだろう。

本来の意味での証言というのは、だからこそ批判的になるのであり、あえてリスクを冒すことを意味する。そのうちの一つとして、リーダーが期待する人々の支持がすぐには得られない、ということもあげられる。

ある状況のあるときに行なわれた証言が、うまくいかなくて、とても無理だということになっていても、明日にはうまくいくかもしれない。証言は真空地帯で行なわれているパフォーマンスではなく、行為であり、世界と人々との対峙なのだから、静的なものではない。むしろ動的なものであり、ある社会で生まれ、後にその全体的な変革に組み込まれていく。つまり、この間そうだったから、といってこれからも同じということはないのである。[45]

反—対話行動や大衆操作は人々を「麻酔にかけてしまい」、支配を容易にさせるが、対話行動では大衆操作は否定され、本来の意味での組織化が行なわれる。反—対話行動では、大衆操作が征服の道具になるが、対話においては、勇気と愛ある証言は組織化を助ける。人々の団結を助けるだけでなく、その自然な解消とも結びついている。

よって革命リーダーが人々の団結を追求するとき、同時に人々の組織化も目ざしている。だから対話行動の理論のいう組織化は機械的に集まった個人の集まりではないということを強調することは重要である。

これは本当の意味で対話的になろうとするときに気をつけなければならないリスクといえる。

支配エリートにとって組織化は自分の組織化であるが、革命リーダーにとって組織化とは人々と自分との組織化のことである。

支配エリートは組織化すればするほど自分の権力を強固にし、人々の支配と「モノ化」を進めることになるのだが、後者は組織化とはもともと解放の実践となるという自然な目的に合致したものである。そういう意味で、組織化に不可欠な規律と、人々の操作を混同してはならないと思う。

リーダーシップ、規律、秩序、決定、目標、金銭にかかわる業務、そういったものがうまくいかなければ組織化がうまくいかないので、革命行動は力が削がれることは事実である。だからといって、人々を管理したり、「モノ化」したりすることを正当化することはできない。

階級のうちにある人々を組織化するというのは、革命リーダもまたその言葉を[46]禁じられているということで、そういうものとして彼らは共に世界を引き受けることを学び、真実を学ぶ。それが対話ということだ。

リーダーはただ一人で言葉を発するのではなく、人々と共に言葉を発する。このようなリーダーは言葉を他人に押し付けようとしたり、組織したり、人々を操作したりしない。

実際のところ、対話の理論によると組織のプロセスにおいてリーダーは自分の言葉を

45　プロセスとして見れば、本当の意味での証言は、それが行なわれたときには、うまく実を結ばなくても、この否定的な印象を完全な失敗、とはいえない。支配者の抑圧によって革命リーダーが殺されても、その証言は死ぬことがない、ということはよくある。

46　あるとき、わたしはキューバの大学の医学部長であるOrlando Aguirre オーランド・アグィヤーという医師と話をした。彼は言う。「革命は3つの〝P〟なのです。言葉（Paravra）、民衆（Povo）、爆薬Polvora。爆薬が爆発して、それが続き、民衆が具体的な状況がよくわかって行動を通じて解放を追及し始めました」。この会話の中でこの医師が革命において「言葉」が大事であると強調していたことを興味深いと思った。そしてそれはこの本で述べていることと似ている。それは行動と省察としての言葉、実践としての言葉、という意味である。

人々に押し付ける権利はないのだが、それは抑圧に慣れてしまった被抑圧者を気ままにさせるという自由主義的な観点をよしとしているわけではない。

対話的行動の理論は、権威主義を否定するが、同時に放縦をも否定しているのである。そうすることによって権威と自由を大切にするのである。

自由のないところに本来の意味での権威はなく、権威のない自由はない。

本当の意味での権威の根源は自由にあるのであって、自由はあるとき権威となるのである。すべての自由はある特殊な環境の下で（いろいろな現実によってレベルはさまざまに異なるとは思うが）権威を生じる可能性を秘めている。

権威と自由を別々のものとして見るのではなく、必然的に対立するものとしてでもなく、相互に関連するものとして見ていく必要があるだろう。[47]

だからこそ、本当の意味での権威とは、単に委譲されるようなものではなく、信頼に基づいて委任されたり、共感的な支持によって成立するものなのである。もしも権威が単なる委譲や、多数者に対する「反感的な」強制によって生じているのだとしたら、それはもはや権威ではなく、権威主義であり、自由を押さえ付けてしまうようなものである。

自由が権威のうちに構成されているようなときに、自由と権威は対立を避けることができる。

すべての肥大は、一方がもう一方の否定を促してしまうようなところに起こる。よって、自由なき権威がないように、権威なきところに自由はなく、自由の否定なしには権威主義もないし、権威の否定なしには放縦はない。

対話行動の理論による組織化は、だから権威を内包しながら、権威主義ではないといえるし、自由を意味しながら放縦ではありえないのである。

むしろ逆で、それはリーダーと人々がいっしょに本来の意味での権威と自由を学ぶ非常にすぐれて教育的な機会であるといえる。そして変革される現実を通じて一体のものとして確立されていくのである。

文化統合

この章の全体を通して見てきたことだが、すべての文化行動は明示的であるか、そうではないかにかかわらず、社会構造と組織的、意図的な行動としてかかわっていて、現状通り、あるいは現状に近い状態に維持するか、あるいは変革するか、のいずれかを目ざしている。

47　状況が客観的に見て抑圧的、あるいは放縦であるところでは、この二つ（自由と権威）は対立する関係となる。

だからこそ意図的で組織的な行動としての文化行動は、その目的と方法論を規定する固有の理論がある。

ある種の文化行動は、やっている者たちが意識的であれ無意識的であれ、支配に資するものとなったり、あるいは別の文化行動派の人間の解放に資したりする。

双方が社会構造の陰のうちにあって、そのプロセスにおいて弁証法的に対立しており、その社会構造を形作るのは維持―変化の間の弁証法である。

これが社会構造を説明するものであり、存在するためには存在しつづけなければならず、別の言い方をすればベルグソンのいうように社会構造が「維持される」ということになる。[48]

対話的な文化行動の特徴について分析してきたが、それが目ざすものは、永続性と変化の弁証法の解消ではなく（それはそもそも不可能である。なぜなら、その解消は人間の社会構造そのものの解消を意味するからである）、対立した矛盾を超え、人間の解放をもたらすことである。

一方、反―対話文化行動はこのような矛盾ある世界を神話化して、現実の根本的な変革をできるだけ避けたり妨害したりする。

はっきりした形をとろうがそうでなかろうが、結局のところ反―対話行動が目ざしているのは社会「構造」の維持、つまり自分たちに利するような状況の維持なのである。

だからこの対立矛盾を超えることができるような社会構造の変革を認めることはないが、

自分たちの決定する権利を侵すことのないような改革や、被支配の人々を力で押さえ込むことができるような改革ならば受け入れるだろう。

これが、このような行動の様式が一般の人々の征服、分割、大衆操作、文化行動を意味するということの動機である。またたからこそいつもそれらがいっしょになって誘導するような行動となり、しかも、その性質こそが支配にともなう根本的な性質であるから、そこを超えていくことはできないのである。

反対に、対話的な文化行動の本質的な性格は、このような人々を誘導するようないかなる視点をも退けることにある。

支配を目ざす反―対話文化行動はその目的において、根本的性質である誘導行動を克服することができないのだが、対話文化行動の目的はその誘導を超えていくための条件をとのえることにあるといってもよいくらいだ。

48　実際のところ、社会構造を、したがって歴史文化的構造を構造たらしめているのは、変化なき永続性ではなく、絶対的なものでもなく、変化と永続性の弁証法の下にあるのである。先の分析で、社会構造において常に存在するのは永続性でも変化でもなく、永続性と変化の弁証法つまり社会体制は、変化なき永続性ではなく、不変性と変化の弁証法の下で「持続」しているにすぎない、といえるのだ。

すでに強調してきたことであるけれど、文化侵略においては、行為者は自分自身の世界を基点として必然的に自らの価値観やイデオロギーを下に、そこから自らの行動のテーマ内容を引き出し、被侵略者の世界に這い込もうとする。逆に、文化統合の場合は、人々の世界に触れたときから侵略者たちのようなことはしない。

侵略たちのようなことはしない……それは、彼らは「他の世界」にやってきて、そこに住む人たちと共に、その世界をよく知ろうとしているのであって、何かを「教えよう」としたり、伝えようとしたり、つまりは何かを人々にあげたり、そういうことはしないのである。

文化侵略を行なうかぎり、その行為者たちは、自分自身が、侵略された世界に赴く必要を感じなくなり、その行為は回を追うにつれてますます、いわゆる技術や道具に媒介されて行なわれるようになる。そこではどのようなパフォーマンスが行なわれても、彼らのほうがよくできて優越していることになる。一方、文化統合を目ざす行為者は、自分と人々を共にパフォーマンスを行なうものとして統合し、共に世界に働きかけようとする。

文化侵略においては、現実とはそのままで維持されなければならないものであって、観客がターゲットにするのは観客である。文化統合では観客は存在せず、人間の解放を求めて現実を変革していくことが行為者のターゲットなのである。

つまり文化統合とは、自らのいるところの社会構造を温存しようとするような文化に対峙する方向でつくり上げられていくような文化行為ともいえると思う。

そのように考えれば、この文化行動は歴史的行為ともいえるのであり、人を疎外し、疎外されるような文化を超えていくための道具として提示されるものである。

だからこそ、すべての本質的な意味での革命は文化革命なのである。

人々にとって基本となるテーマを把握することを根本的な目標として、人々の生成テーマや意味あるテーマを調査することは、それによって人々と共にする行動のプログラム内容を組織することを始めることができ、文化統合としての行動プロセスの一歩とすることができるからである。

だからこそこの〝テーマ調査〟のプロセスと〝文化統合のための行動〟のプロセスは分割することはできないものである。

もし二分されてしまうと、まず調査者の目的のために人々が常に受動的に研究され、分析され、調査されることになり、それ自体が反―対話行動になってしまう。

このナイーブな二分化の考え方では、統合行動はまずは文化侵略から始まってしまう。

対話の理論では、このような二分化が起こらないようにしなければならない。テーマ調査では、専門的調査者が主体となるのみでなく、人々もまた主体となってテーマの宇宙の探索を行なう。

文化統合の最初の活動としての調査は創造的な雰囲気をつくり出していくもので、それによって次に続く行動もそういった雰囲気で行なわれるようになる。

文化侵略には、こういった雰囲気はない。被侵略者の創造的な思いは疎外され、命を失う。そのことに闘いを挑まないかぎりは、絶望と冒険するリスクを冒す恐れに満ち、本来の意味での創造性を失ってしまう。

だからこそ、レベルにかかわらず、被侵略者は侵略者たちのつくり上げたモデルを超えていくことは非常に難しいのである。

文化統合には侵略する者はいないし、押し付けられるモデルもない。行為者たちは客観的現実を批判的に分析し、その行為を二分することなく、主体として歴史のプロセスに参入していく。

革命指導者と人々は、すでにつくり上げられた枠組みの代わりに、いっしょになって行動するための計画をつくり上げていく。この統合の過程において何らかの形をとって、新しい考え方や行動が再生することもあり、しかもそれはリーダーのみの知識や行動となるのではなく、リーダーと人々双方のものとなるのである。文化疎外というのがどういうものかを知ることは変革のための行動を促し、疎外のない文化へとつながっていくことを意味する。

指導者のもっていたエレガントな知は、人々の経験知によって、よりたくましい知となり、人々もまた経験者の知のありようから多くを得ることができる。

文化統合はリーダーと人々の世界観の対立を解消するのみならず、双方の視点をより豊かなものとしていく。

文化統合はお互いの視点の違いを否定するのではなく、むしろ逆で、その違いに根差したもの、ともいえる。文化統合が否定するのは、一方からもう一方への侵略なのであって、文化統合そのものは、お互いの違いにこそ利するところがある、ということである。

革命リーダーは人々を外に置いて物事を進めるべきではなく、そのようにすれば、かならず文化侵略になってしまうことに心をとどめるべきだ。だからこそ、革命リーダーはある歴史的条件の下では人々と対立してしまうこともあるが、その役割はこのたまたま起こってしまう矛盾を解決することにある、ということはすでにこの章で述べた通りである。そのために矛盾を増勢してしまうだけの「侵略」に訴えることであってはならない。その矛盾の解決には、文化統合以外の道はない。

人々がもつ、あるいはもとうとしている世界観という大変現実的な出来事を考慮しないと、革命リーダーはとんでもない間違いを犯してしまうことになる。人々の世界観には、はっきりしているものもあり、していないものもあるが、本当にさまざまなものが混在している。その願望、その疑惑、その希望、指導者を見る目、自らと抑圧者の認識、多くの場合、民間信仰の投影である宗教への信仰、その宿命論、その反抗心。それらすべてはすでに見てきたように、それぞれ別々に存在しているのではなく、お互いにかかわり合って全体をつくり上げているのである。

抑圧する者にとって、この全体性はその侵略行為と支配と支配の維持のために興味を引くのみだろう。革命リーダーにとっては、この全体性を知ることは、自らの活動と文化統合のためになくてはならないものである。

だからこそ、この対話行動の理論では文化統合を目ざすのではあるが、革命リーダーが人々の世界観に縛り付けられ、その願望につなぎとめられていなければならないということを意味しているわけではない。

つまり、人々の世界観は実際尊重されるべきものではあるが、尊重するという名の下に、革命リーダーがそのビジョンに追従することをよしとしない、ということである。

リーダーが人々の世界観を侵略するのはもってのほかだが、リーダーが自分をその世界観に適応させてしまうということでもない。多くの場合、民衆のナイーブさに振り回されていることもある。

わかりやすく書いてみよう。あるとき、人々の願望が賃上げ要求のみに絞られ、そこから先に進めないとき、リーダーは二つの誤りを犯す可能性がある。一つは賃上げ要求を煽りつづけること、もう一つはその人々の願望はそれとして一応棚上げし、他のことを人々に提案することである。つまり、人々にとってはまだ現実味のない「自分と関係ない」ようなことをもってくる。

前者は、革命リーダーが人々の願望に過剰適応したり迎合したりしている、ということだ。後者は、人々の願望を尊重せず、文化侵略に陥ってしまっているということだ。

解決は統合にしかない。一方で人々の賃上げ欲求に心を寄せる。もう一方ではその要求の意味について問題化していく。

それは歴史的な具体的現実状況、つまり賃上げを一つの次元としてその全体の問題化をしていくということだ。

そうすれば、賃上げ要求がそれ単独では解決しないような問題であることがわかってくる。

第三世界司教会議文書としてすでに引用したものをもう一度取り上げよう。スプリット司教は以下のように指摘する。「もし労働者たちが何らかの形で自らが自らの労働の主人とならないようならば、そのような社会構造改革は役に立たない」

司教が主張するように、基本的に労働者たちは「労働の売り手ではなく、主人であること」が必要である。なぜなら「すべての労働の売買は、ある種の奴隷制度である」からである。

だれでもが自分の労働の主人にならねばならない。「労働力とは人格の一部である」とか「人格とは売ったり買ったりできないものだ」とか、そういった批判的意識をもつことこそが、緩和的でごまかしの解決から一歩踏み出していくことになる。それは労働を人間的にし、人々を人間的にするために、真の意味で現実を変革する行動に踏み出していくということである。

すでに、この章も終わりに近づいた。この本で私たちが述べてきたことはとても当たり前のことだ。支配者として人間を支配するためにはそれなりの理論が必要だということ、被支配者の解放のためには、同じようにその行動のための理論が必要だということである。

支配する者は自分の行動理論を、人々のことを考慮せずにつくり上げていく。なぜならそれは人々を支配するためのものだからである。

人々のほうは、内なる抑圧者が内部化されているために、自分たちだけで自分たちの解放理論を形成することができない。革命リーダーと出会い、お互いの交わりのうちにおいて、その実践を通じて、その理論が形成され、また再形成されていくのである。

この本ではまず被抑圧者の教育学の問題の大体を序説的に描こうとした。そののち、分析を加え、やはり大体の序説的なものになってしまっているが、抑圧に資する反―対話行動理論と解放に資する対話行動理論を紹介した。

もし読者のどなたかが、この本の誤っているところを正してくださったり、いくつかの点についてもっと深めてくださるようなご指摘をくださるなら、それは本当にうれしいことだと思う。

とくにこの最後の章については、私たちがこういうことを語る権利があるのか、という批判が寄せられることもあると思う。私たちには革命の実践経験がないからである。だからといって、このテーマに関する省察を行なうことができないとは思っていない。

なぜなら、教育者として、多くの人々とたくさんの経験をしてきたからだ。対話的で問題提起型のたくさんの教育経験を積み、豊かなマテリアルが蓄積されていくことを見てきた。だからこそ、ここで行なってきたような主張をしてみよう、という気になった。

民衆への信頼、人間という存在への信頼、今よりすこしでも愛することができる世界をつくっていける、という信頼。そういうことをこの本のページのうちに、ほんのすこしでもよいから見つけてほしい。そしてそれがあなたのうちに残ってほしい、と願っている。

訳者あとがき

よりよく生きるための言葉を紡いだひと

▼フレイレとの出会い

パウロ・フレイレは1921年9月19日に北東ブラジル・ペルナンブコ州レシフェに生まれた。20世紀を代表する教育思想家であるが、教育実践にとどまらず、開発、保健医療、政治などの多くの分野に影響を与え、1997年5月2日にサンパウロで没した。

フレイレが生まれ、最初の実践を重ね、大学でも教えた北東ブラジルはNordeste、ノルデステと呼ばれている。ブラジルにおけるノルデステのイメージは、日本の東北地方と少し似ている。美しくも厳しい自然条件の下、「中心」に収奪されながらも多彩で豊かな文化を紡ぎ、農村の貧困と出稼ぎを遠くない記憶としてとどめる。裕福なブラジル南部と比較されることも多い。『被抑圧者の教育学』はフレイレの代表作であり、初版が1968年に出版され、世界中の多くの言語に訳されてきた。ブラジル・ノルデステから世界に広がっていった本、といえるだろう。

日本では、英語版からの翻訳が1979年に出版され、現在までに13版を重ねており、広く愛読されている。日本においても、開発、発展、国際協力といった分野に興味をもつ人にとってはマスター・ピースと呼ばれるような一冊になっているし、教育、医療、演劇、貧困、差別など多くの分野で人間の解放と自由について考える人たちに大切にされてきた本である。

本書は、2005年にブラジル・リオデジャネイロのPaz e Terra社（「平和と大地」社）から刊行された、ポルトガル語版「Pedagogia do Oprimido」（被抑圧者の教育学）第46版を翻訳したものである。その版の著者紹介をもって、あらためてフレイレの紹介としよう。

パウロ・フレイレは今日なお教育学の分野で最も輝きをはなつ人物の一人である。ブラジルにおける活動の重要性はいうに待たない。ペルナンブコ連邦大学において教鞭をとりながら大学の文化普及センターを運営した。後に、教育文化省教育部門の特別コンサルタントとして長く働いた。

国際的にもパウロ・フレイレの名前はあまりにも有名である。ユネスコの仕事の一環としてチリ・サンチアゴに赴き、フレイ政権のもと、大衆教育計画策定にあたり重要な仕事をした。アメリカ、ヨーロッパ、アフリカのいくつもの大学や学校において数え切れない出会いの場をつくってきた。

アメリカ、カナダ、ドイツ、ウルグアイ、アルゼンチンなどいわゆる西洋世界において、彼の本は定期的に出版されてきたが、21世紀になった今、『被抑圧者の教育学』は17の異なる言語により翻訳され、どの国においても成功を収め、重要な問題提起をしてきている。

ブラジルにおいてこの本が常に再版を重ねてきたということは、いかにフレイレの思想が私たちの社会文化的な現実を変革していくために重要だったか、ということを示していると思う。ブラジル文化を世界の中での周辺文化にしてはならない、という私たちブラジル出版人の願いをこめ、フレイレの作品を届けていきたい。


訳者が『被抑圧者の教育学』に初めて出合ったのは、英語版からの翻訳が出版されて間もない1980年ごろだったと思う。京都薬科大学で歴史を教えておられた故大沢基先生に、この本をぜひ読んでみなさい、とすすめられた。当時、とても難しい内容だ、と感じ、読みこなせたとも思えなかったが、フレイレの言葉のみずみずしさは心に残り、その後、発展途上国、と呼ばれる国で仕事をするたびに、必ずこの本を携えるようになった。そこで会う途上国の人も、先進国の人も、たくさんの人がそれぞれの言語でこの本を読んでいるのだった。フレイレの名前を口にし、『被抑圧者の教育学』の名前を出すたびに、すぐにお互いの心情を分かち合えるような、そういう経験をしてきたし、深い出会いが紡がれてきた、と感じる。この本はすらすらと読めるとはいえず、語り口もわかりやすいとはいえない。でもそこにあるよりよき存在になりたいとする人間の希求と、その方法としての対話の本質に魅かれずにはいられない。その心情こそを、世界中の人と分かちあえているのだった。

ブラジル北東部の言い回し

そののち、北東ブラジル（ノルデステ）セアラ州で１９９０年代のほとんどを暮らすことになり、フレイレのいうこと、フレイレの語り口は北東ブラジルの人たちのコミュニケーションのありようを学術的に表したのではないか、と思うようになった。ノルデステのポルトガル語は大変癖がある。ノルデステのアクセントは、ブラジルの〝中心〟であるサン・パウロやリオ・デ・ジャネイロ出身者に、すぐに気づかれる。要するに都市の人にとって、「いなか」の言葉として。アクセントだけではない。話し方も違う。唄うように、リズムにのって、同じようなことをぐるぐると話している。聞いていると話がどちらに向かうのかよくわからない。なんらかの結論に到達するときもあるけれど、まったくどこにも話が落ちていかないで、話しっぱなしのこともある。すでに先進国の仲間入りをしていた日本からやってきた私には、このような語り口はとても難しかった。

住んでいるノルデステから、ときおり大都市サン・パウロに出て行くと、まるで違う言葉が話されているように思えた。あの唄うような響き、らせん状の物言いではなくて、サン・パウロのポルトガル語は歯切れがよくて論理的で、まっすぐにてきぱきと話されていて、理解しやすい。私はポルトガル語が上達したのかと思った。そうではない。近代的で論理的な発想でトレーニングされている人間には、サンパウロで使われているポルトガル語が楽に思えるのだ。それでもノルデステに10年近く住んで、慣れるにしたがい、ノルデステの言葉づかいを心地よく思うようになっていった。唄うような、めぐりめぐるポルトガル語。

『被抑圧者の教育学』は、ノルデステのひとの話法そのものが使われているように思える。同じことが少しずつ言葉を変えてはらせん状に繰り返されていく。しかもこの本はアカデミックな読み手を想定して書かれているので、そのらせん構造がとりわけ複雑なつくりになっている。正直いってこの翻訳も楽ではなかった。フレイレ特有の、延々と円環的に続く繰り返し……時折、なぜここまで同じことを繰り返すのか、理解に苦しむこともあった。それは、私自身がノルデステで暮らし始めたとき、これはまったくついていけない、とサン・パウロに行きたくなったことと少し似ている。しかし、その円環的な繰り返しのうちに立ち上がってくる豊かな人間への信頼とコミュニケーションの方法もまた、ノルデステに紡がれているものなのだった。人と人が出会えば、自分自身に〝近代の鎧〟をつけたりせず、切り取られた時間というものを意識せず、一人の人間として、ゆったりと話し合う。ノルデステでの10年は私にどれほど豊かなものを与えてくれたことだろう。人間や家族や子どもや愛に関するよきことを、ゆっくり話し楽しむことを学んだ。逃げ出したりしないでよかった。いまもノルデステで会った人々、いっしょにはたらいた人たちのことを思うだけで胸が熱くなる。この翻訳も途中からフレイレの思いが響くような気がして、この翻訳の機会をいただけたことに本当に感謝するようになった。

このポルトガル語からの新訳では、とにかく、「読みやすい」そして、「なるべく不正確ではない」ものを目ざした。フレイレの根底にあるものをできるだけリーダー・フレンドリーな形で伝えたかった。どうしてもうまく訳せないところは、ノルデステのインテリ層の人たちがどんなふうにこの一言を使うだろうか、どんなふうに話すだろうか、ということを想像しながら、意味を重要視して訳した。一つ一つの訳は、細かいところでは正確ではないかもしれないし、同じ単語を場所によって違う訳し方をしたところもあるが、全体の理解と流れを大切にしようとした。フレイレの真髄が何とか伝われば、と願っている。

▼終わりなき「ヒューマニゼーション」のプロセス

教育学者でも哲学者でもなく、もともと母子保健の仕事をしてきた私がフレイレを訳す、という大きな仕事に取りかからせていただけたのは、10年近くに及ぶノルデステの生活、ブラジルの人たちとの「人間的な出生と出産」にかかわる女性の身体性をとりもどすための実践、30年にわたってあこがれてきたこの本の魅力、のおかげである。

1996年から5年間、ノルデステを中心に、「人間的な出生と出産」の国際協力プロジェクトに従事した。ブラジルには当時、助産職が存在しないこともあり、人間のもともと産む力、生まれる力を生かすような出産よりも、むしろ、不必要な医療介入が行われる出産が多く、私立病院では90%を超える出産が帝王切開によって行われていた。ノルデステの医療関係者たちと、そのような出生と出産を、より母親と赤ちゃんの力が生かせる「人間的な」ものにしていきたい、と活動を始めた。フレイレの使う人間化、ヒューマニゼーションということばが、この地方の人には、よく理解されており、私たちの活動が共感を得ることは困難ではなかった。しかし、専門用語として医療分野では「出産のヒューマニゼーション」は理解されやすいとはいえない。明確な定義が必要なのではないか、と考えた。イギリスの〝権威ある〟週刊医学雑誌 *The Lancet* に、「出産のヒューマニゼーション」の定義を投稿してみたりもした。しかし何年も活動してきたあげく、「ヒューマニゼーションは永続的なプロセスそのものであり、定義はない。より人間的であろうとするプロセスそのものである」という認識に至る。あの不必要な医療介入をやめればよい、このようなケアをすればよい、そうすれば「出産のヒューマニゼーション」が達成される、というのではなく、よりよい女性と赤ちゃんと家族の状態を目ざして、一歩ずつ進むそのプロセスそのものが出産のヒューマニゼーションであり、そこには終わりはない、ということ。気づけば、これはフレイレが心をこめてずっといってきたことなのであった。ブラジルの同僚たちも私も、長い経験を共にしてやっとそれを言葉にすることができた。

「ヒューマニゼーション」とは自らの内なる権威主義と闘いながら、システムとしての権威主義と対峙することである。私たちがブラジルの出生と出産のヒューマニゼーションのプロジェクトでやったことは、そういうことであり、まさにフレイレが繰り返し繰り返し、本書で述べていたことだったと思う。今世界の母子保健にかかわるプロジェクトで語られるようになった出産のヒューマニゼーションは、いかにもブラジル、ノルデステ発、フレイレの再評価、再展開でもあったのだと思う。

彼の思想は、いくどもいくどもさまざまな現場に戻されなければならないのだろう。なぜなら私たちはすぐに忘れてしまうから。すぐに権威的であろうとするから。彼の警鐘は、時代を超えて鳴りつづける。私もまた、人生の節目ごとに彼の文章に触れ、衿をただしていきたい。ブラジルで暮らした10年ほどの間に、このフレイレの言葉が、多くの人々のうちで生き、人間が本来の意味でよりよく生きる、ということについて、核をなしていることに気づかされることが多かった。フレイレは、ノルデステでのコミュニケーションのありようを文章にした、と書いたが、フレイレは実はブラジルの魂を、おそらくは文章にしたのかもしれない。21世紀、さまざまな困難をかかえながらも、ブラジルの未来が明るいものであってほしいと願っている。

感謝の言葉

この翻訳を仕上げるにあたり、多くの方々の力を借りている。１９７９年に亜紀書房から出版された英語版『被抑圧者の教育学』の訳者のおひとり、楠原彰さんは、当時アパルトヘイト廃絶を目ざして支援活動をしていた「アフリカ行動委員会」で、私が20代のころからあこがれていた大先輩だった。すでに20年以上前から、この本をいつかぜひポルトガル語から訳したい、と言っておられ、そして、その機会があれば、ぜひやってみてほしい、とも言ってくださっていた。１９９７年にフレイレが亡くなったとき、ノルデステにいて、ニュースを聞いてすぐ楠原さんに電話をしたことを思い出す。その後、ノルデステにいる私を訪ねてくださったおりに、ノルデステを舞台にした映画、Cetnral do Brasil「セントラルステーション」を観にいき、隣の席で、ひそひそとポルトガル語通訳をさせていただいたことは今も忘れることのできない思い出だ。数十年を経て、楠原さんとの約束を果たすことができたことを、とてもありがたいと思う。私が翻訳を始めたころ、楠原さんの同僚の里見実さんもこの翻訳を手がけていることを知り、二人の間に軋轢がおきないよう、実に対話的な仲介をしてくださった。里見さんは寛容にも、フレイレのこの本に関するご自身の仕事をすべて私に送ってくださった。楠原さんも里見さんも、フレイレのこの著作を訳す、ということが対話の関係のうえになりたつべきだ、という確信の元に、つたない私の仕事を信じてくださっていた。とても感謝している。里見さんのこの本に関する仕事は『パウロ・フレイレ「被抑圧者の教育学」を読む』（太郎次郎社エディタス、２０１０年）に結実している。読者の皆様には、ぜひ本書とあわせてお読みいただければと思う。

２０００年にブラジルから日本に戻りすでに10年が経つ。帰国から10年目にしてはじめて向き合うことができたフレイレである。私にじっくりとフレイレに向き合うことを許してくれた、津田塾大学のサバティカル・リーブ制度に感謝したい。ブラジルのパラ州ベレンで生まれ、ブラジルとカナダで教育学を学んだ加藤レジナさんにはポルトガル語の訳について相談にのっていただいた。津田塾の同僚、北見秀司さんには文献に関して助けていただいた。お礼を申し上げたい。日本の家族、ブラジルの家族、周囲の友人、先生方、仕事仲間たち、学生たち、対話こそが愛の行為であるという確信をくださった、すべての方に感謝している。私をブラジルに導き、母にしてくれた、Walter Fonsecaに心よりの敬意と感謝を。最後に、信じられない寛容さと忍耐をもってみまもってくださった編集者の木村隆司さんと亜紀書房関係者にお礼を申し上げたい。

本当にありがとうございました。

北東ブラジルに生まれ、北東ブラジルの人々に学び、世界に広がっていったフレイレの言葉が、日本語で彼の本を読む人にも、多くの気づきと希望をもたらし、対話の本質が広がっていくように、と願ってやまない。

2010年11月　東京にて

三砂ちづる

闘いはつづく――『被抑圧者の教育学』のあとがきとして

アイラ・ショア
ニューヨーク市立大学ステイトンアイランド校

もはや、私は「大衆」の一員なのではない。私は、権利を主張することのできる「ひとりの人間」なのだ。

――フランシス・アンドレーデ：1963年、アンギコスのフレイレ文化サークルにて学ぶ（アンドリュー・カーケンドール、40）

1963年4月2日、パウロ・フレイレ、そして連邦共和国大統領のジョアン・グラールも出席したアンギコス文化サークルの最後の会合が開かれた。フレイレはその時、大統領にこう語っている。「ここには、自分たちで決断をし、すなわち蜂起し、その宿命に目を覚ましはじめ、ブラジルが不可逆的にたどる歴史的経緯を担おうとしはじめた人々が集まっています」。(カーケンドール、40) その場には、もう一人の将軍、ウンベルト・カステロ・ブランコも居合わせていた――この日の約1年後、グラール政権を転覆させ、民主化の流れを逆転させ、フレイレの国家的な計画をくじき、投獄に追いやった人物だ。

それから何年もの間、ブラジルを照らす灯は消えてしまった。おそらく、この『被抑圧者の教育学』という本は、暗闇の中から生まれたといえよう、いや暗闇に抗って生まれた、さらにいえば希望のために、抑圧への抵抗のために生まれたといえるだろう。ブラジルでの民主化運動を発展させる一翼となったのは、フレイレがほぼ無償で行なった読み書きのできない者たちに対する、たった40時間ほどの講義であった。ひとたび基本的な読み書きを学んだ小作人や労働者たちは、長きにわたってトップダウンで沈黙を強いられてきたありようから、ついには投票を行ないうる者たちへと――下から声を上げる、非常に広がりのある選挙母体へと変わることができた。もしも、あのおぞましい1964年4月の出来事の後にも、計画通り何千ものフレイレの文化サークルが開かれていたら、何百万もの労働者階級の文盲の人びとも、新たな選挙民として登録されるに足るほどに読み書きが可能になったであろうし、それは、大きな政治的な力を引き出すことになっただろう。そのような民主化の可能性を食い止めるためには、独裁者たちと軍は、民主的に選ばれたグラール政権、フレイレを国家的な運営ポストに指名した政権を転覆させる必要があった。尋問を受け、投獄され、フレイレは故郷を強制退去させられることになる。その後、１９８０年までフレイレは、妻エルザと5人の子どもたちと世界中を転々とする。彼の著作はブラジルでは取り締まりの対象となり、政治的な絶頂期に故郷から追い立てられることとなった。逃げおおせなかったほかの何人かの者たちは投獄され、打ちのめされ、つけ回された。将軍たちは保守エリートの権力中枢への返り咲きを図った。その後の何年かの間、フレイレは政府やNGO、地域プロジェクトに乗りながら、ヨーロッパや北アメリカの大衆に語りかけた。やがて、時代を代表する著名な教育者、社会正義の主唱者となる。そしてクーデーターで負った傷がまだ生々しいころに、『被抑圧者の教育学』を書きあげた。「問題提起型教育は固定した反動主義ではなく、革命的な未来を目ざしている。……いずれの状況でも、ある者がほかの者に対して探究の主体として存在することを禁じれば、それは暴力として始動する」（パウロ・フレイレ、65、66）

これほどまでに広く議論・引用され、教員育成の場や大学や大学院、いくつかの高校の授業の中でも用いられてきた本はなかなかないであろう（２０１２年、アリゾナ州ツーソンではこの本が取り締まられてきたことが発覚した）。50年が経ち、『被抑圧者の教育学』の特筆すべき魅力を、改めてどのように説明することができるだろうか。

パウロ・フレイレは四つの章に分けて、特に注目すべき関心を整理している。

1. 社会正義の名において現状を問うための批判的な教育学のための理論と実践
2. 上記の理論と実践は、あらゆる場所、異なる立場の人たち、あらゆる条件下で適用しうる「状況の教育学」を含む。

3．この「状況の教育学」は、豊富な語彙を生み出す。対話型教育や「銀行型教育」といった暗記法にとってかわる「問題提起型探究」「未検証の可能性」「限界―状況と限界―行為」「「文化サークル」「教師と生徒の同時性」「語彙の宇宙」「生成テーマと生成語」「コード化と脱コード化」「意識化、あるいは来るべき批判的意識」「ちょうつがいのあるテーマ」や「文化に対する人類学的気づき」「実践あるいは行動／省察――繰り返し行なう理論の実践と実践の理論化」

4．批判的な理論と実践のための語彙は、クーデター勃発までの15年間にわたり学校の外で実施された成人の識字教育へと展開した。のちにそれはｋ―12（訳者注：幼稚園から高等学校卒業までの13年間の教育期間）と呼ばれるものに適用され、より洗練された教育ユニットとなっている。

5．批判的実践のために多様な状況に開かれ、この著作は多文化、反人種差別主義者やフェミニストの教育学とその運動、また同時期に湧きおこった平等、民主主義、そして社会正義を求める志向性をもつ人々を交差させる役割を負った。

6．この著作における社会正義への志向性は、根本的な変革のための大きな運動が世界的な現象となることを促した。「事柄、状況、実践、そして言説に対して、とてつもなく激増していく批判可能性」とミシェル・フーコー（6）が指摘したように、学生主体型のアプローチと構造主義的方法論が教育サークルで活発に行なわれていった。

7．学生主体型、構造主義者、不平等への批判、フレイレの理論と実践は政治としてのすべての教育を推し進めた。いかなる教育も中立ではありえない。なぜならすべては人間の課題を開発し、いろいろな方法で意識化を生み出すからだ。そしてそれは教育の内容がもつイデオロギーや言説がもつ社会との関係性、学んでいくカリキュラムのプロセスがどのようなものであるかに依存する。言挙げすることなく、かつ積極的に状況を問うことのない教育学、カリキュラムはいかなるものも、支持されることはない。

8. この学びのプロセスは、相互主義の倫理に基礎を置いたモラルの価値を訴えることを求め、専門家に世界から暴力と残酷さを減らしていくための教育の責任を求めた。フレイレが夢中になって取り組む人間化と非人間化はまさに最初のページから始まっている。

9. 最後に「第四章」は、単に批判的な教育者になるための助言に終わるのではなく、これから革命的なリーダーになりうる人に宛てられた風変わりな手紙だ。そこでは、独裁を弾劾しながらも、権威主位的な語りや傾倒、抽象性、官僚的な規則、プロパガンダを行なうような敵対的なリーダーについて批判している（フレイレの教室では許されない）。

これらのポイントは、この本が長きにわたって意味・意義をもち、衝撃を与えてきたことの理解の助けとなる。これらは、学校教育を主題とした論文として書かれたものではなく、むしろフレイレの理論と実践についての内省から育てられたものだ。「ここで行なう試論は、知的な夢想の成果などというものではないし、多くの読書の結果、導いたものではない」とフレイレは「序章」の中で書いている。この本について、彼は「実際に行なってきた教育の仕事を通じて、直接にあるいは間接的に関わってきた農村や都会のプロレタリアートや、中産階級の人々のさまざまな反応が表されている」（フレイレ、19）と述べている。

フレイレは、学校や社会における批判的な教育を熟考していた。それは知的要求の多い、政治的にはリスキーなものだった。内発的な教育プログラムを伴った運動は、パウロがいうところの「権勢の中の権力」という手ごわい権威に対峙している。学校や大学において、教員と学生たちは日々自分たちを作り上げ、外部や上方から強大に支配してくる言葉には応じない（「限られた状況」に対峙するのが、批判的教育の「限られた行動」である）。パウロは特に大衆の運動（「まだ権力の中に見出されない権力」）の中で可能な批判的学びを志向してきた。しかし、労働者政党が１９８９年に市政を勝ち取ったとき、サンパウロの６４３の学校での教育長官となっている。

彼の人生と仕事を通じ、本書の本質的な問いは変わらず残っている。われわれはどのような世界で生きるのか。なぜその世界はそのようなものなのか。われわれはどのような世界を望むのか。われわれが望む世界にどうしたら達することができるのだろうか。

米国ニューヨーク州、２０１７年４月

出典――――――――

Kirkendall, Andrew J. アンドリュー・カーケンドール『パウロ・フレイレとリテラシーをめぐる冷戦政治』*Paulo*

Freire and the Cold War Politics of Literacy. UNC Press: Chapel Hill, 2010.

Freire, Paulo パウロ・フレイレ『被抑圧者の教育学』*Pedagogy of the Oppressed*. Continuum: New York. Translated by Myra Bergman Ramos. Rev. 20th Anniversary Edition, 1993.

Foucault, Michel ミシェル・フーコー『社会は防衛しなければならない』"*Society Must Be Defended*". Picador: New York. Translated by David Macey, 2003.

（翻訳・松崎良美）

同時代の学者たちへのインタビュー

マリナ・アパリシオ・バーベラン

パウロ・フレイレ学院、スペイン

〈あなたのバックグラウンドと現在の専門分野について教えてください〉

私は政治学者（ポンペウ・ファブラ大学大学院）で、公共政策、社会政策の分析と評価を専門としています（ジョンズ・ホプキンズ大学とバレンシア大学で二つの修士の学位を取得）。私の研究分野は、政策分析、政治と選挙行動、そして政治と議員分析です。

〈あなたが『被抑圧者の教育学』を読むことになった経緯について教えてください〉

私が『被抑圧者の教育学』を読むことになったのは、２００６年のことでした。私は、ペプ・アパリシオ・グアダスが率いる生涯学習リソースセンター（CREC-バレンシア）の参加者であると同時に共同研究者でした。このセンターで、私は出版業務を行ない、そこは私の研究分野とも関連する組織化と教育の機能ももち合わせていました。同時に、私は自分自身の研究である政治学の研究を、ほかのあらゆる社会運動の一環として続けていました。

以前、フレイレの別の著作は読んだことがあったのですが、この本が私をどれほど魅了したかはいうまでもありません。考えてみると、フレイレの言葉とその実践、という二つの異なる現実がしっかりと書き記されていました。私はそのフレイレの凝縮された想い、思想、先見性と首尾一貫性に没頭しました……この『被抑圧者の教育学』や『疑問の教育学』『希望の教育学』などといった著作は、世界を大胆に読み解き、展望を得るのに重要な役割を果たしてきたといえるでしょう。また、世界や言葉を書き記し、実際に行動を移していく見通しを養ってくれるのです。

〈フレイレ理論の今日的な扱いについて、フレイレならどう言うと思いますか〉

フレイレは、入り混じった感情をもっていたように思います。一方では、彼の「ユートピア」という言葉や、理論と実践、彼の生き方は、主体性や意識化の過程にある人たちのおかげで急速に世界中の社会に広まっていったと思います。

もう一方で、フレイレは、彼のコンセプトのいくつかが順応のうちに大学の講義や政府、社会運動などの中で誤って用いられていることを哀しく見ていたと思います。また、彼が『被抑圧者の教育学』に書き記していたような多くの分析や議論が、現在もなお用いられていることに複雑な思いでいるようにも感じます。

〈フレイレ理論を取り入れるような大学とは今日、どんなふうな大学でありえるでしょう〉

フレイレの理論を取り入れる大学は、理論と実践の介入を行なう方法論的な行動をその核にもっているのではないでしょうか。それは、目覚ましい実践へと導き、大学での参加・協力型文化を促進させることになるでしょう。つまり、この大学において、意識化のプロセスがもたれることになるでしょう。対話や継続的な同胞との探求は、解放化のプロセスの構築につながっていくでしょう。そのようにして、自分たちが内面化してしまっているような力学や行動、方法論から解き放たれ、民主的で柔軟、開かれた共通の社会へと移行していくことができるようになるでしょう。そこでは、われわれを「客体」化するセクト主義に打ち克ち、(もはや抑圧される客体ではなく)思考する人間となっていくことができるでしょう。

〈もし学生たちが『被抑圧者の教育学』を読むことで何か一つを得るとしたら、それが何であったらいいと望みますか〉

たった一つに限定して選ぶなんてできません。私だったら、対話と解放の方法、政治や倫理、そして教育の問題把握を選ぶでしょう。特定の現実を批判的に分析する方法も選ぶでしょう。ですがとりわけ私が選びたいのは、言葉を読むことに先行して世界を読むことの提案です。世界も言葉も絶えず変化していますし、われわれは常にこれらの活動において主たる登場人物なのです。

ノーム・チョムスキー

マサチューセッツ工科大学、アメリカ

〈あなたのバックグラウンドと現在の専門分野について教えてください〉

言語学者、認知科学と哲学です。

〈フレイレ理論の今日的扱われ方について、フレイレならどう言うと思いますか〉

どう考えても、昨今の、教えて、テストをして、というようなやり方にはぞっとしたでしょうね。

〈フレイレ理論を取り入れるような大学とは今日、どんなふうな大学でありえるでしょう〉

教育指導では、花瓶に水を注ぐような教育観（18世紀の啓蒙運動で使われるフレーズで、フレイレはこれを「銀行型教育」と呼びました）は取り除くべきでしょう。教員と学生たちの協力的な環境の中で、学生を知的理解への活発な探求に従事させることが望ましいでしょう。重要なことは、そのような教育の在り方が、最良の場合、科学の教授法にも当てはまるということです。それは時に、ほかでも真たりえるのです。

〈もし学生たちが『被抑圧者の教育学』を読むことで何か一つを得るとしたら、それが何であったらいいと望みますか〉

教育というものが自己発見の過程であり、能力を発展させ、開かれ自立した精神をもって関心と興味を探求すること、これらすべてが他者との協力によって成されるものである、ということについて理解してほしいと思う。

グスタボE・フィッシュマン

アリゾナ州立大学、アメリカ

〈あなたのバックグラウンドと現在の専門分野について教えてください〉

私は、教育政策学の教授とedXchangeのディレクターを務めています。edXchangeとは、アリゾナ州立大学のメアリー・ルー・フルトン教員養成カレッジに組織されている知識動員イニシアティブのことです。私は、特に専門的な教育学の訓練を受けたわけでも研究をしてきたわけではないのですが、１９８０年代初頭からアルゼンチンで、普通教育の教育者としてスタートしました。その当時の普通教育とは、フレイレの言っていた理想とかなり近いものがありましたし、非権威的で社会的解放を目ざす教育学的アプローチに則って働くことが志向されていました。

〈あなたが初めて『被抑圧者の教育学』を読むことになった経緯について教えてください〉

『被抑圧者の教育学』という書籍について知ったのは、読むことを薦められるというよりも、無視するようにと言われたからです。1977年、16歳のころ、私はブエノスアイレスの職業訓練学校で工業化学について学んでいました。私は特に特定の政党に肩入れしていたわけではありませんでしたが、ほかのみんなと同じように自分の生まれ育った国のことが好きでしたし、私たちの生活が残忍な独裁政権下に置かれていたことははっきりとわかっていました。いまだに当時のことを思い出すと怒りに駆られます。当時の学校長が、「不道徳で危険な書物」リストに掲載された書籍を所持していた場合、退学処分に相当する、と書かれたある文章——教育省の作成したガイドライン——を提示したときの困惑といったら、ありませんでした。結果、私はその「危険」扱いされたリストに挙げられていた教育関係の本に大変な関心を抱くことになったのです。

7年後の1984年の9月、私は普通教育グループのメンバーの一員になっていました。ブエノスアイレスのスラム街に住む大人たちを対象とした識字教育プログラムのボランティアを行なうグループです。当時、私のパートナーが国際成人教育協議会（ICAE）が1985年の会議運営を担うボランティアを探していることを教えてくれたのです。その時、基調講演の演題に立ったのが、パウロ・フレイレでした。ちょうど彼の本がアルゼンチンで発禁処分になってから初めて戻ってきたときのことでもありました。私は即座にボランティアに名乗りを上げ、会議開催を手伝いました。

そうして私は『被抑圧者の教育学』の古本を手に入れて、フレイレ教育学のすべてを、非公式に学びはじめたのです。

〈フレイレ理論を取り入れるような大学とは今日、どんなふうな大学でありえるでしょう〉

過度に単純化しすぎずにシンプルであるフレイレの至言に基づけば、フレイレ理論を取り入れる大学は三つの重要な特性をもつべきでしょう。まず、自由と平等、包括性と連帯の理念に奉仕する解放の教育学であるべきです。解放の教育学は、わくわくするようなもので、厳格で、有用な教育や奉仕、研究課題に関与します。次に、生徒や教育者、行政者は、社会同様、多様であるべきです。二つの異なる、しかし関連しあう感覚における多様性は、多様なセクターや社会集団、さまざまな考えや志向性をもつ者たちにとって役に立つでしょう。最後に、フレイレ理論を取り入れる大学は参加型の政治を行なう試みの場としても組織化されることになるでしょう。

〈フレイレの仕事は教育学において、どのように、どれくらいの広まりをもつものとして表現することができるでしょうか〉

フレイレの仕事で最も大きなインパクトをもつものとして考えられることは、たとえ大変限られた期間であったとしても、民主化の講義の経験——学校の外の小さなたった一つの教室で、子どもたちも大人たちも一緒に授業を受けるといった経験——が、追求する価値があると示したことにあると思います。こうした経験は、教育者や学習者としての役割をより自分たち自身に期待し、個人と社会の行動を平等と連帯という目的と結びつける大切さを教えてくれたのです。

ラモン・フレチャ

バルセロナ大学、スペイン

〈あなたのバックグラウンドと現在の専門分野について教えてください〉

私は、知性と人間の卓越性についての科学的調査研究に取り組んでいます。特に異なる社会領域で不平等に対してもの申す行動の特定に注目しているのです。エスニック集団やマイノリティ集団においては、ジェンダーの問題、とりわけ男らしさの研究領域に注目しています。教育学については、経済、特に収入の不平等を克服した成功事例をもつ組織に注目しています。いわば、私は不平等そのものについて分析することには取り組んできませんでした。というのも、そうした分析は、不平等をより煽ろうとする人たちに利をもたらすように思えてしまうからです。そうではなくて、私は不平等に打ち克った人間の行動、フレイレが高く評価したようなことについて分析を行なうことに関心をもっています。

〈フレイレ理論の今日的扱われ方について、フレイレならどう言うと思いますか〉

私には、フレイレが何を考えていたかはわからないですが、彼が素晴らしい直観をもっていて、常に時代の先頭に立っていたということはいえると思います。１９６９年の時点で、『被抑圧者の教育学』の中で、彼は既に、対話の行動理論を発展させていました。そしてそれはその12年後の１９８１年まで、ハーバマスのコミュニケーション的行動理論とともに、社会科学として扱われませんでした。フレイレが「対話的な行動」あるいは「対話的な展望」として定義したものは、現在の社会科学や経済学、社会学、人類学、政治学のトレンドになっているものです。今日の社会科学が、フレイレが１９６０年代に予見したような対話的な思考方法に則ったものになっていることについて満足しているのではないでしょうか。

〈フレイレの仕事は調査研究の分野において、どのように、どれくらいの広まりをもつものとして表現することができるでしょうか〉

調査研究の分野におけるフレイレの仕事のインパクトは、きわめて肯定的に認めることができると思います。対話的な展望、研究対象の人と開かれた対話をもつことが重要であることを示してくれました。問題は、この〝対話〟の意味、フレイレがいうところの対話の意味が、あまりよく理解されていないということです。調査研究ではまさにその調査研究の対象となるような人との対話をもつべきです。研究対象者となるような人は、家の掃除で一日に8時間も働いているような人ですが、研究者は科学的知識を読み、研究することで報酬を得ています。そして不幸なことに、「現場に行って研究対象者と対話するだけでいい」としか理解していない人たちがいるのです。彼らは、研究者がするべきほかの仕事を、フレイレがそのことに力を注いだようにはしていないのです。役立てるような社会科学の本を読み込んで、研究の真の対象者となるような人との対話の中で、その知識を用いることもしていないのです。

〈フレイレの仕事は教育学において、どのように、どれくらいの広まりをもつものとして表現することができるでしょうか〉

正直なところ、フレイレの仕事は世界中に強い衝撃を与えてきていると思います。フレイレは、教育学の分野において最も影響力をもった研究者だといえるでしょう。問題はこの影響力というものが常に教育の現場に達しているというわけではない、ということです。たとえば、大学では多くの人が自分たちはフレイレ主義者だと主張していますが、実際の学校の状況や教育的実践をフレイレのいうガイドラインに沿って変えようとはしていないのです。

〈もし学生たちが『被抑圧者の教育学』を読むことで何か一つを得るとしたら、それが何であったらいいと望みますか〉

私は、学生たちにほとんどの教育システムの中で忘れられかけられているものについて優先的に学んでほしいと思います。それは、すべての子どもたちのための教育の権利です。本当にしばしば、あらゆることが、子どもたちの教育的な成果につながるようなこととはかけ離れた理由で決められていってしまう現状があります。学生たちが教育を倫理や人類のコミットメントとともに捉えることと、そしてそれが真のプロフェッショナルの仕事である、と知ることが重要です。

ロナルド・デービッド・グラス

カリフォルニア大学サンタクルス校、アメリカ

〈あなたのバックグラウンドと現在の専門分野について教えてください〉

私は教育に関する基礎哲学者で、正義のための闘いの中にあり、そこから生じてくるようなものについて研究をしています。UCセンターでカリフォルニアにおける公平のための共同研究を統括しています。また、困難な状況に置かれたコミュニティと協働して経済、雇用、住居、食糧システム、公衆衛生、環境などの問題に取り組んでいます。社会科学研究分野で倫理をテーマとした調査プロジェクトの代表もしています。

〈パウロ・フレイレの理論とはどのようなものであったと思いますか。また、今日においてその理論はどのように扱われていると思いますか〉

私は、1984年にフレイレと深く仕事をする大変な幸運と名誉に恵まれました。彼とひと月ほどの間、共に住み、成人教育開発プロジェクトの社会正義運動立ち上げの活動において協働する機会をもったのです。われわれは異なる国の異なる部門でフレイレの理論がどのように取り上げられうるものか長く議論したものでした。「批判的な教育学」の多くがアメリカの学校で行われていますが、そうした学校ではフレイレの理論を基礎とした教育を行なっているとしていますが、実際には、彼のアイデアの根本的な基礎の部分は改変されています。より人道的な教育体制を採っているところでもそうだ、という私の意見に彼も同意していました。自由の実践としての教育は、実際の努力と世界を変えるための闘いへと向けられる必要があります。そして、それは私たち自身の内面の意識をも変える必要があるのです（この世界の抑圧は構造的にだけでなく、日々の過程の中に、私たちの中にこそ存在しているものだからです）。しかしフレイレは、理論と実践の面において決して純粋主義者ではありませんでした。彼は開かれた場が設けられるようなところであればどのような場所でも、できうることはすべて、どのようなことにも取り組んでいました。ですから世界中の人たちが彼の理論に有効性を見出して、自分たちなりのやり方で実践し、眼前の正義のために闘おうとしている姿をうれしく思うのではないでしょうか。

〈フレイレ理論を取り入れるような大学とは今日、どんなふうな大学でありえるでしょう〉

フレイレの理論を基礎とした大学は、より差し迫った社会的、経済的、政治的不平等について訴えていくために組織されていくことになるでしょう。困難な状況に置かれたコミュニティの人たちが最も必要としていることから研究課題を設けていくことにもなるでしょう。それは、知的要求と生産の倫理的かつ政治的な側面を認めることとなるでしょう。知ることの多様な在り方についても尊重することになるでしょう。研究者たちは、抑圧と搾取の歴史とイデオロギーによって腐敗してきた自分たちの方法論や大学としてのありように気づかされることになるでしょう。専門家として信任されることよりも、好奇心と訓練された批判的探究の習慣を促し、生涯を通じて正義への闘いに取り組んでいくことに重きを置くようになるでしょう。

〈フレイレの仕事は教育学において、どのように、どれくらいの広まりをもつものとして表現することができるでしょうか〉

アメリカでは、フレイレの仕事の学校教育におけるインパクトは限られたものとなっていると思います。彼の主要な理論は、倫理的あるいは政治的な道標として、生徒たちの背景にある経験に教育者が敬意を示す意向を表すものとして引き合いに出されてきました。これはたいてい（だいたいの場合、表面的に）『被抑圧者の教育学』の第二章目と、有名な「銀行型教育」と「問題提起型教育」の対比的なありように則って行なわれます。この順化された批判的な教育学は確かにより人道的なものになり、生徒たちの声や興味をより引き出すでしょう。そして、支配的言説への対置や、公立学校の教育実践そのものに代わるものとして主張するのです。しかしながら、非常に限られた理論の具体化の一つに過ぎません。社会正義のための教育者として組織化された教員は、理論を具現化すべくよりたくましく実践しようとしているのです。彼らは、教室での学びをコミュニティに変革をもたらすようなより大きな運動とつなげるための手段を探しています。フレイレの理論は行動を起こしていくために教育学的に用いられてきましたし、特にラテンアメリカにおいて、それがより強い表現の形式を見出してきています。

バレリー・キンロック

ピッツバーグ大学、アメリカ

〈あなたのバックグラウンドと現在の専門分野について教えてください〉

私は、ピッツバーグ大学の教育学部のレニー&リチャード・ゴールドマン校の学部長を務めています。そこで、地域と国家、国際的な教育上の重要な計画に同僚と共に取り組んでいます。学部長に就任する前は、オハイオ州立大学の学部補佐と識字教育学の教授を務めていました。そこでは教育の多様性と包括、国際的な教育パートナーシップ、学校と地域の連携を盛り上げる仕事を進めてきました。私自身は、識字率の調査と、若者と大人の学校内外での地域連携についての調査研究に取り組んでいます。人種、地域、識字と多様性に関連する書籍の執筆もしています。最近は関連研究に取り組みながら、計画との連携を図ることに努めています。

〈あなたが『被抑圧者の教育学』を読むことになった経緯について教えてください〉

『被抑圧者の教育学』をまさに「発見」したのは、私がジョンソン・C・スミス大学で英語学を専攻する大学院生の時でした。友人や指導教官たちと黒人文学や黒人の人生、彼らが受けた抑圧や文学や言葉の力について数えきれないほどのディスカッションを重ねてきたことを思い出します。次第に私は黒人作家や黒人研究者によって書かれた書物に没頭していきました。この時に読んでいた本の中に、「言葉と世界を読むこと」という概念と出会いました。私はこの言葉の意味を求めて、パウロ・フレイレという人物の名前を知ったのです。やがて『被抑圧者の教育学』を読んで、批判的な意識化や教師や生徒、そして世界の間に立ち現れるつながりに関する彼の議論に夢中になったのでした。

〈フレイレ理論を取り入れるような大学とは今日、どんなふうな大学でありえるでしょう〉

他者とつながるための、世界で起こる出来事を見極めていくための、抑圧や不平等と闘っていくための手立てを考えていくための、そして、人種差別や階級差別、性差別、不平等、資本主義を解体していくための、人びとに開かれた場となるように思います。そう、そこは自由で、すべての人に開かれた場となると思うのです。それは、私たちの姿勢や傾向、批判的な意識に関わるイデオロギーを生み育む必要によって導かれていくでしょう。他者と協働すること、社会政治的な変革のために働くこと、自己を超えて思考していくことも含みます。それによって、人間化がもたらされ、文化的に豊かな学問の場となるはずです。

〈フレイレの仕事は調査研究の分野において、どのように、どれくらいの広まりをもつものとして表現することができるでしょうか〉

今日まで、フレイレは研究者たちに対して、アイデンティティや立ち位置がほのめかす入り組んだ方法について考えるよう推し進めてきています。また、私たちが不平等に関する広範囲な問題に取り組もうとするとき、特に自分とは異なる文脈で生きる人びとと協働する際に、批判的な視野をもつよう励ましてくれます。フレイレは、毎日の暮らし——日々の現実や生活、生活環境や闘い、人びとの抱く希望——の中に身を置いて研究に取り組んでいました。それは、私たちが研究対象とし、また共に働く人々もまた手に取ることができるような調査研究とするためでした。ですから、研究とは、ただ論文や書籍を出版するようなことだけを指すのではなく、根本的には、世界をよりよく変えていくことができる存在の新しい方法について記述していくことにあるのです。

〈もし学生たちが『被抑圧者の教育学』を読むことで何か一つを得るとしたら、それが何であったらいいと望みますか〉

私は次のように望みます。フレイレが、抑圧構造を撲滅するための運動に取り組んでいたときにこのように主張しています（1971年）。「学生たちは、〝社会構造に『統合』〟（前掲書 p.55）されていくことを余儀なくされるのではなく、『彼ら自身のための存在』となることができます」。フレイレの関心はすべてのシステム——学校や大学、政治などわれわれの具体的な日常生活の中にあるシステム——における抑圧構造を変化させることにあったと確信しています。そしてこの言葉には、私たちに連帯しながら世界を変革していくことを求めるメッセージが込められています。

ピーター・メイヨー

マルタ大学、マルタ

〈あなたのバックグラウンドと現在の専門分野について教えてください〉

私は数年間、嘱託ジャーナリストとして働くために、マルタへやってきました。やがてアルバータ大学とカナダのトロント大学ＯＩＳＥで学位を取得、教壇に立ち研究職にも就きました。専攻は教育社会学ですが、特に成人教育に注目しています。また、大学で奉仕促進プロジェクトにも関わっています。それは、コミュニティの人びとの想像力をとらえ、一般的な意識に根差してもいる問題や記念物にその基礎を置くプロジェクトです。

〈あなたが『被抑圧者の教育学』を読むことになった経緯について教えてください〉

『被抑圧者の教育学』を読んだのは、エドモントンのアルバータ大学大学院で学んでいた時です。そしてこの本は確かに私に真実を明らかにしてくれました。この本にはたくさんの洞察と、私がマルタ大で教えることが、どういう文脈にあるか理解するために必要な要素が込められていました。従属的社会集団の議論や植民地主義の負の遺産、相対的な貧困、(言語問題を含めた)階級や人種に関わる問題が含まれていました(当時、マルタはまだまだ多民族社会とはほど遠い状況でしたが、私たちの大学には、アフリカ系マルタ人の学生も共に学んでいたのです)。

〈フレイレ理論を取り入れるような大学とは今日、どんなふうな大学でありえるでしょう〉

そこで提供される組織や教育は、消費財ではなく、公共財としてとらえられるようなものになるでしょう。コミュニティとのつながりをもつことが中心的な役割を果たすようなものになるのではないでしょうか。学びのスタートが学生の存在論的な位相であればいいと思います。それには知が、コミュニティ内部から発現する複合テーマに沿った知が必要です。「講義をする」という伝達モデルが、講師や学生や共同体メンバーを含んだ共同研究に置きかわっていくでしょう。集合的な問いの対象となるようなやり方の中で育まれた課題をディベートすることで、それは達成されるでしょう。

〈フレイレの仕事は調査研究の分野において、どのように、どれくらいの広まりをもつものとして表現することができるでしょうか〉

調査研究においてフレイレが与えた最大の影響力というものは、参加型研究として知られた研究アプローチや、協働型研究――コミュニティの成員が、自身の周囲の問題について取り扱う調査研究に協力する――の中に見られるように思います。フレイレはわれわれに研究の倫理や、研究課題やプロセスを決定していく過程においても、研究対象となる人びとの人生や問題意識が真剣に検討されるようなものとなるように、と説いていたと思います。研究対象となる人たちにおいても、自分の問題として研究プロセスやその結果に関わっていくからこそ得られるものがあるのです。こうした研究プロセスと結果とは、研究対象者となる人びとにとって役立つもので、彼らの置かれた状況を改善するものである必要があります。それは、学問や調査研究が中立的なものではないという見解の上で、どのような調査研究を行なうか決定し、どのような目的を立てるか、しっかり見極める努力をする価値のあることです。詰まるところ、調査研究というものは、世界をただ理解するためだけのものではありません。一番に重要なことは、それが、世界の解釈にとどまらず、よりよく変化していくことができるよう貢献するためにあるものなのです。

〈フレイレの仕事は教育学の分野において、どのように、どれくらいの広まりをもつものとして表現することができるでしょうか〉

フレイレは、教育と学習の方法から階級的・権威的な性格を取り払い、より民主的なアプローチへ変えていくこと、教員が、権威主義に陥ることなく、民主的に重要な役割をもつありようを確立していくことを可能にするような、多くの示唆をもたらしました。フレイレは、教育者たちが、中立的な振る舞いをすることなく、教育や学問のもつ政治性について認識することができるようにも働きかけていきます。そして、フレイレが最も重要なこととして強調したのは、さまざまな学びのありようをもつことと、学習者の実存主義的な立場から始めるということでした。それぞれに違いを抱えながら、学び、探求していくことを通じてより高き存在となっていくことができるよう求めたのです。

ピーター・マクラーレン

チャップマン大学、アメリカ

〈あなたのバックグラウンドと現在の専門分野について教えてください〉

私は、トロントにあるジェーン・フィンチ・コリドーの小学校教師を務めていました。この小学校のある地域は、犯罪率が高いことで知られた公営住宅地でもあります。私は、移民の子どもたちの教育で成果を上げ、そこで苦労して評判を獲得しました。

トロント大学の博士課程に進学してから、小学校教員をしていたころの日記を出版しました。『コリドーからの叫び』とタイトルを付けたこの本は、1980年にカナダでベストセラーとなりました。出版記念のツアーをへとへとになって終えたころ、私は自分の本は、教え子たちの暴力と疎外の経験が読み手に伝わるような理論的な枠組みを決定的に欠いていたのではないか、と感じるようになりました。進歩的で急進的な教育者たちは何十年もの間、カナダの教育構造の変革に抑制的な足並みを乱す勇者にひるみ続けてきました。教育が果たすべき役割に真剣に取り組もうとすることから安穏と言い逃れ、資本家の不均衡な力と特権が再生産されるような状況がありました。そこで私は自分の本が、資本主義的な学校教育体制について読者が深く理解するには不十分なものだったと恐ろしく感じたのです。教育行政の一貫した無関心ぶりと、理論的に核心に至り切れていない自分自身の問題を解決するために、私は分野を超えてさまざまな文献を読みました。自分自身の関心も、チョーサーやベオウルフ、シェイクスピアやブレイクから知識社会学、人類学、批判理論、記号論へと移っていきました。ミシェル・フーコーやウンベルト・エーコ、エルネスト・ラクラウなど知識人たちの授業も聴講しました。１９８４年には博士号を取得し卒業しましたが、まだ学ぶことがたくさんあるように感じました。

提出した博士論文は「儀式行為としての授業」というタイトルで出版されました。大変感激したことに、ヘンリー・ジロークス教授が序文を書いてくださいました。ヘンリー教授は私の指導教官であり、その後、私をオハイオ州のマイアミ大学に客員教授として招いてくださっています。ヘンリー教授が親友のお一人として紹介してくださったのがドナルド・マセド教授で、私は彼の研究からパウロ・フレイレのことを多く学びました。ヘンリー教授は、１９８５年にパウロと会う機会をアレンジしてくれて、大変驚くことに、というか衝撃的なことだったのですが、パウロはすでに私の研究について大変関心をもってくれていました。実は、私のことを「知性あふれる縁者」として彼の教育学一門の一員に加えてくださっていたのです。その後の何年かで、大変名誉なことですが、私の2冊の著作の序文を書いてくださり、３冊目に至っては推薦の言葉を書いてくださいました。その後、彼が亡くなるまでの数年間、私が北アメリカの批判的教育学を発展させるプロジェクト（その後、主にラテンアメリカ、アジアにおいて取り組みました）を進めていく様を、本当にあたたかく強く見守ってくださいました。

〈あなたが『被抑圧者の教育学』を読むことになった経緯について教えてください〉

トロントの博士課程の学生だったころ、『被抑圧者の教育学』を読みました。受講していた講義で「参考文献リスト」に挙げられていたわけではなかったのですが、左翼的な立場をとっていた友人が、「これは絶対に読むべきだ」と言うこともあって、他の教育学者や社会政治学者の本と読み比べながら読んだのです。パウロの著作は、驚くほどに私の学生としての経験、教育者としての経験の両方に価値あるものだったので、とても目立ちました。この本は、私自身の実践に対する理解を磨き、社会での闘いに参加していくことの必要性、そして、その経験を解明し、経験について理解をより深めていくために、理論的・哲学的な仕事に立ち返っていくことの重要性を教えてくれました。

〈フレイレ理論の今日的扱われ方について、フレイレならどう言うと思いますか〉

パウロは、大変謙虚な人でしたから、彼の仕事があらゆる領域で力強い影響をもち、増殖する社会政治的記憶喪失の形態や、あらゆる社会を取り巻いている構造的暴力をなかったことにしてしまおうとする傾向に対して、特効薬となりえたことに感謝の気持ちをもたれるのではないでしょうか。ですが、彼はフレイレ主義を名乗りながら、彼の仕事を骨抜きにし、その本質から、資本主義への批判や、確かに社会主義的に思われるようなものを食い物にしてしまうような教育学のアプローチに対しては、批判すると思います。

〈フレイレ理論を取り入れるような大学とは今日、どんなふうな大学でありえるでしょう〉

北アメリカの文脈において、フレイレ大学は経済的不平等や、性、年齢、人種、ジェンダー、白人至上主義や植民地主義的な権力に関連した抑圧を解消していく中心となっていくでしょう。それらすべては、不平等な資本の所有、資本家による商品化と搾取、疎外、それに伴う抽象的なロジックに異なる形で関連しています。不平等な資本の所有の在り方は、新古典派経済学の概念モデルにおける高い成長率で改善されるものではありません。資本主義の後に続く社会主義的な代替案によって改善されることになるでしょう。フレイレ理論を取り入れる大学は、公的部門の再建、労働の場の民主化、参加・直接型民主主義をかなえるような地方議会の設立に関わり、民族、階級、ジェンダーの敵対心を解消して、私的財産に勝るような革命的な批判的人間中心主義を生み出すでしょう。それは、学習者が関わっていくようなコミュニティ、世界の人びとにとって真の共有財産となるようなもののために献身的に働く者、自由に組織された労働者のためのコミュニティの創造に寄与するでしょう。

〈フレイレの仕事は調査研究の分野において、どのように、どれくらいの広まりをもつものとして表現することができるでしょうか〉

フレイレの仕事は、批判的教育学の分野の創出、そしてその発展に著しく重要な影響を与えました。批判的教育学は、フレイレの研究に関わる理論体系と、より実践について強調する批判的社会理論によって構成されています。批判的教育学の分野は、革新的な批判的教育学を含んで、その領域を大胆に広げてきています。つまり、主にマルクス、ヘーゲル、人文主義的な哲学者たちによって推進されてきた実践の哲学の発展を通じて、フレイレのマルクス主義的認識論的なルーツを改めて見出そうとする試みを始めているのです。フレイレが研究したことは神学、識字教育、文の構造研究、文学研究、応用言語学、社会学、人類学、そして政治哲学の領域においても見られます。さまざまな学問領域で豊かに発展していったフレイレの研究は、真に脱植民地主義的な希望の教育学と、個人と社会の変革に奉仕する学際的な達成の証となるでしょう。

〈もし学生たちが『被抑圧者の教育学』を読むことで何か一つを得るとしたら、それが何であったらいいと望みますか〉

パウロ・フレイレの著作を読んでたった一つのことについて学ぶのではなく、毎日の暮らしの中に常に教育学的な側面が存在していることに気がついてほしいと思います。そして、こうした教育学的な側面とは、順に、そして同時に、貧しく、奪われた人たちに対して義務を果たしていく政治的な側面であり、それは存在論的、認識論的な明確さを磨き、よりよい世界を築いていくコミットメントの挑戦であり、本来不必要な疎外と苦悩からの解放なのです。

マーゴ・オカザワ・レイ

サンフランシスコ州立大学、フィールディング大学院、アメリカ

〈あなたのバックグラウンドと現在の専門分野について教えてください〉

私の主要な研究領域は、教授法、研究、行動主義についてです。特に、軍国主義や武力衝突、女性への暴力などに注目しています。軍国主義と経済のグローバリゼーションのつながりについて、地域への影響、在韓米軍基地の周辺で暮らし、働いている出稼ぎ労働者についても研究をしてきました。フェミニストの活動家に対する研究の方法論の講義をニジェール・デルタ地域、ガーナ、シエラレオネ、リベリアの女性活動家と共に開講もしています。社会環境で普及している教育法を、差別反対や多文化について考えるワークショップや、学部生や大学院の授業の中で用いています。

〈あなたが『被抑圧者の教育学』を読むことになった経緯について教えてください〉

1970年代の後半、アメリカのボストンにあった小さなフェミニストの活動グループが『被抑圧者の教育学』の読書会を始めたのです。生きるため、理解するため、そして「個人的なことは政治的なことである」というフェミニストのスローガンについて教えるために、必死で学び、ラディカルな方法論を生み出そうとしていました。フレイレから学ぶ以上にどんなよい方法があったでしょうか。私たちは、フェミニストの意識向上団体がフレイレのした仕事に基づいていたこと、あ

るいは少なくとも意識せずとも関連しているということに気づいていなかったのです。その文章は退屈でわかりにくく、私たちにとって、時に男性的な言語である「彼」「彼に」「男性」という言葉づかいは努力を要することでした。それでも、大きな収穫を得るために読み進めたのです。

〈フレイレ理論の今日的扱われ方について、フレイレならどう言うと思いますか〉

私は名誉なことに、1980年代に個人的にフレイレにお会いする機会をもちました。そして彼の自然体で素朴な姿にとても惹きつけられました。ですから、彼の仕事が世界中の多くの教育学者たちの手によって用いられていることに驚いてらっしゃるのではないかと思うのです。そしてまた、学生自身の経験から始める――言葉を読むために世界を読む――といったキー概念が、「学習者中心的な」などといった技術的な概念へと骨抜きにされてしまっていることについては、深刻にとらえ、狼狽されることになるのではないかと思います。なぜなら、「あなたがた学生は学ぶ際に何かを発言することができます。ですがわれわれ教員はこれまで同様、カリキュラムをコントロールします」というような「学習者中心的」なものでしかないためです、おそらく、さらに重要なのは、フレイレが一貫して明白に、繰り返し表現してきた教育の自由な目的がなおざりにされたまま、1、2、3年生の生徒のための公教育において、機械的な教育と学習がますます増大している、ということです。

フレイレが試みを始めた場所と似たような世界中のどこか――アメリカのような先進国をも含む世界の地方／田舎――で、フレイレが試みたのと同じように教育が取り組まれていることを本当に喜んでいると思います。そこでは、読み書きもおぼつかないような、物事を見極めたり、理解したり、抑圧され周辺に追いやられた自分たちの状況を変えるためのスキルをもたない小作人や労働者階級の人びとが暮らしているのです。

〈フレイレ理論を取り入れるような大学とは今日、どんなふうな大学でありえるでしょう〉

「フレイレ理論を取り入れる大学」は今日において矛盾したものになるでしょう。ほとんどの大学を圧倒している新自由主義と保守主義の勢力は、名称が変わってもほとんど関係なく、相も変わらぬ障害となるでしょう。本当に根本的な教育体制が誠実に実践され、形式にとらわれないような場、私が言うところの「自由な空間」において、活動家たちの運動も取り込みながらフレイレの仕事を発展させていくこと、そして大学のような公式な場で——私たちが学び、教えることができる場で実践されていくことが必要です。そこでまた、重く恐ろしく私たちの暮らしを形づくる物理的、社会的要件に直面するでしょう。そして、運命の分担、被抑圧者と抑圧者、支配と従属、発言と沈黙、沈黙させられる人々のことを理解することになるでしょう。

〈フレイレの仕事は調査研究の分野において、どのように、どれくらいの広まりをもつものとして表現することができるでしょうか〉

私が最もよく見慣れている「自由な方法論」——フェミニストや脱植民地主義——はフレイレの発想やフェミニスト、先住民の認識論と研究方法に根差しています。私はパウロ・フレイレの理論が、創造的にそして説得力をもって実践されてきたことを経験してきました。

（翻訳・松崎良美）

著者紹介

パウロ・フレイレ　(Paulo Regulus Neves Freire)

(1921年9月19日～1997年5月2日）ブラジル北東部ペルナンブコ州に生まれる。教育学者、哲学者。「意識化」「問題提起型教育」などを通じ、20世紀の教育思想から民主政治のあり方にまで大きな影響を与えた。その実践を通じて「エンパワーメント」「ヒューマニゼーション（人間化)」という表現も広く知られるようになる。本書が代表作。

訳者紹介

三砂ちづる　(Misago Chizuru)

(1958年9月6日～）山口県光市に生まれ、兵庫県西宮市で育つ。京都薬科大学卒、ロンドン大学Ph.D.（疫学)。公衆衛生研究者、作家。現在、津田塾大学多文化国際協力学科教授。1990年代の約10年、ブラジル北東部セアラ州において「出生と出産の人間化」の実践に携わる。主な著書に『女が女になること』(藤原書店)、『死にゆく人のかたわらで』(幻冬舎)、『女たちが、なにか、おかしい』(ミシマ社)などがある。

被抑圧者の教育学 50周年記念版

2018年5月12日　第1版第1刷発行
2024年9月18日　第1版第5刷発行

著者	パウロ・フレイレ
訳者	三砂 ちづる

発行所	株式会社亜紀書房 郵便番号101-0051 東京都千代田区神田神保町1-32 電話……(03)5280-0261 http://www.akishobo.com 振替　00100-9-144037
印刷	株式会社 トライ http://www.try-sky.com
装丁	日下 充典

ISBN978-4-7505-1545-8